愛蔵版
クイーン・アリスの
永久保存レシピ

いつもの料理をもっとおいしく！
そして素敵な時間をみなさんで

料理は生活の基本ですし、作り始めると案外おもしろいことに気づくと思います。そのおいしい成果をみんなで共有できるのはとても幸せなことだからです。料理にむずかしいことはありません。だれにでもできるものです。ただ、おいしくできるかどうかが問題なだけ。そこで簡単でおいしいものを作れるようになるために、2つのことを提案します。

まずは「味覚を磨く」こと

「味覚を磨く」ということを心がけて、とにかく自分で作っては食べる、ほかの人が作る料理を食べる、それを意識的に繰り返します。そして自分のなかに"おいしさの基準"をしっかりと作ることです。ときに手を休めて、ちょっと贅沢な気分で私たちプロの料理を食べに来ていただくことも役に立つでしょう。人によって合う味、合わない味はありますから、そのたくさんの体験のなかから自分に合った味を見つけ、それをベースにすることも大事です。何がおいしいかを理解することはとても大事なのに、案外わからないままにしている人が多い気がします。おいしさがわかると、料理をしながらその味の到着点を想像できるので自分なりのアレンジもらくになります。

次に「頭を使う」こと

調理中は段取りのことや、水分、火加減のバランス、味のバランスなど、たえず判断が求められています。どこでどうすればおいしくなるかをいつも頭を使って考えていてください。ただ漠然と、本に書いてあるとおりに工程を踏むのではなく、全体の流れを頭に描きながら料理をするのです。

材料をそろえる、下ごしらえをする、という最初の工程はとくに大切です。料理しながら材料をさがし出すのではなく、最初にすべてを並べて見渡してから始めます。こうすることで素材を組み合わせるときのおいしい比率を身につけることもできます。料理中にあわてることもなくなります。あわてると頭を使う余裕がなくなり、それが失敗の原因にもなるので、落ち着いてスタートを切ることもおいしさ作りの重要なポイントです。

頭を使ってこそ料理の楽しさがわかるし、おいしいものができ上がります。上手になればなるほど楽しいし、その喜びが次の喜びを引き寄せてくれます。そのステップアップに本書のレシピを利用していただければ幸いです。

4	いつもの料理をもっとおいしく！ そして素敵な時間をみなさんで

たとえばこんな献立で

10	心温まるテーブル作り
12	やさしい味のフランス家庭料理
14	野菜たっぷりのヘルシーランチ
16	おいしい野菜が手に入ったら
18	人気のラザニアを主役にして
20	魚介と野菜中心の新感覚イタリアン
22	あったか煮込みでおもてなし
24	祝福の日に伝統スタイルで
26	心を込めて聖夜のごちそう

第1章 前菜・おつまみ・サラダ

34	ラタトゥイユ
36	カリフラワーのキッシュ
38	真鯛のカルパッチョ
39	帆立貝と焼きなすのタルタル
40	はまぐりのガーリック焼き
41	バーニャカウダ
42	やりいかのフリット
43	しめさば ガスパチョソース
44	カリフラワーのバヴァロワ
45	スモークサーモン
46	シェフ特製とろとろカプレーゼ
47	黒豚肉と水菜のサラダ
48	特製ポテトサラダ
49	じゃがいもとりんごのサラダ じゃがいもときゅうりのサラダ
50	温野菜サラダ
51	ロメインレタスとブルーチーズのサラダ
52	魚介の贅沢サラダ
53	わかめとつぶ貝のサラダ
54	ベトナム風サラダ
55	生春巻き
56	塩味のひと口パイ
58	**シンプル前菜** トマトのブルスケッタ／きのこの蒸し煮／ いわしのリエット／フリッタータ／かぼちゃのチップス／ リエット／かきのベニエ
62	エスカベーシュ／ピクルス／ じゃがいものマヨネーズ焼き／ きぬかつぎのグリル／ズッキーニと玉ねぎのフリット／ パプリカのオイル漬け／たことセロリのマリネ／ なすのバルサミコ酢マリネ
66	**シンプルサラダをもう一品** アスパラガスとからすみのサラダ／ 花野菜とにんじんの白ごま風味／ あっさりもずく／トマトサラダ／ 白いんげん豆と砂肝のサラダ／ベトナム風にんじんサラダ／ きのことアスパラガスの青じそ風味
70	ルーコラのサラダ／豆サラダ／ 豆とトマトのサラダ／そら豆のシロップ煮／ インスタントピクルス／ニース風サラダ／ えびとグレープフルーツのサラダ

第2章 スープ

84	オニオングラタンスープ
86	押し麦とにんじんのスープ
87	モロヘイヤのスープ
88	コーンポタージュ
89	グリーンピースのポタージュ かぼちゃのポタージュ
90	栗とさつまいものスープ
91	ミネストローネ
92	はまぐりのスープ

第3章
お肉料理

94	ハンバーグ
97	つけ合わせ野菜
98	ヘルシーハンバーグ
99	お肉料理に合う簡単ソース
100	**ハンバーグ生地でアレンジ4品** ハンバーグのシシカバブ風 メンチカツ
101	牛ひき肉の茶巾包み 野菜と牛ひき肉の重ね蒸し
102	ビーフシチュー
104	まるごとロールキャベツ
106	ロールキャベツ
108	豚バラ肉の煮込み
110	鶏肉のホワイトシチュー
111	豚肉のビール煮
112	ビーフステーキ
114	ローストビーフ
117	ローストチキン
120	豚バラ肉のスペアリブ風
121	豚レバーのソテー
122	鶏のから揚げシャリアピン風 牛肉のワイン鍋
123	ラムのトルティーノ 鴨肉のソテー 瞬間スモーク
126	牛バラ肉と野菜の煮込み 鶏肉のパン粉焼き
127	スペアリブのクリーム煮 鶏肉ときのこのクリームシチュー
130	ポテ
134	鶏もも肉のうま揚げ

第4章
魚介料理

138	ブイヤベース
140	鯛のブレゼ
142	えびフライ
144	かさごのアクア・パッツァ
146	帆立貝のグリル
147	たらのグリル
148	すずきのトルティーノ
149	いわしの梅煮
150	鮭のムニエル
151	さばのオーブン焼き
152	白身魚のスープ仕立て
153	いさきのカプリ風
154	鯛のヴァポーレ スープ仕立て

第5章
野菜料理・つけ合わせ

156	じゃがいものボン・ファム風
158	ポテトコロッケ
160	野菜のグラタン
161	低コレステロール野菜グラタン
162	野菜炒め
163	じゃがいもグラタン
164	**つけ合わせ野菜カタログ** なすとトマトの重ね焼き／しいたけと新じゃがのソテー／かぼちゃのバターロースト／にんじんのヴィシー風／さやいんげんのバターあえ／新玉ねぎの天ぷら／赤パプリカのマリネ／オクラのトマト煮／ガーリックコーン
168	マッシュポテト／アスパラガスのグリル

第6章
パスタ・ニョッキ・リゾット

- 174　スパゲッティ・ミートソース
- 175　基本のミートソース
- 176　ラザニア
- 178　トマト、なす、モッツァレッラのスパゲッティーニ
- 179　基本のトマトソース
- 180　ペンネのゴルゴンゾーラソース
- 181　魚介の冷製フジッリ
- 182　野菜グリルのスパゲッティーニ
- 183　あじの干物と青菜のスパゲッティーニ
- 184　トマトの冷製カペッリーニ
- 185　魚介の冷製カペッリーニ
- 186　ブカティーニのアマトリチャーナ
- 187　スパゲッティ・カルボナーラ
- 188　バジリコのフェデリーニ
- 189　いかとからすみのスパゲッティーニ
- 190　ペンネ・アッラビアータ
- 191　フェデリーニのヴォンゴレ
- 192　かぼちゃのニョッキ
- 193　リコッタとほうれん草のニョッキ
- 194　野菜のリゾット

第7章
ライスメニュー

- 196　ビーフカレー
- 198　インド風チキンカレー
- 199　キーマカレー
- 200　鶏肉と豆のカレー
- 201　シーフードカレー
- 202　ヘルシードリア
- 204　ハヤシライス
- 206　パエリア
- 208　ベトナム風たらのかば焼き丼　鯛茶丼
- 209　ロコモコ　焼きまぐろ丼
- 210　おにぎり3種
- 211　ハーブいなり
- 212　ガーリックたこライス　ガーリックチキンライス

第8章
パンメニュー

- 214　フレンチトースト
- 215　クリュディテ
- 216　チキンサンドイッチ
- 217　ポテトサンドイッチ／ツナサンドイッチ
- 218　ラスク／ガーリックチーズトースト
- 219　ハーブトースト／クロックムッシュ
- 220　グリッシーニ
- 222　フォカッチャ
- 224　電子レンジで作るジャム3種

第9章 デザート

- 226 レンズ豆のぜんさい
- 228 梅ゼリー
- 230 マロン・シャンティイ
- 232 日向夏のゼリー
- 233 日向夏のシャーベット
- 234 チョコレートスフレ
- 236 クリスマスプディング
- 238 ココナッツミルクじるこ
- 239 あんずのアイスキャンディ
- 240 パンナコッタ
  なめらかプリン
- 241 シェフ特製ティラミス
- 242 焼きりんご タタン風
  いちごリコッタ
- 243 洋梨のクラフティ
- 244 旬果カクテルゼリー
  焼きバナナ

第10章 お茶の時間のスイーツ

- 250 贅沢プラムケーキ
- 254 くるみ入りブラウニー
- 256 バニラケーキ
- 258 チョコレートのロールケーキ
- 260 チョコレートカスタードクリーム
- 262 チーズケーキ
- 264 カスタードクリーム
- 266 サブレ

- 270 ポンポネット
- 272 ごまサブレ
- 273 ジンジャークッキー
- 274 アーモンドのテュイル
- 275 ムラング・ココ
- 276 りんごパイ

Lesson Alice
レッスンアリス

- 1 お料理上手のABC ……… 28
- 2 電子レンジ活用術 ……… 74
  - レンジ玉ねぎ ……… 75
  - トマトソース、ドライトマト ……… 76
- 3 石鍋流、野菜カット術 ……… 77
  - フルーツで包丁練習 ……… 80
- 4 下ごしらえの補足 ……… 81
  - プティ・サレ ……… 82
- 5 おいしいヘルシー作戦 ……… 132
  - 作ってみましょう！ヘルシーレシピ … 134
  - ヘルシーホワイトソース
  - マヨネーズ＆ドレッシング ……… 135
- 6 おいしいパスタのABC ……… 170
- 7 お菓子作りのABC ……… 246
- 食材図鑑 ……… 278

- 284 50音順インデックス
- 286 主要素材別インデックス

本書を使うにあたって

※ レシピに出てくる分量は、小さじ1＝5㎖、大さじ1＝15㎖です。
※ 本書では600Wの電子レンジを使用しています。
※ 材料表のかっこ内の分量は、皮や軸などを除いた可食部の重さ（正味）です。
※ 材料表の「こしょう・・・○回し」とは、ミルを使う場合です。適宜、ひきこしょうを使用してもかまいません。
※ 料理名についている欧文名は、その料理のスタイルやシェフの志向によって英語、フランス語、イタリア語が混在しています。

心温まるテーブル作り

いつもの料理でもおもてなしでも、心温まる食卓作りのコツのひとつに、お母さんの料理をお手本にする、ということがあります。お母さんでなくても、みなさんのことを大切に思ってくれている人の料理をお手本にするのでかまいません。

どんなに評判のよいレストランに行っても、お袋の料理にはかなわないところがあるのです。ぼくだってかないません。それはお母さんがみなさんのことをとてもよく知っているから。好き嫌いを把握しているのはもちろん、体調や日常のスケジュールだってわかっています。昨日はおなかの調子があまりよくなかった、明日は運動会、今日は暑かったから汗をたくさんかいたはず……といろいろな情報がインプットされていて、自然と食べ手のことをあれやこれやと想像して料理しています。料理をするということは、元気に楽しく過ごせるように、という願いの行為でもあります。忙しくてシンプル調理しかできないときでも、必ず何らかの願いが注がれています。そしてその料理を口にすると、味覚や空腹感や栄養成分の充足だけでなく、ハートにも届いて満たされていきます。だから家での食事で心の疲れが癒されたり、いらいらが散ったりもするのでしょう。

そうした料理はいつまでも懐かしくよみがえりますし、思い出すときには、心温まる感慨に包まれるはずです。愛のある料理とはそういうもの。家で作る料理の強みとはそういうもの。自分で食卓を作ることの醍醐味でもあります。

こうした料理を作るには、いっしょに食事をする人のことをよくイメージすることがポイント。料理の本もそうしたイメージをしながら読むことで、味や分量などすべての点で、自分なりの工夫が必要になってくることに気づくことと思います。その工夫がみなさんだけにできる特別なおいしさ作りなのです。ここでは8つの献立例をご紹介しますが、組み合わせも食べ手しだいでアレンジしてください。自分にだけできる工夫こそ、心温まる食卓に不可欠なもの。どんなレストランも及ばない家庭料理の世界を大いに楽しんでください。

⚜ たとえばこんな献立で

⚜ やさしい味のフランス家庭料理

これはフランスでごくふつうに楽しまれている日々の料理で、肉と野菜のバランスがよい体に負担をかけない献立です。やさしい味のロールキャベツをメインに、野菜をぎっしり詰めたキッシュの前菜と、手間なしヨーグルトデザートの組み合わせ。これに野菜サラダをプラスしてもよいでしょう。ロールキャベツはブイヨン味がお好みならp.104のレシピも参照してください。煮込みとオーブン料理は仕込みをすませればあとは手間いらず。食事の間際に慌ただしくすることなく、温かい料理を並べることができます。

~Menu~

⚜

カリフラワーのキッシュ → p.36
パイ生地にカリフラワーをぎっしり詰めて、
生クリーム入りの卵液を流して焼き上げます。

⚜

ロールキャベツ → p.106
スープを使わずにトマトジュースだけで
煮込んでいきます。30分ほど煮て完成です。

⚜

フルーツヨーグルト → p.224
電子レンジのスピード調理で作るフレッシュ感
たっぷりの即席ジャムをヨーグルトにかけます。

 段取り上手プラン

❋ 前日までにできること
キッシュの練りパイ生地を作る。
ヨーグルト用のジャムを作る(当日でも可)。

❋ 当日早めに
キッシュに詰める中身を作り、練りパイ生地を型に敷く。
ロールキャベツを作る。

❋ 食べる直前に
キッシュを焼き上げる。
ロールキャベツを温めなおす。
ヨーグルトとジャムの盛りつけ。

食卓にはパンと飲みものも用意しましょう。

野菜たっぷりのヘルシーランチ

ちょっとしたおもてなしにも十分対応できる健康的なランチを考えました。野菜と魚介、豆を中心にした軽やかな内容です。色とりどりの夏野菜を煮込んだラタトゥイユを前菜にして、メインは鯛やあさりを用いたフランス風のさっと煮。そしてさらさらとのどを通る上品な甘さのデザート。性別、年齢を問わずどなたにもおいしく召し上がっていただけるものばかりだと思います。料理は大皿盛りにして、食卓で取り分けていただくようにするとより楽しい食事に。

段取り上手プラン

前日までにできること
ラタトゥイユを作る(当日でも可)。
デザート用のタピオカをゆで、シロップ漬けにしておく。

当日早めに
鯛のブレゼの下ごしらえ。

食べる直前に
ラタトゥイユを温かく提供するときは再加熱。盛りつけたらパセリをふる。
鯛のブレゼの仕上げ。
ココナッツじるこの仕上げ。

食卓にはパンと飲みものも用意しましょう。

Menu

ラタトゥイユ → p.34
温かくても、冷たくてもおいしい夏野菜の煮込み。
前日に仕上げておくことも可能です。

鯛のブレゼ → p.140
あさりの汁を生かして鯛をさっと煮込みます。
調理はシンプルで見た目は華やかな仕上がりです。

ガーリックチーズトースト → p.248
にんにくとチーズを加えたカリカリトースト。
香り、こく、食感を添える食卓の名脇役です。

ココナッツミルクじるこ → p.238
アジア風のデザートです。ゆであずきとタピオカ、
ココナッツミルク、アイスクリームの取り合わせ。

おいしい野菜が手に入ったら

春から夏の野菜がおいしくなる時期におすすめ！　自然の恵みにひたりながらシンプルにそのおいしさを満喫できるイタリアンメニューです。前菜には野菜の持ち味をもっともシンプルに楽しめるバーニャカウダを。温かいアンチョヴィソースをつけながら、フレッシュ野菜のおいしさにあらためて舌鼓を打つことと思います。パスタもフレッシュのフルーツトマトを贅沢に使用。メインにはスタミナ確保のために鶏肉のパン粉焼きを組み合わせ、デザートにはリコッタチーズを添えました。フルーツは旬のものなら何を使ってもよいでしょう。

Menu

バーニャカウダ → p.44
にんじん、キャベツ、パプリカなど、フレッシュ野菜を
温かい自家製アンチョヴィソースでいただきます。

トマトの冷製カペッリーニ → p.184
極細パスタのカペッリーニを使用。ソースはフルーツ
トマトのマリネです。トマトのおいしさが決め手。

鶏肉のパン粉焼き → p.126
鶏もも肉をオーブンで香ばしく焼きます。
ころもにマスタードを強めにきかせるのがポイント。

いちごリコッタ → p.242
いちごミルクの感覚で、つぶしたいちごに
リコッタチーズを添えます。はちみつはたっぷりと。

段取り上手プラン

❋ **前日にできること**
バーニャカウダのソース作り（当日でも可）。
鶏肉の下味つけ（当日でも可）。

❋ **当日早めに**
バーニャカウダの野菜の下ごしらえ。
パスタ用のトマトソース作り。
いちごを洗い、リコッタを牛乳でのばす。

❋ **食べる直前に**
バーニャカウダの野菜とソースを食卓へ。
鶏肉を焼く（30分かかるので食事が始まる前にオーブンへ）。
パスタをゆで、ソースとあえて仕上げる。
いちごリコッタの仕上げ。

食卓にはパンと飲みものも用意しましょう。パンを手作りするならば、グリッシーニ（→p.220）、フォカッチャ（→p.222）のレシピもご参照ください。

❦ 人気のラザニアを主役にして

どなたにも喜ばれるラザニアを囲むイタリアンの食卓です。前菜にはわかさぎをマリネしたエスカベーシュに、バラエティに富んだピクルス、生ハム、オリーブの実などを盛り合わせました。こうした食事の最初の料理はワインとともにゆっくりと楽しんでほしいので、時間をおいてもおいしく、気軽につまめるもの、またしっかり味がついていて、なおかつ軽さのあるものが適しています。重たいと次の料理に影響します。そして一段落したところで食べごたえのあるあつあつのラザニアをおなかいっぱいどうぞ。なめらかプリンはお店での人気メニューです。

🕘 段取り上手プラン

❋ **前日までにできること**
ピクルス、エスカベーシュの漬け込み。
ラザニア用のミートソース作り。
プリンのカラメル作り。

❋ **当日早めに**
ラザニア用のホワイトソースを作り、ラザニアをゆで、容器にすべてを詰める。
プリンを焼き、冷やしておく。

❋ **食べる直前に**
エスカベーシュにオリーブ油をかける。
エンダイブのサラダを作る(作り方→右記)。
ラザニアを焼く。
プリンにカラメルをかける。

食卓にはパンと飲みものも用意しましょう。パンを手作りするならば、グリッシーニ(→p.220)、フォカッチャ(→p.222)のレシピもご参照ください。

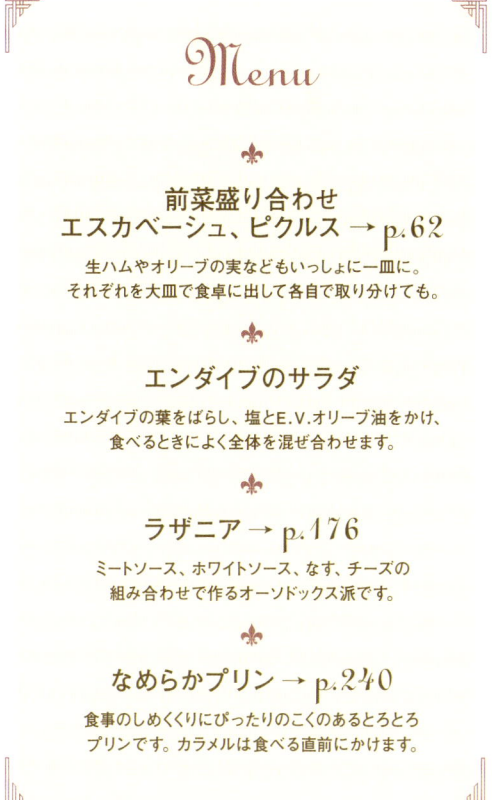

Menu

❦

**前菜盛り合わせ
エスカベーシュ、ピクルス → p.62**
生ハムやオリーブの実などもいっしょに一皿に。
それぞれを大皿で食卓に出して各自で取り分けても。

❦

エンダイブのサラダ
エンダイブの葉をばらし、塩とE.V.オリーブ油をかけ、
食べるときによく全体を混ぜ合わせます。

❦

ラザニア → p.176
ミートソース、ホワイトソース、なす、チーズの
組み合わせで作るオーソドックス派です。

❦

なめらかプリン → p.240
食事のしめくくりにぴったりのこくのあるとろとろ
プリンです。カラメルは食べる直前にかけます。

魚介と野菜中心の新感覚イタリアン

ひとつひとつの料理はどこにでもありそうでいながら、おそらくこれまでに経験したことのない新しい風味を感じとっていただけるはずです。彩りもきれいですし、香りの際立たせ方もダイナミックかつ繊細です。全体に魚介と野菜を主体にした軽やかな料理なので、しめくくりのデザートはしっかりと自然の甘さを楽しんでもらえるものにしました。このりんごのあつあつデザートには家庭料理ならではの温もりを感じるおいしさがあるのでおもてなしにもぴったりです。

Menu

しめさば ガスパチョソース → p.43
おなじみのしめさばに、ガスパチョという
生野菜のスープをソースとして添えています。

野菜グリルのスパゲッティーニ → p.182
ノンオイルで焼いた香ばしい野菜を具にしています。
味つけのベースはにんにく&オリーブ油。

鯛のヴァポーレ スープ仕立て → p.154
鯛の蒸しものと、あさりとしじみのスープを一皿に。
最後に高温の油でこくづけします。

焼きりんご タタン風 → p.242
まるごとオーブンでとことん5時間焼いてぺたんこに。
タルト・タタンのように風味濃厚です。

 ## 段取り上手プラン

※ 前日にすること
ガスパチョソースの材料の漬け込み。

※ 当日早めに
焼きりんごを作る(5時間かかる)。
次にしめさばを作り、ガスパチョソースを仕上げる。
パスタ用の野菜の下ごしらえ。
鯛のヴァポーレ用の貝のスープを作る。

※ 食べる直前に
すべての料理を順次仕上げる。
りんごは冷めていたらレンジで温めなおす。

食卓にはパンと飲みものも用意しましょう。パンを手作りするならば、グリッシーニ(→p.220)、フォカッチャ(→p.222)のレシピもご参照ください。

あったか煮込みでおもてなし

ことこととゆっくり火にかけた煮込み料理は、なぜか食卓での存在感が大きいもの。時間はかかりますが、これさえ用意できれば集う日のメニューもらくに形がととのいます。なかでもビーフシチューはごちそう感の強いもの。あとはシンプルだけど個性的なサラダと、焼きっぱなしでいいデザートとの組み合わせで十分です。余裕があれば、ビーフシチューは前日に作り、食べる前に温めなおすとより深い味わいに。またデザートのクラフティはほんのり温かみが残っている状態で召し上がっていただくのがベストです。

Menu

**ロメインレタスと
ブルーチーズのサラダ → p.54**

舌を刺激するブルーチーズの風味が
シンプルなレタスサラダをバージョンアップ。

ビーフシチュー → p.102

ブイヨンを使わずに赤ワインだけで煮込む
ブルゴーニュ風といわれる家庭的なシチュー。

洋梨のクラフティ → p.243

クリーム入りのなめらかな卵液を蒸し焼きにして
仕上げます。フルーツは季節のものでどうぞ。

段取り上手プラン

 前日にできること
　ビーフシチュー作り(当日でも可)。

 当日早めに
　洋梨のクラフティ。
　サラダの下ごしらえ。

 食べる直前に
　サラダの仕上げ。
　ビーフシチューの温めなおし。
　クラフティは温かく食べるときは再加熱。

食卓にはパンと飲みものも用意しましょう。

祝福の日に伝統スタイルで

誕生日、記念日、そしてうれしいことがあった特別の日。そんなみんなで祝いたいときにふさわしい食卓の提案です。もちろん料理の組み立ては、前菜、スープ、メイン、野菜料理、デザートからなるフルコース。フレンチともアメリカンとも違う英国風の伝統的な献立をベースにしました。調理に少し手間はかかりますが、その手間にも大切な日を祝う気持ちが重なることでしょう。メインのローストビーフは失敗しないように工夫を加えたレシピですから、初めてでも安心してチャレンジしてください。

段取り上手プラン

※ 前日にできること
マロン・シャンティイの栗とスポンジの準備。

※ 当日早めに
ローストビーフとグレービーソース作り（前日でも可）。
じゃがいものボン・ファム風を作る。
押し麦とにんじんのスープを作る。
スモークサーモンの準備と組み立て。
マロン・シャンティイの生クリームを泡立て、スポンジと合わせる。

※ 食べる直前に
スモークサーモンの盛りつけ。
押し麦とにんじんのスープを温めなおす。
じゃがいものボン・ファム風の温めなおし。
ローストビーフとじゃがいものボン・ファム風を盛りつける。
マロン・シャンティイを盛りつけ、ココアをふる。

食卓にはパンと飲みものも用意しましょう。

Menu

押し麦とにんじんのスープ → p.86
アイルランドの伝統的なスープ。
野菜たっぷりのヘルシーでやさしい口あたりが魅力です。

スモークサーモン → p.45
サーモンと相性のよいトーストを組み合わせて、
お祝いの日にふさわしく美しく盛りつけます。

ローストビーフ → p.114
オーブンを使わずに熱湯で加熱する方法で作ります。
だから失敗なし。グレービーソースを添えて。

じゃがいものボン・ファム風 → p.156
野菜の素朴な味わいがほっとさせてくれます。
たっぷり添えて好きなだけとって。

マロン・シャンティイ → p.230
作りたての軽いクリームのおいしさは家庭の
デザートならでは。モンブランにも負けていません。

心を込めて聖夜のごちそう

日本でもいつのころからかクリスマスには家族や友人と料理を楽しむようになりました。伝統的なクリスマス料理にはローストビーフ、チキンや七面鳥のロースト、ミンスパイ、そしてクリスマスプディングやビュッシュ・ド・ノエルといったものがあります。ここではその伝統料理に魚介のサラダや栗のスープなどの贅沢なメニューを加えてごちそう感をさらにアップ。チキンはあつあつを食卓に。

Menu

魚介の贅沢サラダ → p.52
帆立貝、えび、いか、赤貝、とこぶしに
ゼリー仕立てのドレッシングがポイント。

栗とさつまいものスープ → p.90
栗を生クリーム、牛乳でつないだスープ。
リッチでなめらかなおいしさをお楽しみに。

ローストチキン → p.147
一羽まるごとの鶏にご飯やコーンなどを詰めました。
みんなで分け合って食べる幸せを感じて。

クリスマスプディング → p.236
フルーツやナッツたっぷりの伝統的なお菓子です。
型がなくても作れるレシピです。

 段取り上手プラン

❋ **前日にできること**
　クリスマスプディング（1週間保存可）。
　サラダ用のゼリー作り。
　スープの栗の準備。

❋ **当日早めに**
　サラダの具を準備して盛りつける。
　スープ作り。仕上げのクリームはコルネに詰めておく。
　ローストチキンを作る。

❋ **食べる直前に**
　サラダにゼリーをかける。
　スープを盛りつけ、クリームを絞る。
　チキンとそのソース、つけ合わせ野菜をレンジで温め
　なおす。

食卓にはパンと飲みものも用意しましょう。

Lesson Alice 1
お料理上手のABC

知っておくだけでおいしくなること、
楽しくなることいろいろ

材料は最初にすべてそろえて並べます
そして、ひと呼吸おいてスタート

料理をするとき、とりあえず目の前にあるものから調理を始めていませんか。これは、本当の意味でお料理上手ではありません。最初に主素材から調味料に至るまで、すべての材料を調理台にそろえることの重要さを知ってください。できれば皮をむいたり切り分けたり、下ごしらえをすべてすませ、それを種類別、あるいは堅いもの柔らかいものなどに分けて並べます。材料すべてを並べると、材料の味や栄養、色などのバランスがわかりやすく、分量を増減したり、他の材料を加えたりと、的確な判断をすることができます。また、整理して置いておくと、材料をむやみにさわることがなく、清潔さを保つこともできます。

そして、いざ調理という段階で、あわてることなく、スムーズに進めることができます。料理はタイミングや流れがとても大事。用意不足であわてることが料理の失敗の原因にもなるので、下ごしらえはゆとりをもって行ってください。そして、ひと呼吸おいて調理へ。

材料の下ごしらえをしてきちんと並べておくと、スムーズに調理できるうえに量的なバランスも把握しやすくなります。

ふたが必要なのは
煮ものだけではありません

焼いたり炒めたりする調理でも、時間がかかる調理にはふたを使うと効果的です。通常フライパンの調理では下からしか熱があたらないので上のほうの素材は冷たいまま。上下の温度差が出て、火が入るのに時間がかかります。でも、ふたをすれば熱が逃げず、熱が平均に回り、短時間で焦がすことなく加熱できます。素材も乾かず、しっとり仕上がります。

3 フッ素樹脂加工のフライパンに強火は禁物

中国料理では高温で一気に仕上げることがありますが、フレンチのソテーやポワレなどの技法では、中火がちょうどよい火加減といえます。強火にあてると素材がやけど状態になり、中にほどよく火が入る前に、焦げたり堅くなったりしてしまいます。料理では「低温やけど」にするほうが、深部まで堅くならずに火を入れられてよいということです。ステーキではとくにこの焼き温度の差が味に影響します。フッ素樹脂加工のフライパンは素材がくっつかないので扱いやすい道具ですが、この材質は強火が禁物でもあるので下記を参照してご注意を。

この状態がほどよい温度の目安
水滴を落とすと直径5mmほどのパールサイズの水泡がたくさんでき、プリプリと飛びはねます。

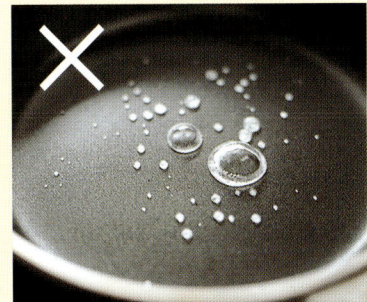

熱しすぎ
大きな水泡と小さな水泡が混在し、瞬時にあちこちに飛び散る状態です。

まだ温め不足
フライパン上にできた水泡の動きが少なく、飛びはねる音もしません。

4 「煮る」「ゆでる」では、途中で火からはずすことも大事です

プロの調理場では、煮たりゆでたりするとき、ある程度火を入れたら火からはずして温かい場所に置き、時間をおいてまた火にかけるという段階的な火入れをよくします。火からはずすことで素材が煮くずれしにくく、その間に味がじっくりとよくしみ込んだり、持ち味を引き出したりすることができるからです。時間に余裕があるときは、この方法でゆっくり火を入れるのがいちばんです。

電子レンジはメリットがたくさん

電子レンジを温め直しだけに使うなんてもったいないこと。調理器具として利用すれば、料理をもっと短時間で効率的に作れて、献立の幅を広げることだって可能です。栄養素によっては、レンジ調理のほうが、損失が少なかったりしますし、ふつうのガス火では加減がむずかしい調理も、焦がしたりすることなく、安定して上手に仕上げることもできます。電子レンジを手抜き道具のようにとらえるのではなく、もっともっと賢く使いこなすことを考えましょう。

レンジを使用することで、油脂の量を減らせる、野菜の水分だけで野菜の煮込みができる、煮くずれがないなど、メリットはたくさんあります（p.74の「電子レンジ活用術」参照）。

揚げものをもっと気楽に

揚げものは、使ったあとの油の処理が憂鬱だと聞きます。けれども、必ずしも毎回新しい油を使う必要はありません。天ぷらや素揚げに使ったものなら3回は使い回しが可能です。繰り返し天ぷらに使ってもよいですし、おいしいさまざまな食材を揚げたあとですから、そのおいしそうな香りのついた香り油として再使用するのもよいでしょう。炒めものやフライ用などに無駄なく使えます。油の量が少なくなったときは、そこに新しい油をつぎたすことも問題ありません。ただし何か月も使わずにおくといたんでくるので、定期的な利用を。油で揚げる調理はじつはいちばん簡単でおいしいものなのです。

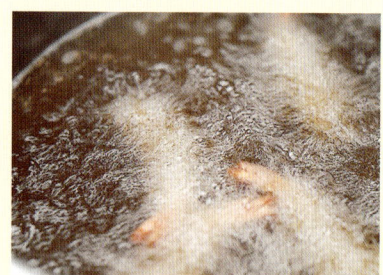

揚げものは170℃が目安。油に落としたころもがすぐに浮き上がる温度で、たいていのものはこのくらいの温度帯でおいしく揚がります。

銘々盛りより大皿盛りを中心に

レストランでは、銘々のお皿にできたてのあつあつやよく冷やした料理を一品ずつ美しく盛りつけて、すぐに食べていただくのが最高のおもてなしです。しかし、これは何人ものスタッフや広いキッチンがあってこそ可能なこと。家庭で同じ提供法を実践するのは大変です。だから家庭では、家庭なりのよさを生かした食卓を作ることをおすすめします。つまり大皿盛りを基本にすること！ 和食で煮炊きものや漬けものを大鉢に盛り、食卓の中心に置いてみなが取り分けるように、フレンチや洋食も大皿にざっくりと盛り込むのです。個々の盛りつけに手間取ることがないのでよりよい状態ですみやかに食べることができますし、そのボリューム感で華やかさも出ます。そして何より、ひとつのお皿を家族みんなが囲む共有感が心温まる団らんにつながります。

フレッシュハーブを活用しましょう

フランス料理にフレッシュのハーブはつきものです。におい消しのために素材といっしょに調理したり、仕上がりに添えてさわやかな香りを楽しんだり、さらに彩りを加えたりと効果はたくさん。1種類でも2種類でも、また本格的なフレンチではなく洋食にも、ぜひ取り入れてください。その香りを感じるだけでも気分が変わりますし、食事により豊かさを感じるはずです。好みのハーブがあるなら、育ててみるのもよいでしょう。保存は乾燥しないよう、ぬらしたふきんやペーパータオルで包み、冷蔵庫で。

庭の緑を添えて料理に安らぎを

私のレストランでは毎朝、庭にある草木からいろいろな種類の葉を摘み取り、きれいに水洗いしてストックしています。料理の盛りつけに利用するためです。料理の中で〝緑〟は大切なカラー。もちろん自然の緑であることが大事です。自然のものは料理にフレッシュ感と美しさを与え、心をなごませる役割をしてくれます。とくに庭など身近なところで自然に育っている植物の姿は、少々不格好でも効果大です。自然を感じるその姿がリラックスさせてくれるようです。花屋さんにあるものとはそのパワーが違います。家庭でも、食卓の空間をやさしく包んでくれるこんな工夫をしてみてください。

庭やベランダの草木から、形や色つやのよい葉や花を摘み取ります。花は料理の邪魔にならないよう香りの穏やかなものを。

「ひたひた」の量を再確認しましょう

時間をかけて長く煮込む料理では、材料に対して水分を「ひたひた」に入れる、という表現をよく使います。ひたひたとは、材料が水分につかるかつからないかのぎりぎりの状態のこと。水面より出た部分は乾燥しやすいので、大部分は水分でぎりぎり覆われた状態にします。

Lesson 1 お料理上手のABC

11 氷水を多用して色、風味を鮮明に残します

熱いソースやゆで上がったばかりの野菜など、あつあつのものを急冷することが、とても大事な場合があります。そのため、調理中に氷水を使う場面がたくさんあります。ボウルの外から冷やしたり、湯に浸したトマトを氷水に直接つけて皮をむいたりなどです。こうすることで、ソースやゆで野菜の色や風味がぼやけるのを防げますし、トマトは急冷することで皮がむきやすくなります。ひと手間増えるのでちょっと面倒ですが、これをするかしないかで、風味の鮮明さがまるで違います。ほったらかしにしないように、冷蔵庫の製氷室にたっぷりの氷を用意してそなえましょう。

12 鍋のサイズは材料の量に合わせて

どんな調理法でも、鍋の大きさと材料の分量にはバランスが必要です。鍋が大きすぎると余分なスペースができて熱効率がわるくなり、小さすぎると材料が重なり合って火が通りにくくなります。余分なスペースがあると、材料が加熱の対流で躍ってしまって、雑味や濁りが出ることもあります。材料でちょうど埋まるくらいの大きさがベストです。

13 お皿の温度でもおいしさに差が出ます

「熱い料理は熱く、冷たい料理は冷たく」、これは料理をおいしく食べる鉄則です。それには作った料理がすぐに冷めたりぬるくなったりしないように、お皿も熱いもの、冷たいものを使うことをおすすめします。熱くするにはオーブンで温めるか、お湯をはった中で温める方法、冷やすには冷凍庫に入れておくのがおすすめです。家のパスタとお店のパスタの大きな違いが、素材やテクニックによるものだけでなく、最後まであつあつでおいしく食べられるかどうか、ということであったりもします。お皿を温めておくと、それだけでおいしい時間を延長することができます。ぜひ実行してみてください。

第1章

前菜
おつまみ
サラダ

TPOによっておかずにもおつまみにもなる料理です。盛りつけのボリュームしだいでかなり表情が変わるので、おもてなしでも、いつもの食卓でもオールマイティに出番があります。大勢で楽しむときには数品をそろえて大皿でどうぞ。

南フランスの夏野菜の炒め煮
ラタトゥイユ
Ratatouille

色とりどりの夏野菜が出盛るシーズには、ぜひ作ってもらいたいオリーブ油ベースの炒め煮です。温かいままでも冷たくしてもおいしく、野菜の滋味あふれる味がギュッと凝縮しています。中火の火加減で、水分をとばしながらじっくり煮て、甘みやうまみを引き出すのがポイントです。これはビタミンを破壊しない調理法でもあります。

材料(5〜6人分)

玉ねぎ	1½個(300g)
パプリカ(赤、黄)	各2個(各200g)
なす	7個(500g)
ズッキーニ	大3本(500g)
トマト	3個(500g)
にんにく(みじん切り)	大さじ1½
赤唐辛子(種を取る)	小2本
タイム(フレッシュ)	小3枝
ピュアオリーブ油	適量
塩	適量
パセリ(みじん切り)	適量
ガーリックチーズトースト(作り方→p.218)	適量

下ごしらえ

玉ねぎは上下を切り落とし、縦半分に切り、繊維にそって5〜6mm幅に切る。パプリカはへたと種を取り除き(→p.77)、縦に5〜6mm幅に切る。なすは1cm強、ズッキーニは1cm厚さの輪切りにする。トマトは皮を湯むき(→p.81)して、横半分に切り、さらに十字に4等分する。

1 鍋にオリーブ油大さじ3、にんにく、タイム、赤唐辛子、玉ねぎを入れ、中火で炒め合わせる。塩をふり、玉ねぎに火が通らないうちにパプリカを加えて炒める。

Advice

玉ねぎとパプリカはそのままおいしいと感じるぐらいまで、しっかりと炒めてから他の材料を加えて炒めます。なすは油を吸収しやすいので、油は多めですが、おいしく、美しく焼くために必要な分量です。仕上げの煮込み加減はお好みでどうぞ。写真右下のように歯ごたえを残して煮てあっさりしたうまみを楽しむのもひとつです。

2 1の作業をしながら、別のフライパンにオリーブ油大さじ1½を熱し、ズッキーニを焼き色がつくまでしっかり炒める。次になすを入れ、オリーブ油大さじ6で同様にしっかり炒める。

3 1の玉ねぎとパプリカを完全に炒め、味をみてうまみが出ていたら塩をふり、トマトを加え混ぜる。さらに10分ほど炒め、ズッキーニとなすを加え、トマトの形がくずれて溶けるまで炒める。

4 なすやズッキーニの形をくずさないよう静かに混ぜ合わせる。赤唐辛子とタイムを取り除く。弱火にし、余分な水分を抜く感じで10分ほど煮る。器に盛り、パセリをふる。ガーリックチーズトーストを添える。

アレンジ

とろとろのポーチトエッグを

ラタトゥイユはできたての熱いうちは味が落ち着きません。少なくともほんのり温かい状態まで冷まします。ここにポーチトエッグをのせて、半熟のとろとろの黄身をからめながら食べると、ぐっとこくが増しておいしくなります。ポーチトエッグは、小さじ1くらいのワインヴィネガーを加えた沸騰湯に卵を割り落とし、白身を中心に寄せながら火を通して作ります。

オードブルや軽い食事にもなる

カリフラワーのキッシュ
Quiche au chou-fleur

フランス家庭料理として人気の高いキッシュ。練りパイ生地に生クリームと卵で作るなめらか生地を流して焼き上げます。ここでは中にカリフラワーをたっぷり詰めて、たくさん食べても重くならないように野菜と生地のバランスをとりました。ケーキのようなその姿は食卓に華を添えてくれるのでおもてなしにもぴったりです。

材料（直径21cmのタルト型1台分）

練りパイ生地
- 薄力粉 …………………… 250g
- バター(食塩不使用) ……… 125g
- 塩 ………………………… 2g
- 卵黄 ……………………… 1個
- 冷水 ……………………… 60mℓ

塗り卵液（以下を合わせておく）
- とき卵 …………………… ½個分
- 塩 ………………………… ひとつまみ

中身
- カリフラワー(つぼみの部分)… ½個(160g)
- A ┌ 塩 …………………… ひとつまみ
　 └ 黒こしょう …………… 3回し
- レンジ玉ねぎ(作り方→p.75)
  　…………………… でき上がり40g
- ベーコン(細切り) ……… 50g
- にんにく(みじん切り) …… 小さじ⅓
- B ┌ 塩 …………………… ひとつまみ
　 └ 黒こしょう …………… ひとつまみ
- C ┌ 卵 …………………… 1½個
　 │ 生クリーム ………… 100g
　 │ 牛乳 ………………… 40g
　 │ 白こしょう …………… 5回し
　 │ ナツメグ …………… 少量
　 └ グリュイエールチーズ(→p.280)
  　………………………… 50g
- 打ち粉(強力粉) ………… 適量

※重し(あずきなどの豆でも可)を用意する。

下ごしらえ

バターを小角に切り、冷やしておく。
カリフラワーを小房に分ける。

1 ボウルに薄力粉と塩を入れ、バターを加えて、指先でほぐすようにして混ぜる。バターをそぼろ状にする。

2 バターが全体に散らばったら、卵黄と冷水を加えて混ぜ合わせ、全体をざっとまとめる。粘りが出てしまうので、力を入れてこねないこと。

3 円形にまとめてラップで包み、冷蔵庫で1時間ほど休ませる。オーブンシートを直径28cmの円に切り、3cmの切り込みを周囲にたくさん入れる。

4 オーブンを190℃に予熱する。台と生地に打ち粉をし、手で少しほぐす。麺棒で2mm厚さにのばす。生地の表面に下まで突き抜けない程度に約5mm間隔でフォークを刺す。生地を型の上にふんわりとかぶせ、縁を立ち上げ、型の側面に指でぴったりと押しつける。型の上で麺棒をころがし、余分な生地を切り落とす。

5 4にオーブンシートをのせ、縁まで重しを入れる(p.264の10,11の写真参照)。オーブンに入れ、170℃に下げて30分焼く。焼き上がったら重しとシートを取り除き、さらに10分から焼きする。塗り卵液を刷毛でむらなく生地の中に塗り、再びオーブンで5分焼く。オーブンを200℃に予熱する。

6 カリフラワーを耐熱容器に入れ、**A**をふって、電子レンジで30秒加熱する。フライパンを弱火にしてベーコンを炒める。脂が出てきたらにんにくとレンジ玉ねぎ、カリフラワーを加えて炒める。**B**で味をととのえる。

7 6をから焼きした生地の台に移す。平らにむらなく詰める。

8 ボウルに**C**を入れて泡立器で混ぜ合わせる。

9 縁ぎりぎりまで8を注ぐ。200℃のオーブンで約30分焼く。

Advice

練りパイ生地はこねないことがサクッとした食感に仕上げるポイントです。卵黄や水を加えたら、軽く混ぜて生地をまとめます。バターの粒々が多少残っていても問題ありません。前もってパイ生地を作っておく場合は、プロセス3の状態で1か月冷凍保存可。もどすときは冷蔵庫で。

代表的なイタリアの前菜です

真鯛のカルパッチョ
Carpaccio di dentice

カルパッチョは生の牛肉の赤身で作るのが本来の形ですが、最近では薄く切って平らに盛ってあれば素材は問いません。ここでは白身魚ににんじんやかぶ、ピーマンを大きな薄片に切ってのせます。シャキシャキ感を強調した野菜と柔らかな魚の身との対比を楽しめます。

Advice

前日、そぎ切りにする前の切り身にオリーブ油をまぶし、ラップをぴったりかぶせて冷蔵庫でねかせておくと、身がしっとりして、調味料の味がなじみやすくなります。野菜をもっとシンプルにしてトマトと香草だけでも。その場合も調味はレモン汁とE.V.オリーブ油、塩、こしょうで。香草はセルフイユ、ディル、チャイブ、イタリアンパセリなど好みで。

材料（2人分）

真鯛（皮なしフィレ。生食用）	1枚（約90g）
ルーコラ	16枚
セロリ	5cm長さ
パプリカ（赤、黄）	各適量
にんじん	適量
かぶ（輪切り）	5枚
A　塩	ふたつまみ
黒こしょう	5回し
レモン汁	小さじ1
E.V.オリーブ油	小さじ1
B　塩	ひとつまみ
黒こしょう	5回し
レモン汁	小さじ2
E.V.オリーブ油	小さじ2

下ごしらえ

セロリ、パプリカ、にんじんはごく薄い輪切りにする。かぶはやや厚めの輪切りにする。

1 下ごしらえした野菜とルーコラをすべてボウルに入れ、Aの調味料であえる。

2 鯛の切り身は斜めに薄くそぎ切りにし、1枚ずつ切るたびに皿に並べていく。1人分10枚が適量。すぐに食べないときは、皿にラップをぴったりとかけて冷蔵庫へ。

3 食べる直前に、Bの調味料を材料表の上から順に全体にふりかける。

4 切り身の上にあえた野菜を盛る。好みで、さらにレモン汁やオリーブ油をかけてもよい。

下ごしらえ

ブロッコリーは小房に分けて塩ゆでにし、水気をきってみじん切りにする。ケイパーとエシャロットはごく細かいみじん切りにする。

1 なすを焼き網にのせ、中心に火が通るまで焼く。氷水につけて冷やし、水気をふいて皮をむく。完全に冷めたら水気をふき、5mm角に切る。

2 帆立貝柱は側面の堅い部分をはずす。5枚くらいにスライスし、5mm角に切る。はずした堅い部分も同じ大きさに切る。

3 1と2、ブロッコリー、ケイパー、エシャロット、オリーブ油をボウルに入れてあえる。Aを加えて混ぜる。器に盛り、卵黄とクルトンをのせる。

アレンジ
皿盛りにして

マヨネーズ40gに白ワインヴィネガー小さじ⅓と生クリーム大さじ1を混ぜ、メレンゲ(卵白1個分、グラニュー糖小さじ1)をテーブルスプーン山盛り1杯加えてタルタルに添えてもおいしい。

E.V.オリーブ油であえます

帆立貝と焼きなすのタルタル
Capesante e melanzane alla tartara

材料(4〜6人分)

なす	3個(250g)
帆立貝柱(生食用)	8個(180g)
ブロッコリー(つぼみの部分)	⅓個(70g)
ケイパー(酢漬け)	15g
エシャロット(→p.278)	1個
E.V.オリーブ油	大さじ1
塩	少量
A ┌ レモン汁	小さじ1弱
├ 塩	小さじ⅓
├ 白こしょう	8回し
└ コリアンダーパウダー(あれば)	少量
うずらの卵黄	人数分
クルトン(作り方→p.85)	適量

真っ黒に焼かれたなすには、とろりとしたこのうえないおいしさがあります。帆立貝柱やブロッコリーといっしょに小さく刻んでタルタル風にあえると、絶妙な食感とうまみのハーモニーが生まれます。粘らないようにつぶさずに切ること。

Advice

なすはよく冷ましてからみじん切りにすると水気が出ません。調味料を混ぜるときは、粘らないよう、最初に油だけ加えて一粒一粒をばらすようにしてから、他の調味料を加え混ぜます。

にんにく・チーズ風味の焼きはまぐり
はまぐりのガーリック焼き
"Hamaguri" gratinati

エスカルゴ用の合わせバターにパルミジャーノを加え、こくのあるイタリアンテイストのガーリックバターを作ってオーブン焼きにしました。粉末のチーズが入ると火を入れてもバターが流れにくくなるので、貝の上によくのばして焼きます。

材料(2人分)

はまぐり	大4個(約700g)
	小さければ個数を増やす
パン粉	適量
合わせバター(作りやすい分量)	
バター(食塩不使用)	75g
にんにく(みじん切り)	20g(約4かけ)
エシャロット(→p.278。みじん切り)	15g
パセリの葉(みじん切り)	10g(約2枚)
パルミジャーノチーズ(→p.282。すりおろす。または粉末)	10g
白ワイン	大さじ½
塩	ひとつまみ
白こしょう	20回し
カイエンヌペッパー	1ふり

Advice
はまぐりのほかにムール貝、帆立貝柱、さざえ、たこ、白身魚、鶏肉などでもおいしくできます。また、バターを同量のオリーブ油に替えても楽しめます。余った合わせバターはラップとアルミ箔で二重に包んで棒状にし、冷蔵か冷凍で保存できます。

下ごしらえ
バターを適当な大きさに切って、常温にもどす。エシャロットのみじん切りは水に15分以上さらして辛みを抜き、ふきんで包んで水気を絞る。

1 合わせバターの材料をすべてボウルに合わせ、練り合わせる。

2 はまぐりは、沸騰した湯を火からはずしたところに30秒つける。わずかに口が開いたところで、すき間にナイフを差し込み、左右に2個、上下の殻にくっついている貝柱を切り離す。身を2～4つに切る。殻をねじってはずし、片方に身をのせる。

3 はまぐりの上に合わせバターを大さじ½強ずつのせ、広げる。バターが隠れるようにパン粉をふる。オーブントースターでおいしそうな色づくまで焼く。

下ごしらえ

パプリカはへたと種を取る(→p.77)。セロリは筋を除き、にんじんは皮をむき、それぞれスティック状に切る。かぶは皮をむいて8等分のくし形にする。チコリは葉を1枚ずつにばらし、トレヴィスとキャベツは6～7cm大に切り分ける。

1 にんにくは皮をむき、水から3回ゆでこぼす(Advice参照)。あらたに水を入れて、つぶれる柔らかさにゆでる。

2 1の水気をきって、小鍋に入れてつぶし、アンチョヴィを加えてさらにつぶしながら混ぜる。オリーブ油を加えて溶きのばす。

3 弱火にかけて混ぜながら温める。

食べ方

ソースを温めて小さな容器にて食卓へ。野菜のスティックにつけていただきます。ソースを入れた器をアルコールランプやろうそくで温めながら食べるとより本格的。

材料(4人分)

パプリカ(赤、黄)	各½個
セロリ	1本
にんじん	小½本
かぶ	大1個
チコリ	4枚
トレヴィス	大2枚
キャベツ	大1枚
ソース	
アンチョヴィペースト	30g
にんにく	中4かけ(25g)
E.V.オリーブ油	100㎖

温かいアンチョヴィソースで豪快に
バーニャカウダ
Bagna caoda

北イタリア、ピエモンテの前菜です。アンチョヴィとにんにくをきかせた温かいオイルソースにフレッシュ野菜をつけて、バリバリと豪快に食べてもらいたい料理です。ソースは生クリームを加えてやさしい味にしてもよいでしょう。

Advice

にんにくは水に入れて火にかけ、沸騰したら湯を捨てて、新たに水を注いでゆでます。これが「ゆでこぼす」という臭み抜きの方法です。これによって、にんにくの臭みやくせをやわらげます。

軽いころものイタリアの天ぷら
やりいかのフリット
Fritto di calamari

粉と水だけのころもで、薄くカリッと揚げるのがイタリアンの〝天ぷら〟、フリット。薄力粉だけでなくコーンスターチも加えて食感のよさを生み出します。ころもは最小限の量に抑えていかの風味を前面に出します。

材料(2〜3人分)

やりいか	2はい
塩、こしょう	各少量
薄力粉	軽くひとつかみ
ころも	
薄力粉	50g
コーンスターチ	20g
水	80mℓ
揚げ油(サラダ油)	適量
塩(仕上げ用)	ひとつまみ
香草(セルフイユ、イタリアンパセリなど。あれば)	少量
レモン	½個

下ごしらえ

いかは内臓がついていれば抜く。水洗いし、ペーパータオルなどで水気をふき取り、胴を1cm幅の輪切りにする。足は2等分に切る。もう一度水気をふき、ごく軽く塩、こしょうをふる。

1 揚げ油を天ぷらをするときと同じ温度(180℃くらい)に温める。その間にころもを作る。ボウルにころもの材料をすべて入れ、指先でかき混ぜる。粉気を残さず、完全に水に混ぜ込む。

2 いかに薄力粉をまぶす。少しずつころもに入れ、手で混ぜてころもをからめつける。余分なころもはよく落とし、適温になった油に入れる。網じゃくしでときどきかき混ぜながら揚げる。

3 ころもがパリッと揚がったら、紙の上に取り出して油をきり、塩をふる。香草は素揚げにする。レモンを添える。

Advice

このころもは、揚げる素材が魚介であれ野菜であれ何にでも利用できます。揚げたあとに塩をふって味をきかせるので、おいしい塩を用意するとよいでしょう。

下ごしらえ

前日に**A**をすべてざく切りにし、**B**の調味料に漬けて冷蔵庫で1日おく。

1 下ごしらえしたものを汁ごとミキサーに入れてなめらかなピュレにする。冷蔵庫で冷やしておく。

2 しめさばを作る。さばは小骨があれば骨抜きで抜く。両面に塩と砂糖をまぶし、バットにのせてラップをかける。冷蔵庫で1時間30分おく。

3 バットに入れたままのさばに酢をかけ、手でなでて表面の塩や砂糖を落とす。そのまま2分浸す。皮をむき、頭から尾に向かって、皮目に縦に浅く5mm間隔の切り目を入れる。皮目だけをさっと網焼きして香ばしさを出す。冷蔵庫で冷やしておく。

4 しめさばを1cm幅に斜め薄切りにする。皿に盛り、まわりに1のガスパチョを流す。オリーブ油を回しかけ、香草を飾る。

生野菜のソースをかけてさっぱりと
しめさば ガスパチョソース
Sgombro all'aceto con gaspacho

多少の生っぽさや生臭さが残るしめさばには、生野菜の青臭さが残るガスパチョスープをソースとして添えました。生と生の相殺効果で欠点を打ち消し合い、さっぱりと。しめさば作りには洋風にワインヴィネガーを使う手もあります。

Advice

魚を塩じめするときは、身の厚い部分には多く、薄い部分は少なめに塩をふります。このバランスがおいしさに大きく影響します。また、仕上げに皮目をあぶると、香ばしさが出ます。余ったガスパチョは冷製スープとして楽しんで。

材料(5〜6人分)

さば(皮つきフィレ。生食用)		2枚(約350g)
塩		7g(小さじ1強)
グラニュー糖		2g(小さじ1½)
米酢		100ml
ガスパチョ(仕上がり1ℓ)		
A	トマト	大2個(400g)
	すいかの果肉	330g
	パプリカ(赤)	2½個(330g)
	きゅうり	2本(200g)
	玉ねぎ	½個(100g)
	セロリ	⅔本(70g)
	にんにく	1かけ(7g)
	アメリカンチェリー(あれば。種を除いて)	300g
B	シェリーヴィネガー	60ml
	バルサミコ酢	50ml
	白ワイン	60ml
	トマトジュース	400ml
	塩	小さじ1強
	黒こしょう	小さじ¼
E.V.オリーブ油		適量
香草(セルフイユなど。あれば)		少量

※野菜はすべて皮をむいた正味の分量。

ピュレを冷やし固めます
カリフラワーのバヴァロワ
Bavarese al cavolfiore

一見デザートのようなバヴァロワ。しかし、口にすればカリフラワーの風味がいっぱいに広がります。これはカリフラワーをゆで汁ごとピュレにして固め、味や香りを封じ込めているから。まわりには緑美しく、さわやかな甘みのグリーンピースのソースを添えます。

材料（10人分／100ml容量の型10個分）

カリフラワー	2/3個(200g)
水	500ml
塩	小さじ1/2
ゼラチン	12g
生クリーム	250ml
ソース	
┌ グリーンピース(冷凍)	1kg
│ 水	1.2ℓ
└ 塩	小さじ2
キャヴィア(あれば)	適量

Advice
カリフラワーのピュレは、最後の1滴までうまみを絞ります。グリーンピースはゆでたあとの作業を手早くすると美しい緑色に仕上がります。カリフラワーもグリーンピースもゆで汁ごとピュレにするので、水分量ができ上がりの味を左右します。ゆで汁用の水はきちっと計量してください。

下ごしらえ
板ゼラチンを使う場合はたっぷりの冷水に10〜15分浸して、ふやかす。粉ゼラチンの場合は60mlの水にふり入れてふやかす。

1 カリフラワーを一口大に切り、片手鍋に入れて分量の水と塩を加える。火にかけ、簡単につぶれるまで柔らかくゆでる。

2 ゆで汁ごとミキサーにかけ、ピュレにする。ゼラチンを加えて軽く回す。こし器に入れ、ゴムべらで押しつけて十分にこしきる(仕上がり約500ml)。

3 2のボウルの底を氷水にあてる。生クリームを少しずつ加えながら混ぜ合わせる。少しとろみがつくまで、かき混ぜて冷ます。

4 ややとろりとしてきたら型の八分目まで流し入れる。ラップをかけて型ごと冷蔵庫に入れ、1時間以上おいて冷やし固める。

5 鍋にソース用の水と塩を沸かし、グリーンピースを柔らかくゆでる。ゆで汁ごとミキサーにかけてなめらかにする。こし器に入れ、十分にこしきる。味をみて、薄ければ塩で味をととのえる。ボウルの底を氷水にあててかき混ぜながら急冷する。

6 バヴァロワはお風呂くらいの温かさの湯に型の縁ぎりぎりまで2〜3秒つけ、皿に出す。まわりにグリーンピースのソースを流し、上にキャヴィアを盛る。

おもてなし風の盛りつけで

スモークサーモン
Smoked salmon

薬味やちょっとしたフレッシュ野菜があるだけでも、スモークサーモンはさらにおいしくいただけます。またトーストしたパンとの相性もよいので、台代わりにしてみました。立体的な盛りつけになって、見た目もぐっと引き立ちます。おもてなしには美しく見える盛りつけも心がけましょう。

材料(4人分)

スモークサーモン(薄切り)	20枚(サイズにより増減)
玉ねぎ	小¼個(40g)
卵	2個
ケイパー(酢漬け)	大さじ1
食パン(8枚切り)	2枚(小型の食パンなら4枚)
バター(食塩不使用)	適量
レタス	大2枚
E.V.オリーブ油	適量
レモン汁	1個分
塩、黒こしょう	各適量

下ごしらえ

玉ねぎをごく細かなみじん切りにし、水によくさらして辛みを抜く。ふきんで包んで水気をしっかり絞る。卵を堅ゆでにする。レタスは細切りにし、水で洗ってしっかり水気をきる。

1 ゆで卵の卵黄を取り出して裏ごしする(白身はここでは使わない)。

2 食パンを直径6〜7cmの抜き型で円形に4枚くりぬく(もしくは包丁で切る)、トーストする。片面にバターを塗る。

3 トーストの上にスモークサーモンを少しずつずらしながらかぶせる(トースト1枚にスモークサーモン5枚)。周囲を丸く包み込む。

4 皿にレタスを敷いて、3をのせる。上に玉ねぎ、ゆで卵の黄身、ケイパーをのせ、オリーブ油とレモン汁を回しかける。塩、こしょうをふる。

Advice

スモークサーモンの添えものといえば、日本ではケイパーと玉ねぎ、レモン汁がお決まり。欧米ではサワークリームやバターを塗って食べることもあります。スクランブルドエッグに添えたり、パスタの具として使うことも。

リコッタチーズを使うオリジナル

シェフ特製とろとろカプレーゼ
Caprese speciale

カプレーゼは、黄金の組み合わせとされるトマトとモッツァレッラチーズを薄切りにして重ねたサラダ。この組み合わせをひとひねりし、フルーツトマトとリコッタチーズでカプレーゼ風に仕立てました。リコッタが運んでくれる極上のおいしさを召し上がれ。

材料（6人分）

フルーツトマト	6個
リコッタチーズ(→p.283)	250g
牛乳	大さじ1
パパイヤ	2個
生ハム(あれば細切りにして)	ギュッと詰めて小さじ1
バジルの葉	大2枚
A 塩	小さじ1/6
黒こしょう	2回し
E.V.オリーブ油	小さじ2
にんにくオイル(作り方→p.47)	ごく少量
塩、黒こしょう	各少量

Advice

トマトもリコッタもパパイヤも、よく冷やします。バジルのソースを少量のせてもおいしいもの。パパイヤが未熟な場合は切り分けてからラップをかけて電子レンジに1分ほどかけると状態がよくなります。

下ごしらえ

トマトを湯むき(→p.81)し、6～8等分に切る。バジルの葉を細切りにする。

1 トマトをボウルに入れ、バジルの葉を加える。**A**も加え、全体によくからめる。冷蔵庫に入れて冷やしておく。

2 別のボウルにリコッタチーズと牛乳を入れ、泡立て器でかき混ぜてやわらかくのばす。

3 パパイヤの皮をむき、縦半分に切る。スプーンなどで種を除き、それぞれの果肉を3等分する。

4 皿にパパイヤを置き、ごく少量の塩をふる。生ハムをのせ、リコッタをかけ、**1**のトマトをのせる。黒こしょうをふる。

memo

定番のカプレーゼとは

スライスしたトマトとモッツァレッラチーズで作るのが定番の形です。交互にきちんと並べる盛りつけがよく見られますが、ご自由にどうぞ。

トマトは皮つきのまま4～5mm厚さの輪切りにする。モッツァレッラも同様の輪切りにする。バットに重ならないように並べ、塩、こしょう、にんにくオイル、オリーブ油を均等にかける。器にトマト、モッツァレッラ、トマトの順に2～3枚ずつ重ねて盛り、バジルを散らす。

下ごしらえ

豚肉に塩とこしょうをまぶし、手で軽くすり込み約1時間おく。焼く20分前にオーブンを160℃に予熱する。

1 天板にサラダ油を薄くひいて、肉の脂身を下にしてのせる。予熱したオーブンに入れ、約1時間かけて中心に火が通るまで焼く。取り出して常温で冷ます。

2 水菜は5等分、みょうがは縦半分に切ってから薄く斜め切りにする。生ハムはみじん切りにする。

3 ボウルに2の材料を入れ、豚肉はごく薄切りにして加える。ソースの材料もすべて入れ、全体を手でざっくり返しながら混ぜ合わせる。

材料(6人分)

黒豚ロース肉(ブロック)	1kg
塩	13g
黒こしょう	小さじ½
サラダ油	少量
水菜	650～700g
みょうが	6個
生ハム	3～4枚
ソース	
E.V.オリーブ油	大さじ3
レモン汁	大さじ1
にんにくオイル(下記参照)	5～6滴
塩	小さじ1
白こしょう	小さじ⅔

にんにくオイル

にんにくのみじん切りをひたひたのオリーブ油に浸して1日おいてから使えます。保存はふたをして常温で3～4日。夏は冷蔵庫で保存して。味のアクセントに。

たっぷりの水菜がおいしい

黒豚肉と水菜のサラダ
Insalata di maiale con "Mizuna"

ローストポークと水菜がこんなに相性のよいものだったとは！ そんな可能性の広がりを感じさせるサラダです。野菜は緑色が鮮やかなほろ苦いものならなんでも。ローストポークはごく薄切りにして葉野菜の口あたりの強さとそろえます。

Advice

水菜はソースであえるとしんなりしてかなりかさが小さくなります。たっぷり合わせることでサラダとしてのおいしさが出るので、思いきり使いましょう。ローストポークは冷蔵庫で3日くらいは保存可能です。

野菜、果物、卵、ナッツと具だくさん
特製ポテトサラダ
Special potato salad

それぞれ異なる風味、食感をもつ素材を盛りだくさんに加えたリッチなポテトサラダです。フルーツやナッツを入れると、さわやかさ、香ばしさ、カリカリ感などのアクセントがついておいしさがふくらみます。じゃがいもは熱いうちに味をつけるという基本を守れば、あとは自由にアレンジを楽しめる料理です。

Advice

じゃがいもやきゅうり、玉ねぎの水気がよくきれていないと水っぽいサラダになってしまいます。赤ワインヴィネガーは白よりも味の強さがありますが、マイルド志向であれば白でもかまいません。

材料(4～6人分)

じゃがいも(メイクイーン)	大2個(400g)
きゅうり(薄切り)	大½本(60g)
玉ねぎ(薄切り)	¼個(60g)
ハム(細切り)	80g
にんじん(小角切り)	小⅓本(40g)
りんご(2cm角の薄切り)	⅙個(60g)
オレンジ(皮をむいて1房を2等分)	30g
くるみ(粗く刻む)	20g
卵	2個
ミニトマト	6個
レタス	6枚
A 和がらし	小さじ1
赤ワインヴィネガー	小さじ2
マヨネーズ	50g
牛乳	30mℓ
塩	適量
黒こしょう	適量

下ごしらえ

にんじんは柔らかく塩ゆでする。卵を堅ゆでにして殻をむき、1cmほどの角切りにする。マヨネーズを牛乳でのばす。

1 きゅうりと玉ねぎの薄切りに塩をふって軽くもむ。少しおいてから水洗いし、ふきんで包んで水気をよく絞る。

2 じゃがいもを皮つきのままゆでる。柔らかくなったら湯を捨て、からの鍋に戻し、火にかけて水気をしっかりとばす。すぐに皮をむき、5mm厚さに切る。まな板に平らに並べ、熱いうちに塩とこしょうをふる。

3 ボウルに**A**を入れて溶き混ぜ、1のきゅうりと玉ねぎ、ハムを加えてあえる。レタスとトマト以外の素材すべてと、溶きのばしたマヨネーズも加える。全体をよく混ぜ合わせ、塩とこしょうで味をととのえる。器にレタスを敷いてサラダを盛り、トマトをカットして飾る。

特製豆腐マヨネーズで
じゃがいもとりんごのサラダ
Potato and apple salad

材料(4人分)
りんご	1/2個(150g)
じゃがいも(メイクイーン)	1個(150g)
セロリ	1/5本(20g)
塩、こしょう、酢	各少量

ドレッシング(作りやすい分量)
絹ごし豆腐	90g
オリーブ油	大さじ1〜2
玉ねぎ	10g
にんにく	1g
酢	小さじ1
塩	1g
チャイブ(小口切り)	適量

1. じゃがいもは皮つきのままゆで、熱いうちに皮をむき、5mm厚さにスライスする。

2. 1を熱いうちにまな板などに平らに並べて塩、こしょう、酢の順にふる。

3. りんごは皮つきのまま薄いいちょう切りにし、塩水につける。セロリは筋を取って薄切りにする。

4. ドレッシングの材料をすべてミキサーで混ぜ合わせ、なめらかにする。

5. ボウルに水気をきった2と3を入れ、4を大さじ2加えてあえる。チャイブを散らす。

牛乳でのばしマヨであっさりと
じゃがいもときゅうりのサラダ
Potato and cucumber salad

材料(4人分)
じゃがいも(メイクイーン)	1個(150g)
きゅうり	1/2本(50g)
玉ねぎ	1/8個(25g)
塩、こしょう、酢	各少量

ドレッシング
マヨネーズ	大さじ1
牛乳	大さじ1

1. じゃがいもは皮つきのままゆで、熱いうちに皮をむき、5mm厚さにスライスする。

2. 1を熱いうちにまな板に平らに並べて塩、こしょう、酢の順にふる。

3. きゅうりと玉ねぎを薄切りにし、ボウルに入れ、塩をふっていっしょにもむ。水でさっと洗ってふきんで水気を絞る。

4. ボウルにマヨネーズと牛乳を入れて混ぜる。

5. 4に3を加えて混ぜ合わせる。最後にじゃがいもを加えてあえる。

ブイヨンで色よくゆでます

温野菜サラダ
Salade de petits légumes tièdes

ゆでておいしい野菜ならなんでも利用できます。冷蔵庫のあり合わせ野菜でもかまいません。おいしさのポイントはゆで方。コリコリした歯ごたえが残るぐらいに堅めにゆでます。野菜によって火の通り加減が違うので、時間差をつけて順番にブイヨンに投入していきます。

材料(2人分)

芽キャベツ	3個
グリーンアスパラガス	3本
カリフラワー	小房3個
かぶ	2個
スティックセニョール（なければブロッコリー）	7本
ミニキャロット	3本
スナップえんどう	6個
さやいんげん	6本
チキンブイヨン(→p.81。濃いめのもの)	300ml
塩	ひとつまみ
E.V.オリーブ油	少量

下ごしらえ

芽キャベツは外側の葉をむき、縦半分に切る。アスパラガスは半分に切り、下半分ははかまと皮を除いて縦に薄く切る。カリフラワーは小房をさらに半分に切る。かぶは葉を切り落とし、皮をむき、半分に切る。スティックセニョールは軸を2～3cmつけて切る。スナップえんどうは筋にそって半分に切る。さやいんげんはへたを切り落とす。

1 ブイヨンに塩、オリーブ油を加えて火にかける。煮立ったら、ミニキャロット、芽キャベツを入れ、ひと煮立ちさせる。次にスナップえんどう、さやいんげんを加えてさらにひと煮立ちさせる。

2 さらに、かぶを加えて、ひと煮立ちさせ、アスパラガス、カリフラワー、スティックセニョールを加えてひと煮立ちさせる。

3 ブイヨンごとバットに移し、芽キャベツの外側の葉を加える。粗熱が取れるまでブイヨンに浸しておく。汁気をきって、器に盛りつける。

Advice

ゆで加減がわからないときは、1つだけつまんで実際に食べてみて確かめます。ジャストのゆで加減になったら、どんどん引き上げてバットに移しておきます。スティックセニョールがなければブロッコリーに、ミニキャロットがなければふつうのにんじんの輪切りに替えてもかまいません。じゃがいもを加えてもおいしい。このサラダは冷めきらないうちに食べきってください。

シンプルだけどおいしい
ロメインレタスと
ブルーチーズのサラダ
Salade aux romaines

大きくちぎったロメインレタスとチーズドレッシングというきわめてシンプルなサラダです。ブルーチーズはかびのある青い部分がおいしいところなので、これを直接レタスにのせて、その味わい深いおいしさを堪能していただきます。ドレッシングはチーズをオイルやレモン汁で溶きのばすだけですから、これも簡単。

材料(2人分)

ロメインレタス		1株
ブルーチーズ		35g
A	レモン汁	½個分
	E.V.オリーブ油	大さじ4
	砂糖	20g
	塩	ひとつまみ
	こしょう	15回し
	白ワインヴィネガー	3〜4滴

1 ロメインレタスの緑の濃い葉先部分を切り落とし、葉をはがして器に盛る。ブルーチーズの青い部分をちぎってレタスの上にのせる。

2 残りのチーズをボウルに入れ、Aをすべてボウルに入れ、泡立器でかき混ぜる。

3 チーズが溶けるまで全体に混ぜ、ピッチャーに移す。食べるときに、好みの分量のドレッシングをかけていただく。

Advice
ロメインレタスの濃い緑の葉先部分は堅くて苦みの強い部分なので切り落とします。あとは葉をはがしてそのまま器に盛りつけるだけでOK。バリバリとダイナミックにいただきましょう。

フレッシュ魚介に昆布のうまみのゼリー
魚介の贅沢サラダ
Queen's seafood salad

魚介のおいしさが命ですから、少々値は張っても新鮮で上質の素材を使いましょう。魚介にのっているのは昆布だしにしょうゆの風味を加えたゼリーで、さっぱりしたうまみの魚介にぴったりです。

Advice

メインのえびは車えびがベストですが、大正えびやブラックタイガーなどでもOK。その場合は大ぶりのものを使い、火を入れすぎないようにして持ち味を最大限に生かします。

材料 (5〜6人分)

- A
  - 帆立貝柱(生食用) ……… 3個
  - えび(殻つき。あれば有頭) …… 12尾
  - やりいか ……… 小10ぱい
  - 赤貝 ……… 4個
  - とこぶし ……… 3〜4個
- トマト ……… 大1個
- エジプトミニオクラ(→p.278)
   ……… 5〜6本(ふつうのオクラなら2〜3本)
- ヤングコーン ……… 10本
- 長いも(1cm角に切る) ……… 20g
- 塩、白こしょう ……… 各適量
- E.V.オリーブ油 ……… 適量
- 好みの香草(ミント、セルフイユ、フェンネルなど。なくてもよい) ……… 適量

海藻ゼリー(500mℓを使用)

- わかめ(生) ……… 100g
- B
  - 水 ……… 1ℓ
  - 昆布 ……… 10cm角
- 塩 ……… 少量
- C
  - しょうゆ ……… 小さじ1
  - グラニュー糖、米酢 ……… 各小さじ1
  - 塩 ……… 少量
- 板ゼラチン ……… 10〜12g

前日

1 海藻ゼリーを作る。**B**を火にかけ、沸騰直前で火を止めて薄い塩味をつける。冷ます。

2 わかめを一口大に切り、さっと塩ゆでする。水気をきって**1**に加え、冷蔵庫で1日おく。塩蔵わかめの場合は、塩を洗い流し、しばらく水にさらしてからゆでて使用。

当日

3 板ゼラチンを冷水に15分ほどつけてふやかす。**2**のわかめを引き上げる(「わかめとつぶ貝のサラダ」では、このわかめを使用)。**2**のつけ汁500mℓを沸かし、火を止めて**C**の調味料とゼラチンを入れて溶かす。氷水にあてて粗熱を取り、こして冷蔵庫で冷やし固める(写真A)。

4 帆立貝柱は横2枚に切る。トッピング用のえび4〜5尾は頭と尾の1節を残し、残りのえびは全部の殻をむく。

5 **A**の魚介をさっと塩ゆでし、それぞれちょうど火が入ったところで引き上げる。水気をふき、塩、白こしょう、オリーブ油であえる。トッピング用のえび以外を一口大に切り、よく冷やす。

6 トマトは皮を湯むきし(→p.81)、種を取り、1cm角に切り冷やしておく。

7 ミニオクラ、ヤングコーンをそれぞれ歯ごたえの残る柔らかさに塩ゆでする。水気をよくふき取り、ヤングコーンは5本を1cm幅に刻む。長いもとともに冷やしておく。

8 盛りつけ用の容器に、尾頭つきのえび以外の魚介を均等に並べる。上に尾頭つきのえびをきれいに並べる。ミニオクラと姿のままのヤングコーンを盛りつける。

9 まわりにトマト、カットしたヤングコーン、長いもを散らす。海藻ゼリーをスプーンでたっぷりかける(写真B)。最後に香草を飾る。

しょうゆベースの和風サラダ
わかめとつぶ貝のサラダ
Salade d'algues

ゆでたわかめを昆布だしにつけて味を含ませ、そのうまみだけで食べます。ゼリーはそのつけ汁を利用して作ります。

材料 (4人分)

- わかめ(生)* ……… 100g
- 海藻ゼリー* ……… 500mℓ
  *いずれも上記の「魚介の贅沢サラダ」1〜3を参照して作る。
- つぶ貝 ……… 2個
- 塩 ……… 適量

1 つぶ貝をゆでて薄く切る。

2 わかめの水気をきり、**1**と合わせて盛り、海藻ゼリーをかける。

ヌクマムドレッシングで食べる
ベトナム風サラダ
Salade vietnamienne

シャキッとした野菜とパリパリの揚げ春雨、そしてヌクマムをベースにした甘酸っぱくてほんのりピリ辛のドレッシング。とりわけ若い人好みの口あたりと味つけのサラダです。白身魚のフライも加えて、ほどよいボリュームです。

Advice

ドレッシングは、甘・辛・酸のバランスをお好みに応じて強弱をつけてください。やや多めにできるので、ベトナム風にんじんサラダ(→p.67)などに利用してください。野菜は葉ものを必ず1種類入れますが、あとはあり合わせのものを組み合わせて。

材料(2人分)

白身魚(皮なし切り身)		120g
A	卵白	½個分
	片栗粉	½カップ
	塩	適量
	黒こしょう	適量
春雨		20g
揚げ油(サラダ油)		適量
ヌクマムドレッシング		
	ヌクマム(→p.282)	75ml
	米酢	50ml
	水	150ml
	グラニュー糖	40g
	はちみつ	大さじ1強
	レモン	1個
	赤唐辛子	5本
	にんにく(みじん切り)	小さじ1
	しょうが(せん切り)	小さじ1
葉もの野菜(エンダイブ、サニーレタス、水菜など)、マッシュルーム(またはえのきたけ)、ビーツ、あさつき、青じそ、ミント、フェンネルなど		各適量

下ごしらえ

白身魚を1枚20g前後に切る。レモンは薄い輪切り、赤唐辛子は1本だけ、種を取り除いて小口切りにする。野菜のうち、マッシュルーム、ビーツ、青じそをせん切りにする。あさつきは10cmほどに切る。

1 ドレッシングを作る。ボウルに全材料を合わせてよく混ぜる。

2 ボウルにAをすべてを合わせて手でよくかき混ぜる。魚の切り身を入れてからめる。

3 揚げ油を熱して魚を入れ、からっと揚げる。紙の上で油をきる。春雨をまとめて揚げ油に入れる。瞬間的に揚がり、油の上に浮くので、すくって取り出す。紙の上で油をきっておく。

4 春雨を器に敷き、魚をのせる。上に野菜や香草をこんもりと盛り、ドレッシングを適量かける。

下ごしらえ

p.69を参照し、ベトナム風にんじんサラダを作る。

1 ぬれぶきんを広げ、上にライスペーパーをのせる。表面全体がぬれるまで霧吹きで水をかけ、その上に、もう1枚のぬれぶきんをかぶせる。2枚目のライスペーパーを置き、同様に霧吹きで水をかけてぬれぶきんをかぶせる。このまま3分くらいおく。

2 えびの殻をむき、背わたを取り、塩ゆでする。水気をふいておく。フライパンに豚バラ肉を並べ、塩を軽くふってソテーする。途中でえびを加え、表面をさっとソテーする。ともに取り出して冷ましておく。

3 スクランブルドエッグを作る。ボウルに卵、グラニュー糖、塩を合わせてほぐす。フライパンにサラダ油をひき、卵液を流し、固まり始めたら箸でかき混ぜてスクランブルドエッグにする。

4 ライスペーパーはぬれぶきんの上に置いたまま具を並べていく。まず、中央に3枚の青じそを並べ、豚肉2枚をのせ、両脇にえび5尾とスクランブルドエッグの半量を添える。豚肉の上にベトナム風にんじんサラダを盛り、ミントの葉とエンダイブを適宜散らし、あさつきをのせる。

5 端からぬれぶきんを持ち上げて巻きずしの要領で巻く。適当な長さに切り分け、すだちや生の赤唐辛子、ミントなどを添える。ドレッシングを小皿などに少量入れて添える。

材料(2人分)

生春巻きの皮(ライスペーパー。直径22cm)	2枚
えび(車えび、大正えび、中サイズのブラックタイガーなど)	10尾
豚バラ肉(薄切り)	4枚
塩	少量
スクランブルドエッグ	
卵	大2個
グラニュー糖	小さじ2
塩	少量
サラダ油	適量
ベトナム風にんじんサラダ(作り方→p.69)	適量
青じそ	6枚
ミントの葉	8枚
エンダイブ	少量
あさつき	20本
すだち	½個
生赤唐辛子、ミントなど(なくてもよい)	各適量
ヌクマムドレッシング(作り方→p.54)	適量

※霧吹きを用意する。

太巻き感覚でお好みの具を巻く

生春巻き
Rouleaux de printemps crus

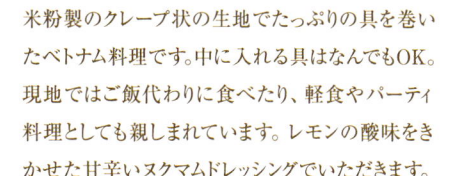

米粉製のクレープ状の生地でたっぷりの具を巻いたベトナム料理です。中に入れる具はなんでもOK。現地ではご飯代わりに食べたり、軽食やパーティ料理としても親しまれています。レモンの酸味をきかせた甘辛いヌクマムドレッシングでいただきます。

Advice

乾燥のライスペーパーは、水をかけて柔らかくもどしてから使います。ただし、ぬれすぎると破れやすくなるので、適度な水分補給が大事。もどしてからも乾燥しやすいので、使うまでふきんではさんでおきます。

アミューズ・ブーシュに
塩味のひと口パイ
Petits fours salés

食事までのひととき、食前酒などといっしょにいただく小さなおつまみがアミューズ・ブーシュ。大きさはスマートに食べられるひと口サイズが基本です。ここでは家にある食材でも応用しやすく、アミューズ・ブーシュの定番でもあるひと口パイをご紹介します。冷めてしまっては本来のおいしさが失われるので、ぬくもりが残っているうちに食べましょう。

Advice

ひと口パイの大きさ、形はお好みでどうぞ。右ページで説明した寸法はひとつの目安です。

共通の下ごしらえ

パイシートを常温にもどし、1mm厚さの長方形（18×27cm）にのばす。オーブンを予熱する（チーズ風味は190℃、ほかは210℃）。天板は出して、オーブンシートを敷いておく。

ソーセージ　　チーズ風味　　オリーブの実　　アンチョヴィ

チーズたっぷりがおいしい
チーズ風味
Bâtons au fromage

材料(16個分)

冷凍パイシート(約18×27cmに
のばしたもの)……………1枚
卵白(または水)……………少量
パルミジャーノチーズ(→p.282。
すりおろす。または粉末)……適量

1 卵白をとき、刷毛でパイシートの全面に塗る。チーズをたっぷりふりかける(写真A)。

2 麺棒を数回ころがしてチーズをパイシートに密着させる。

3 周囲をまっすぐに切り落とし、長い辺を8等分に切り分け、さらに2等分する(写真B)。縮むのでやや大きめに切るほうがよい。

4 オーブンシートに1cmの間隔をあけて並べる。予熱したオーブンに入れ、170℃に下げて18分焼く。天板ごと出して冷ます。

パイで二つ折りに
アンチョヴィ
Bâtons aux anchois

材料(18個分)

冷凍パイシート(約18×27cmに
のばしたもの)……………1枚
アンチョヴィ(→p.278フィレ。缶詰)
…………………………12枚
卵白(または水)……………少量
卵黄(つや出し用)…………少量
アーモンドダイス(なくてもよい)
……………………………適量

1 アンチョヴィをべとつかないようにペーパータオルにのせて油分をきる。

2 パイシートの短い辺を手前に置き、端から3cm内側にアンチョヴィを4本つなげて並べる。手前のスペースに卵白を塗る(写真A)。

3 アンチョヴィを折り目にして二つ折りにし、生地をぴったり張りつける。重ねた生地の端にそってナイフで切り離す。

4 2と3をあと2回繰り返し、それぞれを6等分する。

5 オーブンシートに並べ、卵黄を塗ってアーモンドダイスを散らす(写真B)。予熱したオーブンに入れ、190℃に下げて18分焼く。天板ごと取り出して冷ます。

チョリソーなど好きなもので
ソーセージ
Bouchons au saucisson

材料(18個分)

冷凍パイシート(約18×27cmに
のばしたもの)……………1枚
ソーセージ(中くらいの太さのもの)
……………………………6本
卵白(または水)……………少量
卵黄(つや出し用)…………少量

1 パイシートの手前にソーセージを2本並べ、生地を1回巻き込む(写真A)。生地の向こう側に卵白を塗り、もう1回巻き込む。余った生地を切り離す。

2 同様に1をあと2回繰り返す。それぞれを3cm幅に切る(1本につき6個とれる)(写真B)。

3 オーブンシートに並べて、卵黄を塗る。予熱したオーブンに入れ、190℃に下げて25分焼く。天板ごと出して冷ます。

オリーブをまるごと包んで
オリーブの実
Bouchées feuilletée aux olives

材料(18個分)

冷凍パイシート(約18×27cmに
のばしたもの)……………2枚
グリーンオリーブの実(塩水漬け、
種子なし。→p.279)………18個
卵白(または水)……………少量
卵黄(つや出し用)…………少量
強力粉(打ち粉用)…………少量
※抜き型(直径約5cmの菊型)を用意する。

1 オリーブの実をペーパータオルにのせて水分をきる。

2 抜き型に打ち粉をしながらパイシートを抜く。

3 生地それぞれに卵白を塗る。2枚1組にし、1枚にオリーブの実をのせてもう1枚をかぶせる(写真A)。まわりを指で強く押して張りつける(写真B)。

4 オーブンシートに並べ、卵黄を塗る。予熱したオーブンに入れ、190℃に下げて25分焼く。天板ごと出して冷ます。

57

シンプル前菜

数種の材料でできるイタリアンテイストの前菜をご紹介します。その場でパパッと調理できるもの、作りおいて保存のできるものなど、急場しのぎに最適な料理です。おつまみとしてだけでなく、もう一品欲しいときにも利用してください。

オリーブ油でマリネしたトマトをのせて
トマトのブルスケッタ
Bruschetta alla checca

Funghi in umido

Rillettes di alici

炒めてペーストに仕上げます
いわしのリエット

きのこの水分だけで蒸し煮にします
きのこの蒸し煮

イタリアンスタイルのオムレツ
フリッタータ

Frittata

Zucca fritta

薄切りにして低温の油で揚げるだけ
かぼちゃのチップス

サクッ＋ふんわりのかきフライ
かきのベニエ

豚肉のペーストです
リエット

Rillettes di maiale

Bignè di ostriche

シンプル前菜 Recipe

トマトのブルスケッタ
Bruschetta alla checca

オリーブ油でマリネしたトマトをのせて

ブルスケッタはにんにくトーストのこと。トマトを刻んでのせるのがポピュラーですが、ここでは味が濃厚で果肉のしまったフルーツトマトをオリーブ油でマリネして使います。

材料(2人分)
バゲット(20cm長さ)1本
にんにくオイル(作り方→p.47)大さじ4

A
- フルーツトマト 6個
- バジルの葉大1枚
- E.V.オリーブ油小さじ2
- 塩小さじ1/6
- 黒こしょう2回し
- にんにくオイル1滴

1. p.46のプロセス1〜2を参照し、Aの材料を使ってトマトのマリネを作る。
2. バゲットを半分の長さに切り、さらに縦に2等分して4枚にする。切り口ににんにくオイルを塗り、オーブントースターでこんがり焼く。
3. 焼き上がったパンの切り口に1のトマトをたっぷりのせる。

きのこの蒸し煮
Funghi in umido

きのこの水分だけで蒸し煮にします

塩だけの調味ときのこ自体の水分で蒸し煮にし、香りと味を凝縮させます。冷ましてからもう一度味みをして、塩で味をととのえます。

材料(4〜6人分)
生しいたけ6〜7枚(100g)
しめじ1パック(100g)
えのきたけ1パック(100g)
マッシュルーム12〜13個(100g)
エリンギ3本(100g)
水大さじ1 塩適量
パセリ(みじん切り)少量
好みでE.V.オリーブ油、白こしょう、セルフイユなどの香草各適量

1. 生しいたけは軸を除き、4つに切る。しめじは石づきを取って数本単位にほぐす。えのきたけも石づきを取り、長さを3等分に。マッシュルームは2等分、エリンギは乱切りにする。
2. きのこをすべて深鍋に入れ、塩小さじ1/2と水大さじ1を加える。ふたをして中火にかけ、焦げつかないようにときどき混ぜて7〜8分火を入れ、仕上げに塩で味をととのえる。パセリをふり、常温で冷ます。好みでオリーブ油、白こしょう、香草をふる。

いわしのリエット
Rillettes di alici

炒めてペーストに仕上げます

いわしとじゃがいもを粗めのペースト状に炒めて作ります。味が濃いので、トーストしたバゲットにのせると食べやすいでしょう。いわしのほかに魚の干物でもOK。

材料(6人分)
真いわし(フィレ)6尾分(約300g)
じゃがいも小3個(300g)
パセリ(みじん切り)大さじ2
ピュアオリーブ油40ml
にんにく1かけ

A
- ラード(またはバター)100g
- 薄めのチキンブイヨン(→p.81)60ml
- 塩小さじ1/2強
- 黒こしょう10回し

1. じゃがいもを小さく切り、柔らかくゆでる。水気をきっておく。
2. 鍋にオリーブ油とつぶしたにんにくを入れて熱し、いわしをソテーし、水分をとばす。じゃがいもとパセリを加え、つぶしながら炒める。Aを加えて火からおろし、鍋底を氷水にあてて混ぜながら冷やす。
3. 容器に移して冷蔵庫で保存する。好みでE.V.オリーブ油、つぶした黒こしょう、ピンクペッパー(分量外)をかけてもよい。

****

イタリアンスタイルのオムレツ
フリッタータ
Frittata

****

丸く平たく、フライパンの形のままに焼き上げます。トマト、じゃがいも、アスパラガスなど、混ぜる具はどんなものでも。

材料(直径18cm大1枚)
卵3個　パルミジャーノチーズ(→p.282。すりおろす。または粉末)大さじ2　ズッキーニ、なす、玉ねぎ各30g　パプリカ(赤、黄)合わせて30g　塩適量　白こしょう適量　ピュアオリーブ油大さじ1　バター(食塩不使用)10g

1. パプリカと玉ねぎはごく薄切りに、ズッキーニとなすは輪切りにする。直径18cmのフライパンにオリーブ油を熱し、火が入るまでよく炒めて塩小さじ1/6をふる。
2. 卵とパルミジャーノ、塩、こしょうをボウルに合わせ、1の野菜を混ぜる。
3. フライパンをきれいにしてバターを溶かし、2を流す。中火にしてふたをし、蒸し焼きにする。裏返して両面を焼いてもよい。

****

薄切りにして低温の油で揚げるだけ
かぼちゃのチップス
Zucca fritta

****

野菜のチップスは天ぷらよりもやや低めの温度で、じっくり時間をかけて揚げるとパリッとします。野菜をごく薄片に切ることもポイント。ズッキーニ、にんじんなどでも。

材料(3〜4人分)
かぼちゃ1/4個
塩適量
揚げ油(サラダ油)適量

1. かぼちゃは種を取り除き、皮はつけたままにする。真横に半分に切り、1〜2mm幅にごく薄く切る。
2. サラダ油を150℃くらいに熱し、かぼちゃを入れて時間をかけて揚げる。プクプクと出ていた泡がなくなり、カリッとしてきたら引き上げて紙の上にとる。塩をふりかける。

****

豚肉のペーストです
リエット
Rillettes di maiale

****

豚肉は、赤身と脂身が7対3くらいが、味も食感もバランスがよく仕上がります。脂身がたりないときは背脂を加えたり、豚肉が温かいうちにバターやラードを適量混ぜます。

材料(10人分)
豚ロース肉(または肩ロース肉、バラ肉。ブロック)500g
玉ねぎ(薄切り)1/2個(100g)
水(またはブイヨン)適量
塩小さじ1
黒こしょう小さじ1/2
サラダ油、クルトン(作り方→p.85)、粒黒こしょう各適量

1. 豚肉を一口大に切り、塩とこしょうをふる。鍋にサラダ油を熱して軽くソテーし、ひたひたの水と玉ねぎを加える。沸騰したら弱火にし、ふたをして煮る。焦げないようにときどき混ぜ、肉が煮くずれ、煮つまるまで約3時間煮る。
2. 1をフードプロセッサーにかけるか、麺棒でつぶす。塩、こしょう(ともに分量外)で味をととのえ、密閉できる容器に詰めて常温で冷ます。食べるときにほぐし、つぶした黒こしょうやクルトンを添える。保存は冷蔵庫で1か月可。

****

サクッとふんわりのかきフライ
かきのベニエ
Bignè di ostriche

****

ベニエは、ころもにビールやメレンゲを加えて軽さを出した揚げもの。かきは水気をよくふき、ころもの下にも薄力粉をまぶして、水分を閉じ込めながらころもをサクッと揚げます。

材料(4人分)
かき(むき身)16個
薄力粉適量
ころも
　そば粉30g　薄力粉20g
　卵黄1個　ビール40ml
　塩ひとつまみ
　卵白1個分
揚げ油(サラダ油)適量
粗塩適量
レモン1/6個

1. かきをきれいに水洗いし、ペーパータオルで水気を十分取る。
2. ころもを作る。卵白を泡立て器で泡立てて、八分立てのメレンゲにする。別のボウルに卵黄、ビール、塩を入れてほぐし、そば粉と薄力粉を混ぜる。メレンゲを大さじで山盛り3杯加えて軽く混ぜる。
3. 揚げ油を180℃前後に熱する。かきに薄く粉をまぶし、2をつけて揚げる。きつね色になったら紙にとって油をきる。粗塩をふってレモンを添える。

わかさぎフライの酢油マリネ
エスカベーシュ

Pesci in carpione

たっぷり作って保存しておきましょう
ピクルス

Sottaceti

ソースのアレンジもできます
じゃがいもの マヨネーズ焼き

Patate gratinate

"Kinukatsugi" alla griglia

ゆでてから焼き網で焼くのがポイント
きぬかつぎのグリル

シンプル前菜

Fritto misto

イタリア風の天ぷらです
ズッキーニと玉ねぎのフリット

鮮やかな色も魅力的
パプリカのオイル漬け

Peperoni sott' olio

Insalata di polpi e sedano

さっとあえて仕上げるサラダ風
たことセロリのマリネ

Melanzane all' aceto balsamico

なすは炒めてからマリネします
なすのバルサミコ酢マリネ

＊＊＊＊＊＊＊＊＊＊＊＊＊＊＊＊＊＊＊＊＊＊＊＊
わかさぎフライの酢油マリネ
エスカベーシュ
Pesci in carpione
＊＊＊＊＊＊＊＊＊＊＊＊＊＊＊＊＊＊＊＊＊＊＊＊

最小限の油と酢でマリネして、さっぱりといただくエスカベーシュ。頭つきの小魚や大型の白身魚を細長く切ったもの、殻つきの芝えびなどでも同様に作れます。

材料(4人分)
わかさぎ30尾
玉ねぎ1個
セロリ大1本
にんじん½本
レモン1個
A［コリアンダーシード大さじ1　赤唐辛子1本　ピュアオリーブ油100ml］
赤ワインヴィネガー150ml　とき卵1個分　コーンミール(粗め)少量　揚げ油(サラダ油)適量　E.V.オリーブ油80ml　塩、黒こしょう各適量

1. わかさぎをとき卵にくぐらせ、コーンミールをまぶし、170℃の油で揚げる。紙にとって塩、こしょうをふる。
2. 野菜をすべて薄切りにする。フライパンにAを入れて熱し、野菜をさっと炒め、塩、こしょうを軽くふり、赤ワインヴィネガーを加えて混ぜる。ざるにあけて自然に水気をきる。
3. バットに1を広げ、2とレモンの薄切りをのせる。冷蔵庫で1日おく。食べるときにE.V.オリーブ油をかける。

＊＊＊＊＊＊＊＊＊＊＊＊＊＊＊＊＊＊＊＊＊＊＊＊
たっぷり作って保存しておきましょう
ピクルス
Sottaceti
＊＊＊＊＊＊＊＊＊＊＊＊＊＊＊＊＊＊＊＊＊＊＊＊

いろいろな野菜をピクルスにできます。1日おいて翌日からが食べごろ。冷蔵庫に保存して、1か月はおいしく食べられます。

材料(6〜8人分)
パプリカ(赤、黄)各1個
カリフラワー⅔個　にんじん中1本　セロリ大1本
きゅうり4本　みょうが6個　エシャロット6個　にんにく2かけ
マリネ液
水1ℓ　白ワインヴィネガー190ml　塩35g　グラニュー糖45g　粒黒こしょう、コリアンダーシード各10粒　赤唐辛子½本　ローリエ1枚　タイム1枝

1. パプリカは種を除き、一口大に切る。カリフラワーは小房に分け、にんじん、セロリ、きゅうりは長さ6cm前後の太い棒状に切る。みょうがは縦に半割り、エシャロットは5mm厚さの輪切りに。
2. 鍋にマリネ液の材料を入れ、沸騰させる。きゅうり以外の野菜をすべて加える。再沸騰させて1分火を通す。
3. ボウルにあけ、底を氷水にあてて冷やし、ぬるくなったらきゅうりを入れる。粗熱が取れたら保存容器に移す。

＊＊＊＊＊＊＊＊＊＊＊＊＊＊＊＊＊＊＊＊＊＊＊＊
ソースのアレンジもできます
じゃがいものマヨネーズ焼き
Patate gratinate
＊＊＊＊＊＊＊＊＊＊＊＊＊＊＊＊＊＊＊＊＊＊＊＊

柔らかくゆでたじゃがいもに、マヨネーズのソースを塗って香ばしく焼きます。マヨネーズに味噌やドライトマト、アンチョウィなどを少量混ぜて、自由にアレンジを楽しんで。

材料(4人分)
じゃがいも2個
マヨネーズ大さじ2
卵黄1個
パセリ(みじん切り)大さじ1
塩少量

1. じゃがいもを水洗いし、皮つきのまま縦2つに切る。沸騰した湯に塩を加えてゆでる。形をくずさないように湯をきる。
2. ボウルにマヨネーズと卵黄を入れ、分離しないようによく混ぜ合わせる。パセリを加えて軽く混ぜる。
3. じゃがいもの切り口に2を塗り、オーブントースターに入れ、焼き色がつくまで焼く。

＊＊＊＊＊＊＊＊＊＊＊＊＊＊＊＊＊＊＊＊＊＊＊＊
ゆでてから焼き網で焼くのがポイント
きぬかつぎのグリル
"Kinukatsugi" alla griglia
＊＊＊＊＊＊＊＊＊＊＊＊＊＊＊＊＊＊＊＊＊＊＊＊

和食の定番「きぬかつぎ」もグリルにするとイタリアンに。香ばしさも出て新鮮な味わいです。オリーブ油をかければ一段とイタリアンらしくなります。つけ合わせとしてもおすすめ。

材料(2人分)
子いも6〜8個
塩小さじ¼

1. 子いもを皮つきのままきれいに水洗いし、柔らかくなるまで塩ゆでする。水気をきり、上下を切り落として太鼓形にする。
2. 焼き網にのせ、塩小さじ¼をまぶして焼く。ところどころに焦げ目がついて香ばしくなったら、器に盛る。

※フライパンで焼くと子いもの粘りが出てくっついてしまうので避ける。

シンプル前菜
Recipe

****

イタリア風の天ぷらです

ズッキーニと玉ねぎのフリット
Fritto misto

****

p.42でやりいかのフリットを紹介していますが、イタリア料理では野菜のフリットもポピュラーです。コーンスターチ入りの同じころもでサクッと揚げます。

材料(2～3人分)
玉ねぎ1個
ズッキーニ2本
薄力粉(野菜にまぶす分)適量
ころも
　薄力粉50g
　コーンスターチ20g
　水80㎖
塩小さじ1/3～1/2弱
揚げ油(サラダ油)適量
レモン(厚い輪切り)1枚
香草(イタリアンパセリ、セルフイユなど)適量

1 ころもを作る。ボウルに薄力粉とコーンスターチを入れ、水を加えて指先でぐるぐるとかき混ぜて粉気をなくす。

2 玉ねぎとズッキーニを厚さ5㎜くらいの輪切りにする。玉ねぎは輪をばらす。ともに薄力粉を薄くまぶす。

3 サラダ油を約160℃に熱し、野菜を少しずつころもの中に入れて手で軽くからめ、順次揚げていく。網の上に取り出して油をきり、塩をふる。器に盛りつけて香草とレモンを添える。

****

鮮やかな色も魅力的

パプリカのオイル漬け
Peperoni sott'olio

****

彩り鮮やか、手間も少なく作れるおいしい前菜です。ゆでるときににんにく、油で漬けるときにローズマリーやタイム、赤唐辛子など、お好みで風味をつけても。1か月保存可。

材料(500㎖の容器1杯分)
パプリカ(赤、黄、オレンジ)各1個
ゆで汁
　水800㎖
　白ワインヴィネガー150㎖
　塩13g
　砂糖40g
E.V.オリーブ油適量

1 パプリカを縦2つに切り、種とへた、白いわたの厚いところを取り、斜めに10等分に切る。

2 鍋にゆで汁の材料を入れ、沸騰させる。パプリカを入れて、再度沸いたら中火にし、あくを取り、1～3分ゆでる。鍋ごと底を氷水にあてて冷ます。2時間ほどそのままおいておく。

3 2をざるにあけ、さらにペーパータオルで水気を取る。保存容器に移し、完全に浸るまでオリーブ油を注ぐ。室内の涼しいところで3日以上おく。

****

さっとあえて仕上げるサラダ風

たことセロリのマリネ
Insalata di polpi e sedano

****

サラダ風にオイルやレモン汁でさっとあえたマリネです。たことセロリは風味、食感ともに相性抜群の組み合わせです。いか、えび、あさりなどの魚介でも。

材料(4～6人分)
ゆでだこ300g　セロリ170g　黒オリーブ(塩水漬け)約15個(30g)　イタリアンパセリ(みじん切り)大さじ2　レモン汁小さじ2　E.V.オリーブ油大さじ1　にんにくオイル(作り方→p.47)3滴　塩小さじ1/2　白こしょう小さじ1/3　クルトン(作り方→p.85)適量

1 たこは刺し身ぐらいの厚さに斜め切りする。セロリは繊維に垂直に薄切りする(筋は取らなくてよい)。セロリにだけ塩をひとつまみ(分量外)ふって軽くもむ。

2 ボウルに1を入れ、塩、こしょうを加えてあえる。黒オリーブとイタリアンパセリを入れ、レモン汁、オリーブ油、にんにくオイルを加えてさらにあえる。器に盛り、クルトンをトッピングする。

****

なすは炒めてからマリネします

なすのバルサミコ酢マリネ
Melanzane all'aceto balsamico

****

たっぷりのオリーブ油で、揚げる感覚でなすを炒めて十分に油を吸わせます。これを甘酸っぱいバルサミコ酢であえるだけ。酸味がきいてさっぱりといただけます。

材料(2～3人分)
なす大2個
ピュアオリーブ油100㎖
にんにく中1かけ
赤唐辛子1本
塩小さじ1/3
バルサミコ酢20㎖

1 なすはへたを取り、長さ5～7㎝、太さ1㎝ほどの棒状に切る。にんにくはつぶし、赤唐辛子は折って種を除く。

2 フライパンにオリーブ油、にんにく、赤唐辛子を入れて熱し、香りを出す。なすを入れて柔らかくなり、きつね色に色づくまで炒める。

3 塩をふり、バルサミコ酢をかけて混ぜる。すぐに火からおろし、そのまま冷ます。

シンプルサラダを
もう一品

素材の数を限定して、簡単にできるシンプルサラダばかりです。味つけはさっぱりさわやか味が中心です。食卓にあと一品が欲しいとき、食事前のおつまみが欲しいとき、軽い前菜のひとつとして、きっと役立つメニューです。

Salade d'asperges à la poutargue

からすみの塩気とうまみで食べる
アスパラガスとからすみのサラダ

Broccoli, cauliflower and carrot salad

ごまのこくがゆで野菜にぴったり
花野菜とにんじんの白ごま風味

Algues "Mozuku" au "Sūdachi"

すだちとシロップで
あっさりもずく

和食にも合う甘酸っぱい味つけ
トマトサラダ

Salade de tomates

ヨーロッパの伝統的な味です
白いんげん豆と砂肝のサラダ

Salade de haricots blancs

ヌクマム風味のドレッシングであえます
ベトナム風にんじんサラダ

Salade à la vietnamienne de carottes

青じそ風味のノンオイルドレッシングを使用
きのことアスパラガスの青じそ風味

Salade de champignons aux asperges

シンプルサラダを もう一品 Recipe

からすみの塩気とうまみで食べる
アスパラガスとからすみのサラダ
Salade d'asperges à la poutargue

からすみがほどよい塩気とうまみを与えてくれます。アスパラガスをゆでるときにオリーブ油を入れますが、これは湯の温度を上げ、早く火を入れるため。

材料(2人分)
グリーンアスパラガス4本
からすみ20g
ピュアオリーブ油大さじ1
E.V.オリーブ油大さじ1
塩適量

1 アスパラガスは根元の堅い部分を切り落とし、はかまを取る。根元に近いほうの堅い皮は適宜むく。3等分に切り分ける。

2 湯を沸かし、塩とピュアオリーブ油を入れる。アスパラガスを入れ、歯ごたえの残る柔らかさにゆでる。取り出して氷水にさっとつけてから水気をきり、皿に盛る(ゆで汁は少量とっておく)。

3 からすみをごく薄切りにして散らす。ゆで汁少量とE.V.オリーブ油をかける。

ごまのこくがゆで野菜にぴったり
花野菜とにんじんの白ごま風味
Broccoli, cauliflower and carrot salad

油分は練りごま、いりごまだけで補って、さっぱりと仕上げてあります。花野菜のブロッコリー、カリフラワーはブイヨンで蒸し煮にして、うまみを含ませておきましょう。

材料(4人分)
にんじん(3mm厚さの輪切り) **6枚**
ブロッコリー⅓個(80g)
カリフラワー¼個(80g)
チキンブイヨン
　(→p.81) **¼カップ**
白ごまドレッシング(作りやすい分量)
　┌ **酒大さじ2½~3**
　│ **しょうゆ大さじ2**
　│ **練り白ごま大さじ1**
　└ **いり白ごま大さじ1**

1 ブロッコリーとカリフラワーは小房に分ける。

2 鍋ににんじんと1、ブイヨンを入れ、ふたをして蒸し煮にする。

3 火が通ったら野菜を取り出し、蒸し汁はドレッシング用にとっておく。

4 ドレッシングを作る。小鍋に酒を入れて火にかけ、アルコール分をとばし、3の蒸し汁に加える。しょうゆ、練りごまを混ぜ合わせ、最後にいりごまを加える。

5 器に野菜を盛り、ドレッシングをかける。

すだちとシロップで
あっさりもずく
Algues "Mozuku" au "Sudachi"

薄めのシロップとすだちの果汁だけで味つけします。もずくは、くっと一息に飲めるくらいのあっさりした味つけがいちばん。

材料(2~3人分)
もずく(塩蔵) **150g**
すだち1個
シロップ
　┌ **砂糖30g**
　└ **水150ml**
しょうが(ごく細いせん切り) **1かけ**

1 もずくを水洗いしてしばらく水に浸し、塩抜きする。さっとゆでて水洗いする。水気をきり、すだち½個分の果汁を絞ってあえる。

2 シロップの材料を合わせて火にかけて溶かし、冷ます。すだちのごく薄い輪切りを6枚ほど入れる。

3 もずくとしょうがを入れ、冷蔵庫で1日おいて十分に冷やす。

※味つきもずくの場合は汁をきってすだち1個分の果汁であえてから、水150mlとすだちの輪切り6枚を合わせた中にしょうがとともにつける。

和食にも合う甘酸っぱい味つけ
トマトサラダ
Salade de tomates

調味料と合わせてからぎんぎんに冷やすのが、おいしいトマトサラダの食べ方です。ワインヴィネガーは白、赤どちらでもかまいません。玉ねぎは、できれば新玉ねぎを。

材料(2人分)

トマト1個(200g)
玉ねぎ(極小のみじん切り)大さじ1
A ┌ ワインヴィネガー大さじ1
 │ 水大さじ1
 │ グラニュー糖小さじ1
 └ 塩ひとつまみ

1. トマトは皮を湯むき(→p.81)して、くし形に切る。皿に盛る。
2. Aの材料を混ぜ合わせ、トマトにかける。これを冷蔵庫で30分以上、十分に冷やす。
3. 玉ねぎのみじん切りをしばらく水にさらしてから、ふきんで包んで水気をしっかり絞る。冷やしたトマトの上にかける。

ヨーロッパの伝統的な味です
白いんげん豆と砂肝のサラダ
Salade de haricots blancs

欧米では塩味のいんげん豆をサラダとしてよく食べます。ドレッシングは作らず、オリーブ油であえて混ぜて仕上げるので、いんげん豆は味が残るぐらいの塩ゆでにします。

材料(4人分)

白いんげん豆(乾燥)100g
砂肝のコンフィ*50g
玉ねぎ(細かいみじん切り)大さじ3
にんにく、パセリ(各みじん切り)各少量
E.V.オリーブ油大さじ1
塩適量

*砂肝のコンフィは、p.82のプティ・サレと同様に砂肝を調味して3日ほどおく。そのあと40分ほどゆでるか、80℃くらいのサラダ油で煮る。

1. いんげん豆を水洗いして一晩水に浸す。きれいな水に替えて塩を加え、柔らかくなるまでゆでる。湯に入れたまま冷ます。
2. 玉ねぎのみじん切りをしばらく水にさらしてから、ふきんで包んで水気をしっかり絞る。
3. 豆、砂肝、玉ねぎ、にんにくを合わせ、オリーブ油をかけて混ぜる。器に盛ってパセリをふる。

ヌクマム風味のドレッシングであえます
ベトナム風にんじんサラダ
Salade à la vietnamienne de carottes

このソースを使って、かぶや大根でも同じように作れます。これはにんじんが主役の料理なので、芯部を除いた柔らかくて味のある、外側部分だけを使います。

材料(3〜4人分)

にんじん2本(500g)
ヌクマムドレッシング(作りやすい分量)
┌ ヌクマム(→p.282) 25ml
│ 米酢20ml
│ 水100ml
│ レモン(輪切り)½個
│ グラニュー糖25g
│ はちみつ小さじ⅔
│ にんにく(つぶす)¼かけ
└ 赤唐辛子(みじん切り)½本
生唐辛子(赤、青、なくてもよい)各1本

1. にんじんを包丁か野菜カッターでせん切りにする。中心の白い部分は使わず、赤いおいしい部分だけを使う(約半量になる)。ボウルに入れる。
2. 別のボウルにヌクマムドレッシングの材料を入れて混ぜる。このうちの100mlとレモン1〜2枚を1に加え、皿などをのせ重しをする。
3. 冷蔵庫に入れて10分以上おく。水気を適宜きって器に盛る。生唐辛子を飾る。

青じそ風味のノンオイルドレッシングを使用
きのことアスパラガスの青じそ風味
Salade de champignons aux asperges

きのことアスパラガスをスープにつけたまま蒸して、うまみを含ませます。ドレッシングに油分がなくても、青じそのさわやかな香りとこのうまみで満足感のあるサラダに。

材料(4人分)

グリーンアスパラガス2本
生しいたけ4枚
エリンギ2本
しめじ1パック
チキンブイヨン(→p.81) 1カップ
塩、こしょう各少量
青じそドレッシング(作りやすい分量)
┌ 青じそ(粗みじん切り)20枚
│ 酢100ml
│ しょうゆ大さじ1強
└ レモン汁⅓個分

1. アスパラガスは3cm長さに切り、穂先以外を縦半分に切る。
2. 生しいたけは軸を切り、笠を4〜6つに切る。エリンギは3cm長さに切って薄く切る。しめじは石づきを切り、ほぐす。
3. 青じそドレッシングの材料を合わせる。
4. 耐熱容器に1、2、ブイヨンを入れ、塩、こしょうをふる。蒸気の立った蒸し器に入れ、約1分蒸す。熱いうちにドレッシング大さじ1をかけて混ぜ合わせる。

シンプルサラダを
もう一品

Salade de roquettes

ベーコンやクルトンを加えておいしく
ルーコラのサラダ

Insalata di legumi

イタリアのお惣菜サラダ
豆サラダ

Beans and tomate salad

トマトと玉ねぎでさっぱりと
豆とトマトのサラダ

甘く、色よく煮ます
そら豆のシロップ煮
Fèves au sirop

30分漬け込めばでき上がりです
インスタントピクルス
Cornichon minute

具だくさんのごちそうサラダです
ニース風サラダ
Salade niçoise

柑橘類の酸味はえびにぴったり
えびとグレープフルーツのサラダ
Insalata di gamberi e pompelmo

シンプルサラダを もう一品 *Recipe*

ベーコンやクルトンを加えておいしく
ルーコラのサラダ
Salade de roquettes

カリッとした食感と塩味のあるベーコンやクルトンが加わると、葉野菜のサラダはがぜんおいしくなります。ベーコンの代わりにパンチェッタやプティ・サレ（→p.82）でも。

材料（2人分）
- ルーコラひとつかみ
- バゲット¼本（60g）
- ベーコン（細切り）40g
- 玉ねぎ（細かいみじん切り）大さじ2
- ゆで卵1個
- サラダ油適量
- E.V.オリーブ油、塩各適量

1. バゲットを小角切りにし、サラダ油で炒めてカリッとしたクルトンにする。ベーコンもカリッと炒める。
2. 玉ねぎのみじん切りをしばらく水にさらしてから、ふきんで包んで水気をしっかり絞る。
3. 器にルーコラを盛り、クルトン、ベーコン、玉ねぎをのせる。ゆで卵を粗く切って散らす。塩をふり、オリーブ油をかける。

イタリアのお惣菜サラダ
豆サラダ
Insalata di legumi

前菜にもメインのつけ合わせにもなります。豆の大きさが異なるときは、時間をずらすか別にゆでて調整します。豆は1種類だけでもOK。

材料（4～6人分）
- 豆（乾燥。白いんげん豆、赤いんげん豆、レンズ豆など）各種合わせて200g
- 押し麦（丸麦、はと麦でも）50g
- ベーコン30g
- 玉ねぎ⅙個
- チキンブイヨン（→p.81。または水）適量
- 塩適量
- E.V.オリーブ油50ml
- バルサミコ酢（→p.282。または赤ワインヴィネガー）30ml
- セージの葉（あれば）2枚

1. 豆を水洗いし、鍋に入れ、水から2回ゆでこぼす。
2. 豆が完全につかる量のブイヨンを入れ、スープとして食べておいしい塩加減に塩味をつける。ベーコンと玉ねぎも小角に切って加え、火にかける。沸騰したらあくをすくい、弱火にして約1時間かけて柔らかくゆでる。常温で冷ます。押し麦も別に柔らかく塩ゆでする。
3. 豆と麦の水気をきって合わせ、オリーブ油、バルサミコ酢、セージであえる。

トマトと玉ねぎでさっぱりと
豆とトマトのサラダ
Beans and tomate salad

ドレッシングは前もって混ぜ合わせておき、豆やトマトとしっかりと混ぜ合わせると、味がなじみます。

材料（2人分）
- ミニトマト3個
- ひよこ豆、金時豆、とら豆（水で一晩もどしてからゆでたもの）各30g
- A
  - 玉ねぎ（みじん切り）小さじ1
  - にんにく（みじん切り）少量
  - バルサミコ酢小さじ1
  - E.V.オリーブ油小さじ1
  - 塩少量
- チャイブ（小口切り）小さじ½

1. ミニトマトはへたを取り、半分に切る。
2. Aをすべて混ぜ合わせる。
3. ボウルにミニトマトと豆、Aを入れ、味がなじむように混ぜ合わせる。
4. 器に盛りつけ、チャイブを散らす。

甘く、色よく煮ます
そら豆のシロップ煮
Fèves au sirop

和食の蜜煮と同じです。直接シロップで煮て、柔らかくなったら急冷し、色よく、つやよく、そして味よく仕上げます。

材料(2人分)

そら豆(さやなし) 200g
A ┌ 水 300ml
  │ グラニュー糖大さじ3
  └ 塩小さじ1

1. そら豆を内側の薄皮までていねいにむく。
2. 鍋にAを入れ、沸騰したらそら豆を入れて中火で柔らかくなるまで煮る。
3. 鍋の底を氷水にあて、急激に冷やす。盛りつけるまで、シロップの中につけておき、シロップとともに盛りつける。

30分漬け込めばでき上がりです
インスタントピクルス
Cornichon minute

短時間で作る、酸味のやさしいきゅうりのピクルスです。盛りつけてから、うまみのあるオイルをかけて風味を加えます。アヴォカドオイルの代わりにE.V.オリーブ油でもOK。

材料(2人分)

きゅうり 2本
A ┌ 塩小さじ2
  │ 赤唐辛子 2本
  │ 白ワインヴィネガー大さじ2
  └ 水 150ml
アヴォカドオイル(→p.278 またはオリーブ油) 適量
粒黒こしょう(粗くつぶす→p.81) 適量

1. きゅうりを縞模様に皮をむき、両端を切り落とす。半分に切り、さらに縦に2等分する。
2. ボウルに入れ、Aの調味料の塩をまぶして全体をあえる。残りの材料を入れてあえ、30分ほどおく。
3. 水気をきって皿に盛る。アヴォカドオイルとこしょうをかける。

具だくさんのごちそうサラダです
ニース風サラダ
Salade niçoise

各種野菜とツナ、卵を盛り合わせたボリュームのあるサラダです。栄養バランスも彩りもよく、分量を増やしてパンを添えれば軽い食事にもなります。

材料(2人分)

じゃがいも(メイクイーン) 1個
スナップえんどう 3本
トマト 1/2個
ツナ(缶詰) 50g
ゆで卵 1個
アンチョヴィ(→p.278。フィレ。刻む) 1枚
玉ねぎ(細かいみじん切り) 大さじ1
バジルの葉 3〜4枚
E.V.オリーブ油 適量
塩 適量
粒黒こしょう(粗くつぶす→p.81) 適量

1. じゃがいもを皮つきのまま柔らかくゆで、皮をむいて厚めに切る。塩をふる。
2. スナップえんどうは塩ゆでにして斜め切りにし、少量のオリーブ油と塩であえる。トマトは1cm厚さに、ゆで卵はくし形に切る。
3. 玉ねぎは水にさらしてから、ふきんで包んで水気をしっかり絞る。アンチョヴィを混ぜる。
4. 材料表のじゃがいもから卵までを器に盛り合わせ、3をのせてバジルを添える。塩、こしょう、オリーブ油をかける。

柑橘類の酸味はえびにぴったり
えびとグレープフルーツのサラダ
Insalata di gamberi e pompelmo

えびは高温で一気に火を入れると堅くなるので、低温でゆっくりゆでます。こしょうの味をしっかりきかせ、十分に冷やすとおいしい。

材料(2人分)

ブラックタイガー 180g (正味)
グレープフルーツ(ルビー) 1個
A ┌ 塩小さじ1/4
  │ 白こしょう 14回し
  │ E.V.オリーブ油小さじ1
  │ レモン汁小さじ1
  └ 香草(イタリアンパセリ、セルフイユなどを粗く刻む) 3枝

1. 沸騰した湯にえびを入れてすぐに鍋を火からはずし、えびの中心に火が入るまでつけておく。水気をきってボウルに移し、底を氷水にあてて冷やす。
2. グレープフルーツは薄皮をむいて果肉を取り出す。1〜2房分をつぶして果汁を搾る。
3. えびの水気をペーパータオルでよくふき取り、斜めに2等分に切る。2の果汁に入れ、Aを加え、全体をあえる。果肉も加えてあえる。よく冷やす。

Lesson Alice 2
電子レンジ活用術

**面倒なことはレンジにおまかせ！
賢く使えば強い見方**

電子レンジを温め直しの機器に終わらせるのはもったいないことです。また電子レンジで作る料理はおいしくないと思ってはいませんか。電子レンジは使い方しだいでとても便利ですし、おいしい料理作りの味方にもなります。本書でもそのメリットは大いに活用しています（表示の調理時間は600Wの場合です）。

　長所としては、たとえば短時間で仕上がる、焦げにくい、破壊されにくいビタミンがある、仕上がりの色や形が美しい、素材の甘みを引き出しやすい、油脂が必要な料理も量が少なくてすむなど。調理の簡略化、味覚の向上、栄養素の損失防止、見た目のよさなどいろいろな点で力を発揮してくれます。また、まだ経験不足でいつも同じように仕上げられない状況でも、電子レンジにまかせることで安定します。料理の全工程を電子レンジ調理にしなくても、ちょっとした下ごしらえや、ひと工程をレンジにまかせることで、作業はとてもらくになります。

　ただし電子レンジ調理ならではのおいしく仕上げるためのポイントがあることも事実です。賢く使いこなすためのメリットとデメリットを押さえ、ポイントを身につけ、レンジを調理の強い味方にしてください。

1 容器の置き方、材料の置き方に注意

電子レンジで加熱するときには、むらなく均等に熱が入るように、材料は平らにならして入れるようにします。また容器はターンテーブルの中心から少しずらしたところに置き、数個の容器や食材を同時に加熱するときには、それぞれがくっつかないように配置してください。いずれも加熱むらを防ぐのがねらいです。

2 料理によってはプラスαの工程を組み合わせます

電子レンジのメリットである焦げにくさが、風味のものたりなさになることがあります。そういう場合は、調理自体はらくらくなレンジにまかせて、味は別に用意して補足するようにします。

テク1 レンジ調理では焦げができないために、香ばしさや力強く凝縮したうまさがなかなか出ません。炒め野菜を加えてうまみと香ばしい香りを補います（→p.105）。

テク2 ラップをしてレンジにかけると煮汁が煮つまらないので味がぼけがち。そこで煮汁を別に煮つめて、おいしさをパワーアップして再度合体させます（→p.105）。

4 加熱後は必ずしばらくおいて味を含ませます

電子レンジはスピード調理が得意ですが、煮込みのように少し時間をかけて調理をするときには、できれば加熱した時間と同じだけ休ませることがポイントです。加熱中には激しく分子が動いて火が入りますが、味や素材の状態が落ち着くまでにはやはり時間が必要です。すぐに食べても材料や調味料の味わいがみんなばらばらな感じがします。加熱後は、ラップをしたまま休憩させて状態を落ち着かせて全体をなじませてください。料理によっては、長い加熱の途中でいったん取り出して、一時休憩して味を含ませることもあります。でも、これではふつうの鍋で作るのと同じくらい時間がかかってしまうのでは？と電子レンジのメリットに疑問もわきますね。しかし、時間はかかりますが、火口を使わないのでその間にほかの料理ができますし、火加減の調整も不要。焦がす心配もなく、テクニックがなくても機器にまかせることができるのがやはり利点です。

8 炒め玉ねぎのスタートはこれ！ 特製「レンジ玉ねぎ」

大活躍間違いなし。炒めたりゆでたりするよりも、確実に玉ねぎのうまみ、甘みを引き出せる調理法です。焦がすこともありません。たとえば煮込み料理のスタート時点などで、ある程度厚くスライスした玉ねぎを炒めて使うときには、この「レンジ玉ねぎ」を使うと便利です。レンジであらかじめ軽く火を入れておくことで、味もよくなり、時間も短縮できます。生から直接油で炒めると、うまみが十分出ないうちに焦げることがありますが、先にレンジで軽く火を通しておくと焦がすことなく火を入れることができます。甘みやうまみも確実に引き出すことができ、シャキシャキした食感も保てます。オニオングラタンスープを作るときも、先にこのレンジ玉ねぎを作ることで、水分いっぱいの新玉ねぎでも、夏を越して水分の減った玉ねぎでも、同様に焦がすことなくうまさを引き出すことができます。

材料（でき上がり100〜110g）

玉ねぎ……………正味150g
ピュアオリーブ油……小さじ½
塩…………………ひとつまみ

1 玉ねぎの上下を切り落とし、縦半分に切り、繊維にそって7〜8mm幅に切る。一度に切ると、均等の太さに切れないので、適宜ばらして切るとよい。

2 ボウルに1を入れ、塩とオリーブ油を加えて全体にからめる。

3 ラップをし、レンジに5〜7分かける。途中で2回ほど取り出しては混ぜ返して、均等に火を入れる。

※シャキッとした食感が残り、ほぼ火が入った状態であればよい。本調理でさらに火を入れるので、多少生っぽさがあってもよい。
※玉ねぎを150gより増やすとレンジにかける時間は長くなり、減らすとレンジにかける時間は短くなる。玉ねぎの状態を見てかける時間を調節する。
※余ったときは冷蔵庫で保存を。

細いところと太いところがあると熱が均等に入りません。

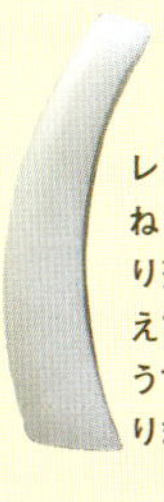

レンジ玉ねぎ用の玉ねぎは上下を大きく切り落として太さをそろえて柱状にします。こうすると加熱むらがありません。

Lesson Alice 2 電子レンジ活用術

下ごしらえ
※ ホールトマトの果肉から種を取り除き、ざく切りする。
※ 生のトマトは皮を湯むき（→p.81）し、種を取ってざく切りに。

※ トマトソース

材料を合わせてレンジに20分かけるだけ。もちろん鍋で作るのもおいしいのですが、レンジにまかせたいときにはこれがおすすめ。煮つめているときのソースの飛び散りもないので台所が汚れない調理法でもあります。焦げつきの心配もありません。

材料
- トマト缶詰（ホール） ……… 1.4kg
- トマト ……… 2個
- A
  - トマトペースト ……… 大さじ2
  - グラニュー糖 ……… 小さじ2
  - 白ワインヴィネガー ……… 大さじ2
  - 塩 ……… 小さじ1
- B
  - タイム（フレッシュ） ……… 6枝
  - にんにく（つぶす） ……… 1かけ
  - 赤唐辛子 ……… 1本
  - ピュアオリーブ油 ……… 大さじ2

1 電子レンジにかけられるボウルにAを入れ、ホールトマトの汁少量で溶きのばす。残りのホールトマト、生のトマト、Bを加えて混ぜる。必ず味をする。必要ならAと同じ調味料を使って、甘みと酸味のバランスがよいおいしいトマトの味にする。

2 ラップをかけずに電子レンジに20分かける。混ぜ合わせて、再度味をととのえる。

※ ドライトマト

こちらもレンジで20分！ 手間をかけずにおいしさだけがギュッと詰まった食感も風味もソフトなドライトマトが作れます。そのままミニトマトのように形作って前菜にしてもそれだけでとてもおいしい。調味料として使う場合はふつうのドライトマトより多めに使って。

材料
- トマト（生） ……… 3個
- にんにく（みじん切り） ……… ひとつまみ
- タイム（フレッシュ） ……… 小6枝
- ピュアオリーブ油 ……… 大さじ2
- 塩、黒こしょう ……… 各適量

1 トマトの皮を湯むきし（→p.81）、横2つに切って種を取り除く。容器に並べ、塩を軽くふる。にんにく、黒こしょう、オリーブ油も均等にふり、タイムをのせる。

2 ラップをかけずに電子レンジに20分かける。写真はでき上がり。調味料として使うときはこのまま使用。前菜にする場合は、粗熱が取れたところで手にとって丸めて、ミニトマトのように丸めると姿もかわいらしい。

Lesson Alice 3
石鍋流、野菜カット術

効率アップ！ おいしさアップ！
包丁づかいで差が出ます

パプリカをカットする

種とへたは「四面カット」で効率よく取り除きます。

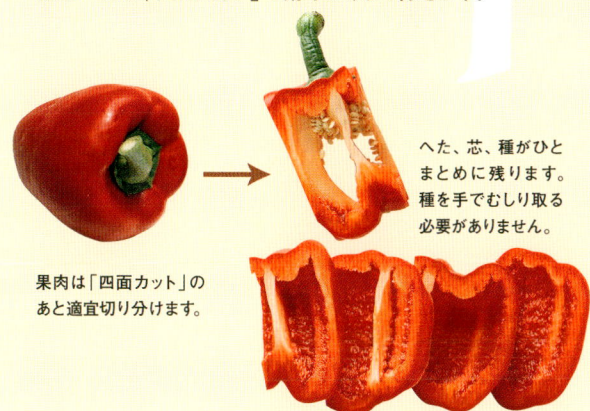

果肉は「四面カット」のあと適宜切り分けます。

へた、芯、種がひとまとめに残ります。種を手でむしり取る必要がありません。

パプリカの下ごしらえは、へたと種を取り除くこと。まるごとの形を生かして使わない限り、ふつうは包丁で2つに切り、内側のへたを切り取り、種を手でむしり取り、もう一度包丁を持って果肉を用途に応じて切り分けます。手順が多いですよね。しかし、最初から最後まで包丁で切れば仕事の流れが速く、面倒がありません。ふつうのピーマンでも同様に「四面カット」で下ごしらえできます。

1 種のついた芯を中心に直方体を作る感覚で、1面を切り落とす。

2 断面を下にして同様に2面目を切る。

3 順に3面、4面目を切る。4枚の果肉と、種と芯のついた部分が四角く残る。芯の上下に残った果肉も切り離せばさらに無駄がない。

いつもの扱い慣れた野菜も、少しの工夫で切りやすくなったり、効率的に切れるようになったりします。また野菜によってはおいしさを生かすためのカット法も。そのちょっとしたテクニックを、3つの野菜でご紹介しましょう。

包丁づかいは、火加減のコントロールと並んで、料理の基本の基本。手を慣らすだけでなく、いつも頭もしっかり働かせて切りましょう。どんな素材を扱うときも、どうすると美しくむけるか、どこを食べるといちばんおいしいか、どうするといちばん無駄が出ないか、無駄のない動きとはどういうことかなど、単に下ごしらえするだけのことでも脳をフル活動させましょう。

Lesson Alice 3 石鍋流 野菜カット術

玉ねぎのカット

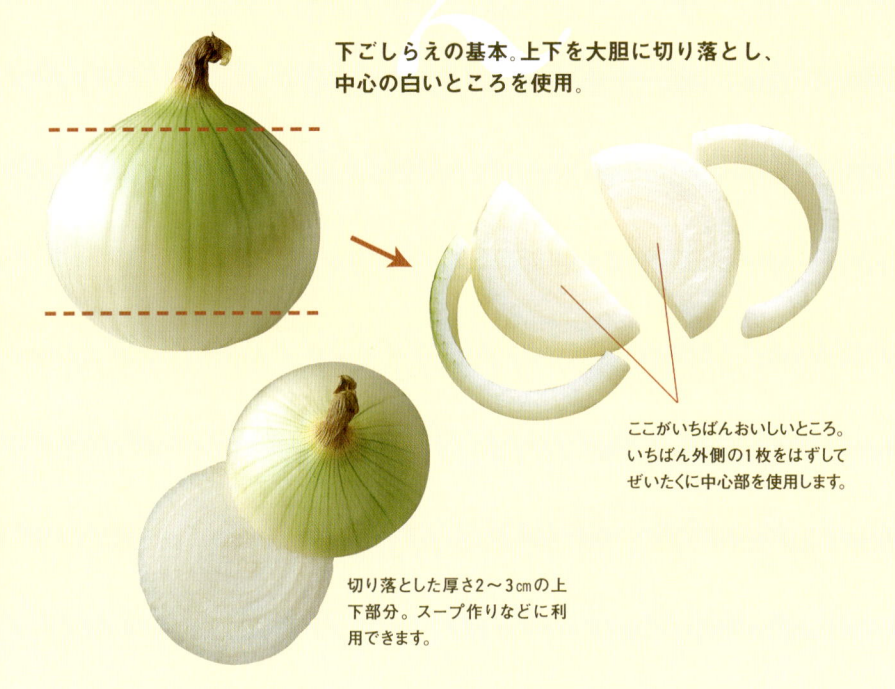

下ごしらえの基本。上下を大胆に切り落とし、中心の白いところを使用。

ここがいちばんおいしいところ。いちばん外側の1枚をはずしてぜいたくに中心部を使用します。

切り落とした厚さ2〜3cmの上下部分。スープ作りなどに利用できます。

下ごしらえの基本

玉ねぎは料理に頻繁に使われ、用途によって薄切り、みじん切り、くし形切りなど、切り方もいろいろです。玉ねぎのどんな味や食感を生かして料理においしさを与えるかにより、切り方が異なるからです。加えて本書では、細長の直方体に切って使う「レンジ玉ねぎ」も紹介しています。どんな場合も、玉ねぎは中心部の白いところだけを使うのがポイント。うまみの少ない上下と周囲は思いきって切り落とし、おいしい中心部だけを使うと、料理もぐんとおいしくなります。切り落とした部分は他の野菜といっしょにブイヨンをとり、スープなどにしてはいかがでしょう。

1 玉ねぎの上下を、それぞれ2〜3cm切り落とす。頭のほうは緑色の部分を全部落とす感じで。

2 縦半分に切り、外側の1枚をはずす。残った玉ねぎを外側と内側の2つのブロックに分ける。

みじん切りを作る

美しく、効率的に切ることが大事です。ばらばらになると切りにくいので、ばらけないよう玉ねぎの下（根が出るほう）は上よりも薄めに切り落とします。よく切れる包丁で、間隔をあけずに細く切り目を入れていきます。

1 上下を切り落として縦に2等分した玉ねぎを、断面を下にして置く。下だったほうを少し切り残しながら、端から縦方向に細かく切り目を入れる。

2 まな板と平行に、上部から順に細かく切り目を入れる。ここでも下だったほうを少し切り残す。

3 2の切り目と垂直に切ると、みじん切り状態に。1と2の段階で非常に細かく切り目を入れておけば、ごく細かなみじん切りができる。

3 キャベツのカット

せん切りは葉をばらさず、軽く押しつぶしてからカット。

1 外側の葉は堅いので3〜4枚むき、ほかの用途に使う。

2 一個まるごとの場合はまず縦4等分に切る。

3 中心の堅い芯を斜めに切り落とす。

4 葉の外側の軸は薄く削り取る。

5 内側を下に向け、上からギュッと体重をかけて押しつぶし、平らにする。切りやすくなる。

6 軸に垂直方向に、端から極細に切る。冷水にさらしてシャキッとさせてから水気をよくきって盛りつける。

コロッケやえびフライなどに欠かせないのがキャベツのせん切りです。粗く刻んだものより、極細のせん切りのほうが歯ざわりも味もよく、たくさん食べられます。また極細切りのほうが盛りつけたときもふんわりと美しいもの。葉は密着させ、軸に垂直に極細に切っていきます。

4 にんじんのカット

芯を使わないのが、いちばん贅沢でおいしい方法。

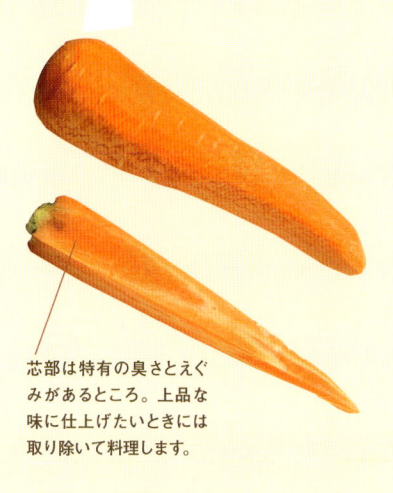

芯部は特有の臭さとえぐみがあるところ。上品な味に仕上げたいときには取り除いて料理します。

季節や品種にもよりますが、にんじん臭さとかにんじん嫌いな人が気になるえぐみは、色の違う芯のところにあります。若くてまだ小さいうちは、この芯部も小さく、風味も弱いのですが、よく育ったにんじんでは、場合によって取り除きます。贅沢な方法なので、とくににんじんが主役で、にんじんの風味が前面に出る料理にこの方法をとるのがよいでしょう。

　取り除き方は2通り。写真上のような形で芯が残るように、縦に包丁を入れて切り分けます。そして、4面ができるように、にんじんをころがして切っていきます。小角切りや小さな乱切りなどを作るときにはこの方法で。

　また、もうひとつのやり方は、皮むき器(ピーラー)を用いて、外からおいしい部分だけを少しずつ削り取っていきます。せん切りは、これを極細切りにし、みじん切りはせん切りの向きを変えてさらに細かく刻みます。

せん切り

みじん切り

Lesson Alice 3 石橋流 野菜カット術

🍄 フルーツで包丁練習

果肉が柔らかくカーブの多いフルーツは、皮むき器(ピーラー)が使えないので、包丁でていねいにむくしかありません。しかしこの作業は、包丁づかいをマスターするとてもよい練習になります。むいた果肉をなるべく手でさわらずにむく方法や、果肉を削りすぎずにむくコツなどを習得しましょう。包丁はペティナイフを使います。

❋ オレンジ ❋

1 へたのほうからくるくるとつなげて皮をむく。果肉がむき出しになるようわたもつけてむく。

2 1房の果肉の手前側の、薄皮ぎりぎりのところにナイフを入れる。

3 そのまま果肉を裏返しにするようにして、向こう側の薄皮からはずし取る。果肉には手で触れずに容器に置く。

4 同様にして順に手前側の房から果肉をはずして並べていく。

❋ キウイフルーツ ❋

1 最初に両端を切る。軸がついていたほうは堅い芯があるので心もち厚く切る。

2 端はカーブにそって、かつらむきのようにごく薄くむきながら2周する。もう一方の端も同様に。

3 中央部分は縦方向に一枚一枚むいていく。むき終わったら、輪切りや角切りに。

❋ マンゴー ❋

1 扁平な形をしているので、平らな面に平行にほぼ1/3の厚さに切る。反対側も同様に。

2 果肉は、皮に届くまで格子状に切り目を入れる。果肉を反らせてから、皮から切り離す。

3 種が入っている真ん中の果肉は、まわりの皮を先にむき取る。

4 左右の端を、種にあたるまで薄く切る。残った種のまわりの果肉はそぎ取る。

Lesson Alice 4
下ごしらえの補足

各レシピページでは紹介しきれなかった下ごしらえの基本を取り上げました。省いたり、代用したりしてもよいのではと思われる工程もあるかもしれません。もちろん場合によって、そうした工夫も必要になります。けれども、きちんと下ごしらえをしたことで、やっぱりきちんとやってよかった、と思える仕上がりになるのも本当のことです。

❋ 粒黒こしょう

本書では、「細かくひいたもの」と「粗く砕いたもの」の2種類が登場します。前者は素材に軽く風味をつけるとき、後者はやや強めに風味をアクセントにしたいときの形です。レシピに出てくる「粗くつぶす」は、粒こしょうの上に鍋底をあてて、体重をぐっとかけて砕きます。一度にほどよいサイズに砕けてとても簡単です。

❋ トマトの皮の湯むき

トマトは皮をつけたままで使う場合と、むいて使う場合があります。煮たり焼いたりの加熱調理では皮が自然にむけて見た目が美しくないので、必ず事前にむきます。生食の場合でも口あたりをよくしたい場合はむいて使います。

1 温度差をつけたほうがむきやすいので、トマトはよく冷やしておく。へたの部分をナイフでくさび状にくりぬく。

2 鍋に湯を沸かし、トマトを10秒ほど浸す。長く浸しているとトマトに火が入ってしまうので注意。

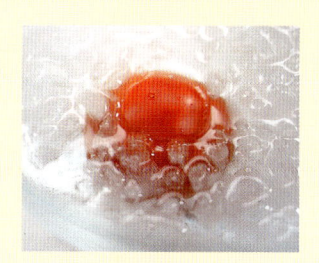

3 熱湯から取り出したら、すぐに氷水につける。

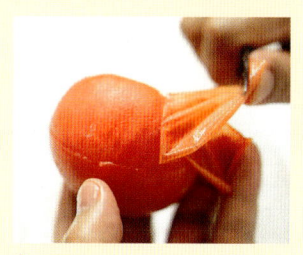

4 くりぬいたところから皮が少しむけてくるので、そこから静かにひっぱって全体の皮をむく。

❋ チキンブイヨンをとる

水1ℓに鶏胸肉またはもも肉500gを入れて強火にかけ、沸騰したらあくを取り、弱火にして10分ほど煮てこす。肉はサラダなどに。これで約850mlのブイヨンに。冷蔵で3日間保存可能。市販のチキンブイヨンの素を使うときは塩味がついているので薄めに溶いて使います。

Lesson 4 下ごしらえの補足

❋ プティ・サレ

プティ・サレは豚バラ肉を塩漬けしたもの。ベーコンで代用するレシピ本もありますが、それとは別のものなので手作りしましょう。塩漬けすることで風味が増し、豚バラ肉をそのまま使うよりもずっとおいしくなります。ハーブやスパイスはお好みで。サラダや煮込みなど用途は広く、本書ではp.108「豚バラ肉の煮込み」やp.70「ルーコラのサラダ」、p.130「ポテ」などで使用。

材料

豚バラ肉(ブロック)	500g
A 塩	6g
黒こしょう	小さじ¾
ナツメグ	少量
にんにく(スライス)	大1かけ
タイム(フレッシュ)	5枝
ピュアオリーブ油	大さじ1

1 豚バラ肉の両面をフォークや金串などで細かく刺す。味がよくしみるように、数mm間隔で深く(写真a)。

2 Aをすべて混ぜ合わせ、その半量をバットなどに敷く。肉をのせ、残りのAをまぶす(写真b)。手でよくこすりつけてなじませる。

3 ビニール袋を二重にして肉を入れ、密封する。薄板などをのせて重しをし、冷蔵庫に2〜3日おく。1日に1回は袋ごと裏返し、そのとき水分がたまっていたら、ペーパータオルなどでふき取る(そのままでは劣化しやすい)。でき上がったらきれいなビニール袋に入れ直し、冷蔵庫で保存を。保存期間は冷蔵なら約3週間。冷凍も可能。

❋ たこ糸をかける

肉の形がくずれないようたこ糸でしばっておきます。簡単なのは、最初に肉の長いほうを1周させて結び、そこを押さえてぐるぐるとらせん状に巻いて反対側の端で結び留める方法。そこからもう一度縦方向に(最初にかけた糸とは端が十文字になるように)ぐるりと1周すればよりしっかりします。写真は、最後に縦方向にかけるときに、らせんに巻いた糸一本一本にくぐらせたものでもっとも安定するかけ方です。

第2章

スープ

⚜

胃袋に入ったときのほっとする落ち着き感は、ほかの料理にはないスープの大いなる魅力です。これでおなかをいっぱいにしたくないときは、デミタスカップほどの小さな器に入れてプティスープにして楽しんでみましょう。

レンジ玉ねぎを使って時間短縮

オニオングラタンスープ
Soupe à l'oignon gratinée

玉ねぎのうまみを十分に引き出した滋味豊かなスープです。ポイントはとにかく玉ねぎをきっちり炒めること。時間のかかる作業ですが、レンジ玉ねぎを使うと少し短縮できます。チーズはあふれるほどたっぷりとかけるとこのスープらしい姿になります。

Advice

玉ねぎを焦がさずに茶色になるまで炒めるには、底の広い鍋に広げるようにして効率よく水分をとばすと上手にできます。オイルはたりなければたすつもりで、最初はレンジ玉ねぎが含んでいる油分だけで炒めます。薄力粉を加えたら、ルウを作るときのように粉っぽさがなくなるまでしっかりと炒めてください。

材料(3人分)

- レンジ玉ねぎ(作り方→p.75) ……… 大1個分(100g)
- 塩 ……… ひとつまみ
- バター(食塩不使用) 大さじ1
- 薄力粉 小さじ1
- チキンブイヨン(→p.81) ……… 720㎖
- グリュイエールチーズ(すりおろす) ……… 適量
- クルトン(作り方→右記) ……… 9枚

下ごしらえ

右記を参照して、クルトンを作っておく。

1 鍋にレンジ玉ねぎを入れ、弱火で炒める。水っぽさが抜けて、鍋底に玉ねぎが張りつくようになったらバターを加えてさらに炒める。写真のようなあめ色になったら、薄力粉を加え、粉っぽさがなくなるまでしっかりと炒める。鍋底をこすり、鍋の縁についている油も溶かし込む。

2 オーブンを180℃に予熱する。ブイヨンを温め、1に加えて軽く煮る。味がたりないようなら塩少量を加える。

3 耐熱カップに注ぎ入れ、クルトンを3枚ずつのせる。

4 チーズを器の縁ぎりぎりまで、あふれんばかりにたっぷりのせる。

5 180℃のオーブンに5分ほど入れ、チーズが溶けて少し焼き色がつくまで焼く。オーブントースターで焼いてもよい。

オニオングラタンスープに欠かせません

クルトン

材料(6〜8人分)

- フランスパン(バゲット) ……… 6〜8cm
- にんにく ……… ½かけ
- E.V.オリーブ油 ……… 適量

1 フランスパンを0.5〜1cmに切る。

2 にんにくの切り口をフランスパンにこすりつける。

3 オリーブ油をたっぷりとかける。

4 オーブントースターでこんがりと色づくまで焼く。

下ごしらえ

押し麦はさっと水洗いする。にんじんは中心の白っぽいところ(芯)は使わず、色の濃いところだけをごく細かいみじん切りにする(→p.79)。

1 鍋に押し麦とベーコンを入れ、水を加える。火にかけ、沸騰したら中火にして、押し麦が柔らかくなるまで15〜20分煮る。

2 にんじんと玉ねぎを加える。柔らかくなるまで10〜15分煮る。

3 ベーコンを取り出し、ブイヨンを加える。数分煮てブイヨンのうまみを押し麦や野菜になじませる。

4 塩、こしょうで味をととのえ、パセリを混ぜ入れる。

体にやさしくて、ほっとする味
押し麦とにんじんのスープ
Chicken soup with barley and carrots

アイルランドの伝統的なスープです。押し麦とにんじん、玉ねぎをことこと煮た口あたりがやさしく、体にじんわりしみわたる滋味が魅力です。たっぷりの量をいただけます。

材料(4人分)

押し麦	40g
にんじん	1本(200g)
玉ねぎ(みじん切り)	¼個(50g)
ショルダーベーコン(ブロック。なければスライス)	100g
水	800㎖
チキンブイヨン(→p.81)	400㎖
パセリ(みじん切り)	大さじ2
塩、黒こしょう	各適量

Advice

ベーコンのブロックをいっしょに煮て、スープのうまみにします。押し麦の代わりに粟、きび、ひえなどの穀類、また近年日本で注目されるようになった南米の主食キヌアを使ってもおいしいと思います。取り出したベーコンはp.156の「じゃがいものボン・ファム風」などに利用してください。

押し麦

大麦を加工した押し麦。プリプリした食感がおいしい。食物繊維がたっぷり。

簡単にできる栄養満点スープ

モロヘイヤのスープ
Jew's marrow soup

エジプト原産のモロヘイヤは栄養価の高さから一躍人気になった葉野菜。このスープの主材料はモロヘイヤだけですが、これだけで十分おいしく元気が出るものができます。自然なとろみのついたスープに、コリアンダーシードのスパイシーな香りとご飯の粒々でアクセントを。

材料(2人分)

モロヘイヤ	約140g（葉をゆでて90g）
ご飯	大さじ山盛り2
コリアンダーシード	小さじ½
にんにく(みじん切り)	小さじ2
チキンブイヨン(→p.81)	500㎖
ピュアオリーブ油	大さじ2
塩	適量
黒こしょう	ひとつまみ

下ごしらえ
モロヘイヤは葉を摘み取る。水洗いし、塩ゆでし、火が通ったら水にさらして水気をきる。

1 モロヘイヤをすり鉢などに入れ、すりこ木でたたいて柔らかくする。

2 コリアンダーシードをフライパンに入れ、ときどきゆすりながら2分ほど、表面が色づくまでいる。麺棒かすりこ木で細かくつぶす。器に取り出しておく。

3 ブイヨンを鍋で温める。この間にフライパンにオリーブ油とにんにくを入れて炒め、香りを出す。

4 ブイヨンが温まったらモロヘイヤとご飯を加えて混ぜ、煮立て、塩で調味する。

5 4の鍋に2のコリアンダーと3のにんにくを加える。ふたをして火を止め、1分ほど蒸らす。器に注ぎ、黒こしょうをふる。

Advice
このスープはご飯にかけて食べてもおいしい。また、ご飯粒の代わりにそば米を入れると、また違った食感が味わえます。

コーンのおいしさをストレートに味わえます

コーンポタージュ
Corn cream soup

生のとうもろこしを水で煮て、少量の塩、そして生クリームのみで味つけするだけ。ブイヨンや牛乳も使わず、最後に加える生クリームもわずか。余分なものを入れない、自然でストレートなうまみと香りがあります。これこそがポタージュです。

材料(2〜3人分)
- とうもろこし……中2本(粒だけで300g)
- 塩……小さじ½
- 水……400ml
- 生クリーム(乳脂肪分の多いもの)……大さじ1

Advice
氷水で冷やしながら仕上げるのがポイント。材料が熱いうちにミキサーにかけ、次に氷水にあてて急冷することで素材の色、香り、味を保ちます。温かくいただくときは、直前に鍋で温めます。

下ごしらえ
とうもろこしは皮をむいて毛を取り除き、水洗いする。

1 とうもろこしの粒を上からナイフでこそげ落とし、粒だけで300g程度とする。多少の分量の誤差は気にしない。

2 鍋に1と塩、水を入れ、一気に沸騰させる。浮いてきたあくを取り除き、1分ほどゆでる。

3 熱いうちにすぐにミキサーにかけ、とろとろのピュレにする。味をみて、塩でととのえる。

4 こし器でこしながらボウルに移す。すぐに底を氷水にあて、急いで冷やし、生クリームを加え、冷たくなるまでゴムべらで混ぜる。

冷凍豆でもおいしくできます
グリーンピースのポタージュ
Green peas cream soup

グリーンピースの美しい緑色を出すためには、ミキサーにかけてピュレ状にしたのち、氷水にあてて急冷するのがポイントです。

材料(2〜3人分)

グリーンピース(冷凍)	300g
グラニュー糖	小さじ2
塩	小さじ1/2
水	400ml
生クリーム(乳脂肪分の多いもの)	大さじ1

1 鍋に分量の水と塩を入れて沸かす。グリーンピースを凍ったまま入れて柔らかくゆでる。

2 1をすべてミキサーに入れ、グラニュー糖を加えて攪拌する。味をみて、たりなければグラニュー糖と塩でととのえる。とろとろのピュレ状になったら、こし器でこしてボウルに移す。

3 ボウルの底を氷水にあて、生クリームを加える。冷たくなるまでゴムべらで混ぜる。

電子レンジでスピード調理
かぼちゃのポタージュ
Pumpkin cream soup

煮る手間もなくクリーミーでほんのり甘いかぼちゃのスープが作れます。油で炒めないので、手早くできて、あっさりと仕上がります。

材料(2〜3人分)

かぼちゃ(種と皮を除く)	300g
グラニュー糖	小さじ1
塩	小さじ1/2
水	300ml
牛乳	50ml
生クリーム(乳脂肪分の多いもの)	大さじ1/2

1 かぼちゃを5個くらいに切り分け、器に入れてラップをかける。電子レンジに4分ほどかけて、柔らかくする。

2 ミキサーに入れ、グラニュー糖、塩、水、牛乳を加えて攪拌する。味をみて、たりなければグラニュー糖と塩でととのえる。とろとろのピュレ状になったら、こし器でこしてボウルに移す。

3 ボウルの底を氷水にあて、生クリームを加える。冷たくなるまでゴムべらで混ぜる。

秋の実りを楽しむ贅沢スープ

栗とさつまいものスープ
Chestnut soup

栗をペーストにし、牛乳や生クリームでつないだクリームスープ仕立てのスープです。さつまいもも加えていますが、これは栗の粉っぽさを抑えてなめらかさを出す補助的な素材です。栗は皮つきを使ってこそのおいしさです。

材料(5〜6人分)

栗(皮つき)	16〜18個(330g、正味250g)
さつまいも	1本(300g)
牛乳	200ml
生クリーム	50ml
パセリ(みじん切り)	適量
A 水	1300ml
グラニュー糖	小さじ1
塩	小さじ½
塩	適量

Advice

皮つきの栗は皮をむくのが面倒ですが、味は格段においしい。ただ時間と手間がかけられないときはむき栗を使ってもよいでしょう。

下ごしらえ

コルネ(紙の絞り袋)を作る。約15cm角のオーブンシートを対角線で切り、対角線の中心が先端になるように円錐形に丸めてテープで留める。

1 栗を柔らかくゆでる。皮をむくか、半分に切って身をスプーンで取り出す。ミキサーにかけるので、くずれてもよい。飾り用に少しとりおく。

2 さつまいもの両端3〜4cmを切り落として皮をむき、1.5cm幅の輪切りにする。正味250gあればよい。鍋に入れ、Aを加えて、くずれるくらいまで柔らかく煮る。

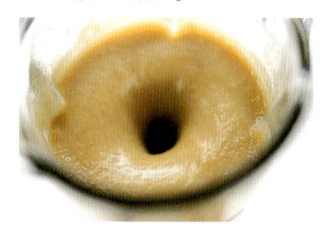

3 2を煮汁ごとミキサーに入れ、1と塩小さじ1を加える。よく攪拌してなめらかなピュレにする。鍋に移す。ミキサーに牛乳を入れて残ったピュレを洗い落とし、鍋に加える。火にかけて温め、味をととのえる。

4 生クリームを泡立器で少しふんわりしてとろりとするくらいに泡立てる。用意したコルネに詰める。

5 温めた3をこしながら盛りつけ用の器に移す。コルネの先端をわずかにはさみで切り落として小さな穴を作り、クリームをスープの上に渦巻き状に絞る。中心にパセリと栗を飾る。

下ごしらえ

パプリカは種を除き、セロリは筋を取り、アスパラガスははかまを取る。野菜のすべてを1〜1.3cm大に切る。じゃがいもは使うまで水にさらす。

1 Aの野菜をオリーブ油でしんなりするまで炒める。途中で塩少量（約小さじ⅙くらい）をふって水気と味を引き出す。

2 材料がひたひたに隠れる量の水を入れ、沸騰させ、あくや油を除いて塩小さじ⅓を加える。中火で10分煮る。Bの野菜、塩小さじ⅓、ブイヨンの素を加え、ひたひたになるように水をたし、さらに5分煮る。

3 なすをオリーブ油大さじ1（分量外）で、火が通るまでソテーする。アスパラガスとトマトとともに2の鍋に加え、アスパラガスが柔らかくなるまで5分ほど煮る。

4 カペッリーニを4等分くらいに折って入れ、柔らかくなるまで数分煮る。最後に塩で味をととのえる。

野菜だけで作るイタリアンスープ
ミネストローネ
Minestrone

材料（5〜6人分）

A	ズッキーニ	1本(150g)
	にんじん	1本(200g)
	玉ねぎ	小1個(200g)
	パプリカ(赤、黄)	各1個(各130g)
	セロリ	大½本(50g)
B	キャベツ(軸も使う)	3枚
	じゃがいも	½個(80g)
なす		1個(60g)
グリーンアスパラガス		4本
トマト		1個(150g)
カペッリーニ(→p.171)		30g
水		適量
チキンブイヨンの素		ごく少量
ピュアオリーブ油		40ml
塩		適量

時間をかけて野菜がくたくたになるまで煮てもよし、さっと煮て形や色をきれいに残して仕上げるもよし。そのときの気分に合わせて作ってください。野菜はたくさんの種類を使い、ひたひたの最小限の水で煮ることが野菜のうまみを効果的に引き出すポイントです。

Advice

つねに野菜がひたひたに隠れる量の水で煮ることで、うまみを上手に引き出すことができます。野菜が水面の上に出てきたら、そのつど水をたしてひたひたの状態を維持してください。パルミジャーノチーズ（粉末）とE.V.オリーブ油を好みでかけていただきます。

少しの生クリームがおいしさの秘密

はまぐりのスープ
Minestra di "Hamaguri"

殻つきの貝は水で煮出すだけで十分おいしいだしがとれます。これははまぐりでとっただしを生かして、最後に少量の生クリームでまろやかな風味を加えたスープです。

材料(2人分)

はまぐり(殻つき)	大6個(300g)
ズッキーニ	1/6本(25g)
エシャロット	2個(25g)
水	適量
生クリーム	大さじ1
キルシュ(さくらんぼのリキュール)	小さじ1
E.V.オリーブ油	小さじ1
塩	適量

下ごしらえ

ズッキーニは5cm長さの細切り、エシャロットは薄く輪切りにする。はまぐりは殻をこすり合わせて水洗いする。

1 鍋にはまぐり、ズッキーニ、エシャロットを入れ、ひたひたに水を加えて強火にかける。あくが出てきたらすくい、貝の殻が開くまで火を入れる。

2 味をみて、必要なら塩を適量加える。生クリームとキルシュを加え、ひと煮立ちしたら器に盛る。E.V.オリーブ油を回しかける。

Advice

貝の殻が開いたら、長く煮ないこと。貝の身が堅くなっておいしくありません。生クリームを加えたらひと煮立ちで火からおろしてください。

第3章

お肉料理

普段の食卓でもおいしく食べてもらえるように、白いご飯にも合う味つけにしてあります。ついつい力みがちなメイン料理ですが、先に仕込んでおけるものが多く、おもてなしでも取り組みやすいらくちんレシピがたくさんあります。

おいしさのポイントは生の玉ねぎ

ハンバーグ
Hamburger steak

西洋生まれのハンバーグも、今やこれなくして日本の食を語れないほど、すっかり日本の味として定着しました。ハンバーグの生地にはパン粉を入れず、玉ねぎは生のまま加えるという方法をおすすめします。なぜなら、そのほうが絶対においしいから。素直にひき肉と玉ねぎのおいしさが表れます。

献立 Advice

パンといっしょでももちろんおいしく食べられますが、多くの日本人の舌にはやっぱりご飯とハンバーグの組み合わせがいちばんでしょう。ですから、ハンバーグの調味にトマトケチャップを入れたり、ソースにしょうゆを使ったりの味つけがいちばんぴったりくると思います。まさしく、ご飯の「おかず」という感覚です。白いご飯とお味噌汁でいかがでしょう。

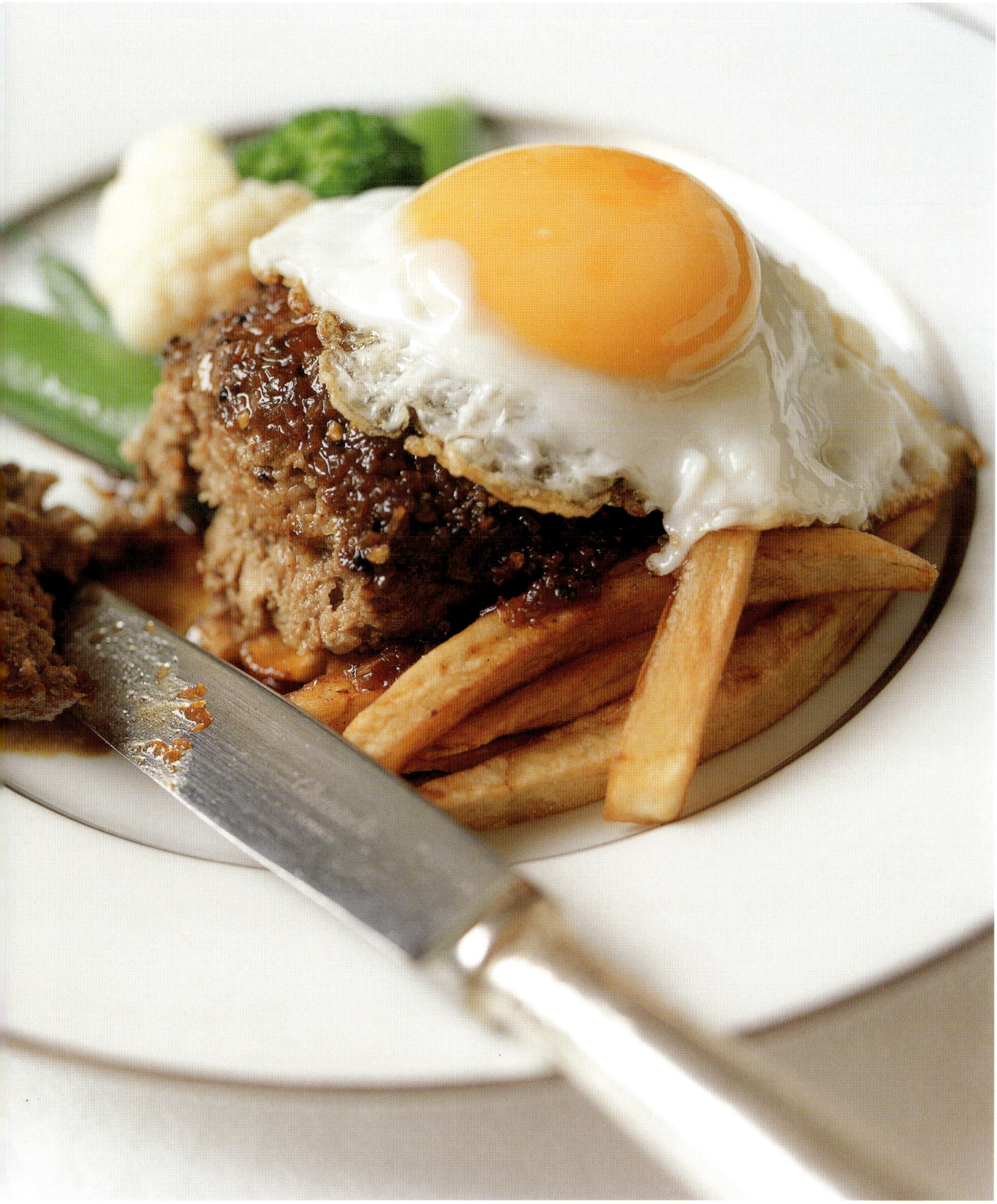

ハンバーグの作り方

材料(4人分／生地600g)

ハンバーグ生地
- 牛ひき肉 …………………… 400g
- 玉ねぎ ……………………… 小1個(150g)
- 卵 …………………………… 1個
- トマトケチャップ ………… 大さじ1½
- ナツメグ(→p.281) ………… 少量
- 塩 …………………………… 小さじ1
- 黒こしょう ………………… 小さじ½

にんにくじょうゆソース
- にんにく(みじん切り) ……… 小さじ½
- 玉ねぎ(みじん切り) ………… 大さじ2
- 黒こしょう ………………… 2回し
- バター(食塩不使用) ………… 5g
- しょうゆ …………………… 大さじ1弱
- チキンブイヨン(→p.81) …… 100ml

つけ合わせ野菜(作り方→p.97) …… 適量
卵 ……………………………… 4個
サラダ油 ……………………… 適量

ハンバーグ生地は食感と味にこだわって

ふっくらと仕上げるには、生地をこねすぎず、材料をひとつにまとめる感覚で、肉の粘りが出始めたら練るのをやめます。これ以上こねると、割れにくくはなりますが、しっかりしまって食感が堅くなってしまいます。ここでは牛ひき肉で作っていますが、牛と豚を混ぜた合いびき肉でもかまいません。豚肉が入ると、こくのあるうまみが出ます。比率は牛肉と豚肉、3対1くらいがよいでしょう。

下ごしらえ

ハンバーグ生地とソースの玉ねぎ、にんにくをみじん切りにする(→p.78)。

1 玉ねぎ以外のハンバーグ用の材料をすべてボウルに入れる。粘りが出始めるまで手で練り合わせる。練りすぎると堅くしまるので注意。

2 玉ねぎを加え、ひき肉となじんで生地がひとつにまとまるまで練る。

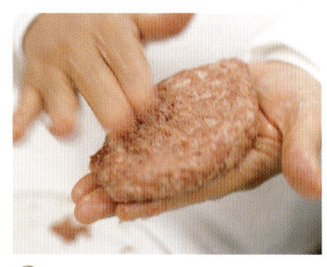

3 2を4等分して手にとり、両手のひらでペタペタと押さえながら手早く楕円形に整える。形が整ったら両手を10cmくらい離し、キャッチボールをするように生地を5～6回投げ合って余分な空気を抜く。

4 フライパンを強火で熱し、サラダ油をフライパン全体にいきわたる量入れ、生地を入れる。弱火にして焼く。ゆっくり時間をかけて焼くのがコツ。

5 片面に焼き色がついたら裏返す。肉の上下から熱が入るようにふたをする。焼き色がついたら取り出す。

6 5のフライパンに残った油を流し捨て、ソース材料のにんにく、玉ねぎ、黒こしょう、バターを入れる。にんにくと玉ねぎに火が通ればよい。同時に、別のフライパンを熱し、サラダ油少量をひいて目玉焼きを作る。

7 ソースのフライパンにしょうゆとブイヨンを加え、沸騰させる。ハンバーグを器に盛り、つけ合わせの野菜を添え、ソースをかける。ハンバーグの上に目玉焼きをのせる。

どんなお肉料理にも合う
つけ合わせ野菜

****
みんな大好きな定番のつけ合わせ
ポテトフライ
****

子どもから大人まで人気のポテトフライ。下ゆでしてから揚げるので、揚げ時間が短くてすみます。

1 じゃがいもの皮をむき、1cm角の棒切りにする。

2 塩ゆでして少し火を入れてから、水気をふいて180℃の揚げ油（サラダ油）で柔らかくなるまで揚げる。揚げたてに塩適量をふる。

****
歯ごたえを残してゆでる
ゆで野菜オイルあえ
****

ゆで野菜でつけ合わせにする場合は、いずれも同じように仕上げます。味つけは、塩、こしょう、E.V.オリーブ油またはバター（食塩不使用）をそれぞれ好みの分量でかまいません。

下ごしらえ

さやいんげんとスナップえんどうは筋を取る。グリーンアスパラガスははかまを取り、根元のほうの皮をむく。ブロッコリーとカリフラワーは食べやすい大きさに切り分ける。

1 それぞれを歯ごたえの残る柔らかさに塩ゆでする。

2 水気をきってから氷水につけて急冷する。もう一度十分に水気をきる。

冷製の場合

塩、こしょう、E.V.オリーブ油各適量であえて冷やす。

温製の場合

ゆでた野菜を鍋に入れ、塩、こしょう、E.V.オリーブ油またはバター（食塩不使用）を加えてからめ、火にかけて温める。

- ヤングコーン 
- ブロッコリー 
- さやいんげん 
- グリーンアスパラガス 
- スナップえんどう 
- カリフラワー

牛赤身肉にきのこをプラス

ヘルシーハンバーグ
Healthy hamburger steak

ヘルシー志向にこたえて、牛もも肉の赤身だけを使い、生地には玉ねぎとマッシュルームをプラスしてボリューム感とうまみをアップさせました。一般的なハンバーグに比べ、約半分のエネルギーと脂質量になっています。ソースにもヘルシーなひと工夫をしています。

Advice

生地に加えるパン粉は、牛乳に浸さずにそのまま加え、野菜から出る水分を吸収させてジューシーな生地に仕上げます。きのこを炒めたソースは、肉汁系ソースに負けない強いうまみが出ているので積極的に利用します。

材料(2人分)

ハンバーグ生地
- A
  - 牛もも肉(赤身の角切り)……120g
  - 玉ねぎ……1/5個(40g)
  - マッシュルーム……4個
- 塩、こしょう……各適量
- 卵……1/2個
- パン粉……大さじ1強
- サラダ油……大さじ1

つけ合わせ
- ごぼう(3cm長さのもの)……6本
- B
  - 玉ねぎ(みじん切り)……大さじ1
  - チキンブイヨン(→p.81)……400ml
- にんじん(スライス)……12枚
- C
  - 塩……小さじ1/3
  - レモン汁……少量
- ミニトマト……2個
- ブロッコリー、カリフラワー……各小房2個

きのこソース
- しめじ……1パック(100g)
- にんにく(みじん切り)……少量
- エシャロット(みじん切り)……10g
- D
  - しょうゆ……小さじ1弱
  - チキンブイヨン(→P.81)……80ml
- サラダ油、オリーブ油……各小さじ1
- パセリ(みじん切り)……適量

下ごしらえ

Aの材料をフードプロセッサーに入れてひき肉状にし、ボウルに移す。しめじは石づきを切り落としてほぐす。オーブンはプロセス4の前に170℃に予熱する。

1 ひき肉のボウルに塩小さじ1/4、こしょう少量、卵、パン粉の順に加え、粘りが出るまで混ぜ合わせる。

2 つけ合わせを作る。ごぼうはBで柔らかく煮る。煮汁に浸したままおいて味を含ませる。

3 鍋に水100ml(分量外)とCを入れ、にんじんをとろ火で柔らかく煮る。

4 ブロッコリーとカリフラワーはゆでてからフライパンでさっと焼く(エネルギー量を気にしないのなら素揚げに)、焼き色をつける。ミニトマトはへたを取り、170℃に温めたオーブンに入れて2分焼く。

5 1を2等分して小判形にする。フライパンにサラダ油を熱し、生地を入れて弱火で焼く。片面に焼き色がついたら裏返し、ふたをして蒸し焼きにする。きれいな焼き色がついたら取り出す。

6 きのこソースを作る。フライパンにサラダ油を熱してしめじを炒め、塩(分量外)をふり、皿に取り出す。

7 6のフライパンにオリーブ油を入れ、にんにくとエシャロットを炒める。香りが立ってきたらDとしめじを加え混ぜ、全体をなじませる(写真下)。

8 器にハンバーグを盛り、ソースをかけ、パセリを散らす。つけ合わせの野菜を添える。

混ぜるだけ！
お肉料理に合う簡単ソース

あっさり食べたいときに
ヘルシーソース4種

もっと健康を意識したいときにおすすめのソース4種です。しょうゆベースのソースならとっても簡単で、肉料理全般にとてもよく合います。野菜をたっぷり使ったサルサソースは抗酸化機能がたっぷりの食材が組み合わさっています。肉にも魚にも、どんな料理にもぴったりです。

下のヘルシーソースは、どれもビーフステーキにもぴったりです。毎日の食卓のいろいろな料理に使用してください。

煮つめるだけ
バルサミコ酢ソース

バルサミコ酢を鍋に入れて煮つめるだけでりっぱなソースになります。甘酸っぱくて肉料理だけでなく魚介料理にもおすすめです。

ご飯によく合う味わい
簡単甘辛ソース

材料をすべてボウルに入れて混ぜるだけ。さっぱりさせたいならしょうゆやレモン汁を、マイルド感が欲しいときは少量の生クリームを、さわやかな香りをつけたいときはタイムなどのフレッシュハーブをみじん切りにして加えるなど、自分の好みの味を見つけてください。

材料（4人分）

トマトケチャップ	大さじ山盛り3
ウスターソース（または豚かつソース）	大さじ3
マスタード	小さじ½
しょうゆ	小さじ½
レモン汁	小さじ½
ブランデー	小さじ½

1 すべての材料をボウルに入れ、スプーンでよくかき混ぜる。

洋風メニューにもぴったり
すだち風味のおろしじょうゆ

材料（2人分）

大根おろし	½カップ
しょうゆ	大さじ3強
すだち	1½個

1 大根おろしにしょうゆを混ぜ合わせ、すだちを絞る。

ツンとした辛みがお肉に合う
わさびじょうゆ

材料（2人分）

しょうゆ	大さじ2
練りわさび	小さじ2弱

1 しょうゆにわさびを入れて溶き混ぜる。

フレッシュ野菜がさわやか
サルサソース

材料（4人分）

パプリカ(赤)、ピーマン	各½個
トマト	中2個
きゅうり	30g
玉ねぎ(みじん切り)	大さじ1
チャイブ、パセリ(各みじん切り)	各小さじ1
だいだい果汁(柚子、オレンジでも代用可)、レモン汁	各大さじ1
にんにく(すりおろす)	少量
カイエンヌペッパー	小さじ1
オリーブ油	大さじ1

1 パプリカ、ピーマンはみじん切りにする。

2 トマトときゅうりはさいの目切りにする。

3 ボウルにだいだい果汁とレモン汁を入れ、野菜とにんにく、オリーブ油、カイエンヌペッパーを加えて混ぜる。

ハンバーグ生地でアレンジ 4 品

p.96の[ハンバーグ生地]を使って

串に刺してスパイシーに
ハンバーグのシシカバブ風
Shishkebab

辛みのあるスパイスを加えてエスニックテイストの肉料理にアレンジしました。辛み加減はお好みで分量の調節を。食べるときにレモンを絞ってどうぞ。

材料(4〜6人分／12本分)

- ハンバーグ生地(作り方→p.96) ……600g
- A［チリパウダー、パプリカパウダー、カイエンヌペッパー ……各少量］
- レモンパウダー(またはレモンの皮をすりおろしたもの) ……少量
- レモン ……1個
- つけ合わせ
- グリーンアスパラガス、ヤングコーン ……各適量

※飾り用にスパイスや香草など各適量。

1 ハンバーグ生地を12等分し、割り箸1本にハンバーグ生地をつけ、手で握って串焼き風にする。オーブントースター用の天板にのせる。

2 1の上面にAのスパイスをふる。オーブントースターで上面に香ばしく焼き色がつき、中に火が入るまで焼く(裏返しにする必要はない)。焼き上がりにレモンパウダーをふってさわやかな香りをつける。レモンを適宜カットして添える。

3 飾り用のスパイス(写真はパプリカ)や香草と、つけ合わせ野菜を添える。

ころもをつけて揚げます
メンチカツ
Minced beef croquettes

これもまた、日本の洋食の定番です。つけ合わせはたっぷりのせん切りキャベツを添えました。ソースはp.99の簡単甘辛ソースがぴったりです。

材料(4人分)

- ハンバーグ生地(作り方→p.96) ……600g
- ころも(薄力粉、とき卵、パン粉) ……適量
- 揚げ油(サラダ油) ……適量
- 簡単甘辛ソース(作り方→p.99) ……適量
- つけ合わせ
- キャベツ(せん切り→p.79) ……1/4個
- トマト(くし形切り) ……1個
- クレソン ……適量

1 ハンバーグ生地を4等分して丸くまとめる。薄力粉、とき卵、パン粉の順にころもをつける。

2 180℃の揚げ油で香ばしく揚げる。

3 皿に盛りつけ、甘辛ソースをかける。つけ合わせ野菜を添える。

p.98の[ヘルシーハンバーグ生地]を使って

ハンバーグ生地の和風料理
牛ひき肉の茶巾包み
Aumônière de bœuf au bouillon

ハンバーグ生地を油揚げに詰めてブイヨン煮に。肉を少なめにすることでエネルギーダウンします。長いもはその歯ざわりがアクセントに。

材料(2人分)

ヘルシーハンバーグ生地(作り方→p.98)	120g
油揚げ	2枚
長いも	80g
生しいたけ	4枚
花豆、白いんげん豆(水でもどしてから柔らかくゆでたもの。ゆで汁も使用)	各4個
チキンブイヨン(→p.81)	200㎖
豆のゆで汁	100㎖
ほうれん草(ゆでたもの)	適量

下ごしらえ

油揚げは湯を回しかけて油抜きし、1枚を半分に切る。破らないように切り口を開いて袋状にする。2枚は裏返して中表にする。

1 長いもは4枚の輪切りにする。生しいたけは軸を切る。

2 ハンバーグ生地を4等分にし、長いもを1枚ずつ包んで丸め、油揚げに詰める。ようじで口を留める。

3 鍋に2と生しいたけ、花豆、白いんげん豆、ブイヨン、豆のゆで汁を入れ、落としぶたをして中火でゆっくり煮る。

4 器に盛りつけ、ほうれん草を添える。

レンジで蒸すだけ!
野菜と牛ひき肉の重ね蒸し
Mille-feuille de bœuf et petits légumes vapeur

野菜と肉のミルフイユです。おいしさを重ね合わせていきます。

材料(6人分)

ヘルシーハンバーグ生地(作り方→p.98)		200g
A	キャベツ	2〜3枚(120g)
	トマト(薄切り)	小1個
	じゃがいも(2〜3mmに薄切り)	小1個(120g)
	カリフラワー(小房に分ける)	½個
	ブロッコリー(小房に分ける)	¼個
	玉ねぎ(薄切り)	½個(100g)
	にんじん(薄切り)	¼本(60g)
	生しいたけ	小6枚
レンジ玉ねぎ(作り方→p.75)		大さじ1
塩		少量

1 生しいたけは石づきを取る。

2 平らな容器にAをすべて並べ、軽く塩をふり、ラップをして500Wの電子レンジに10分かける。ラップをしたまま10分おく。

3 レンジにかけられる器に材料を順に重ねていく。まず、器の底にキャベツを敷き、玉ねぎ、カリフラワー、しいたけ、ハンバーグ生地、ブロッコリー、にんじん、トマト、レンジ玉ねぎ、じゃがいもの順に平らに敷き重ねる。

4 ラップをして電子レンジで10〜15分加熱する。レンジから出し、ラップをしたまま10分以上おく。

※ ここで使用したガラスの耐熱容器は、底の直径15㎝、高さ6㎝のもの。

ブイヨンを使わず、ワインで煮込みます

ビーフシチュー
Beef stew

フランス料理でいうブッフ・ブルギニヨン（ブルゴーニュ風牛肉の赤ワイン煮込み）です。大ぶりに切った牛バラ肉、たっぷりの野菜をワインだけでじっくりと煮込んだ本格的な味わいで、特別な日にもぴったりの人気メニューです。

Advice

煮込み時間は牛バラ肉が柔らかくなるまで2〜3時間必要です。オーブンシートを丸く切って落としぶたにし、その上からさらに鍋のふたをかぶせて、煮汁が蒸発しすぎないように、材料が煮えるまでしっかりと煮汁に浸っているようにして、ことことと弱火で煮ます。肉が柔らかくなれば食べられますが、翌日になると、味がなじんで深まり、さらにおいしくなります。

材料(5人分)

牛バラ肉(ブロック)	900g
塩	小さじ1
黒こしょう	適量
玉ねぎ	2個(360g)
にんじん	1½本(220g)
セロリ	1本(90g)
ブーケガルニ(→p282。ローリエ、パセリ、セロリ)	1束
にんにく(横半分に切る)	½個(50g)
赤ワイン	1500ml(ボトル2本)
トマト缶詰(ホール)	200g
サラダ油	適量
水溶きコーンスターチ(コーンスターチ1:水1)	小さじ1弱

つけ合わせ野菜

小玉ねぎ	6個
にんじん	1本
生しいたけ	10枚
じゃがいも	5個

下ごしらえ

牛肉を5cm角に切る。
玉ねぎは繊維にそって2cm幅に切る。にんじんは乱切りにする。セロリは2cm幅に切る。ホールトマトを粗く刻み、こし器でつぶしながらこす。
つけ合わせの野菜のにんじん、じゃがいもをラグビーボールの形(シャトー形)に切り、下ゆでする。小玉ねぎも下ゆでする。

1 フライパンに薄くサラダ油をひき、脂肪のついている面を下にして牛肉を入れ、中火〜強火で焼く。焼き色がついたらひっくり返して焼く。肉を返して全部の面に均等に焼き色をつける。肉の油をきって取り出し、煮込み用の鍋に移す。

2 中火にし、フライパンに残った油でにんにく、玉ねぎ、にんじん、セロリを色づくまで炒める。

3 鍋にワインを注ぎ強火にかける。

4 ブーケガルニを入れ、たこ糸の端を鍋の外に出しておく。トマトを加えて煮る。

5 煮立ったら、軽くあくを取り、弱火にする。十分に炒めた野菜を入れ、紙ぶたをのせ、鍋ぶたをして2時間ほど煮込む。

6 肉だけを取り出し、別の鍋に移す。

7 煮汁をこして、6の鍋に移す。こし器に残った野菜は使わない。

8 つけ合わせの野菜を加えて中火にかけ、煮る。味をみて、塩、こしょうで味をととのえる。水溶きコーンスターチを加えて全体を混ぜ合わせる。肉が少し表面に出るぐらいまで煮汁を煮つめる(鍋ごと食卓に出す場合は、見た目を考えてもとの鍋に移して煮る)。

材料(5〜6人分)

キャベツ	小1個(750g)
豚ひき肉	200g
レンジ玉ねぎ(作り方→p.75)	大½個分(100g)
食パン(12枚切り)	1枚
牛乳	50㎖
卵	1個
生しいたけ	1枚
ベーコン(薄切り)	50g
トマト	大1個(200g)
チキンブイヨン(→p.81)	600㎖
A にんじん	⅕本(40g)
A 玉ねぎ	⅕個(40g)
A セロリ	⅕本(15g)
A にんにく	大½かけ
A ベーコン	20g
サラダ油	大さじ1
水溶きコーンスターチ(コーンスターチ3:水1)	大さじ3
塩、黒こしょう	各適量
ナツメグ(→p.281)	少量

Advice

キャベツの繊細な風味を味わうには、オーソドックスなブイヨン風味を試してください。ロールキャベツにはこのほかトマト味やクリーム系ソースもよく合います。クリーム系の場合は、ソースの仕上げ段階でコーンスターチでつなぐ代わりに生クリームを加えます。まるごとのロールキャベツは見た目もかわいらしく、おもてなしにもぴったりです。

キャベツをまるごと一個煮込みます

まるごとロールキャベツ
Stuffed cabbage

ここでご紹介するロールキャベツは、ひとつひとつ巻く必要のない一個まるごとで作るタイプ。しかも簡単な電子レンジ料理です。たっぷりの量のキャベツを食べられて、肉と野菜のバランスがよい体にやさしい料理です。ぜひ気軽にトライしてください。できれば葉が柔らかくふっくらとした春キャベツの時期に作るのがおすすめ。

下ごしらえ

しいたけは軸を取る。トマトは皮を湯むき(→p.81)して、粗くざく切りにする。Aのにんじんはいちょう切り、玉ねぎ、セロリとベーコンも大きさをそろえて切る。食パンの耳を切り落とし、牛乳に浸す。

1 キャベツは外側の葉2枚をむき取る(煮込むときに使う)。芯のまわりにナイフを深く刺し、芯にそって切り進んでくりぬく。

2 キャベツがまるごと入る鍋にたっぷりの湯を沸かし、塩を少量加える。芯のあったほうを下にして入れ、十分に柔らかくなるまでゆでる(外側の2枚の葉もゆでる)。

3 取り出して水気をきる。まな板にふきんを敷き、芯があったほうを下にしてのせる。もう1枚のふきんをかぶせて強く押し、水気を取る。裏返して同様に水気を取る。水気を残しておくと煮込んだときに水っぽくなるので、葉と葉の間の水分も丹念にふき取る。ふきんにのせたままにしておく。

4 Aをサラダ油で十分に火が通るまで炒め、塩で味をつける。大きめの耐熱ボウルに移しておく。

5 別のボウルにひき肉を入れ、牛乳に浸したパンをちぎって加える。卵、ナツメグ、黒こしょう、塩ひとつまみも加えて、ねっとりした粘りが出るまでよく練る。玉ねぎを加えてさらに混ぜる。

6 キャベツの中心の葉を2〜3枚取り、5の肉を少量のせて小さなロールキャベツを作る。まるごとのキャベツに残りの肉をすべてのせ、中央にしいたけを置き、ミニロールキャベツをのせる。

7 キャベツの葉で肉を包み込み、下に敷いたふきんで全体を包んで丸く整える。ふきんは口を強く絞るようにして、丸くしっかり固める。

8 4のボウルの野菜の上に、とりおいたキャベツの外側の葉2枚をボウルの外側にたれるように敷く。7のキャベツのふきんをはずして入れ、ベーコンをのせ、トマトを散らす。ブイヨンをひたひた程度に注ぐ。

9 外側にたれていた葉を中へ折り、ラップをかける。レンジに10分かける。一度外に出して10分休ませて余熱で火を入れる。再び3分かけ、3分休ませて味を含ませ落ち着かせる。

10 9の煮汁だけを鍋に移す。数分煮つめて水溶きコーンスターチを加え混ぜる。味をととのえてこし、皿に盛ったロールキャベツにかける。

※お鍋で作るなら

レンジを使わずに、ほぼ同様の作り方で鍋に煮ることもできます。まず、ベーコンを下ゆでして脂分を抜いておきます。まるごと包んだロールキャベツにたこ糸をかけてばらけないようにしばる。これをフライパンに入れて軽く表面だけを焼きつけてから、ベーコンとともに鍋に入れます。ブイヨンを入れ、落としぶたをして1時間ほど弱火で煮込みます。

ブイヨン不要！ トマトジュースで煮ます

ロールキャベツ
Stuffed cabbage

オーソドックスなロールキャベツをトマトジュースだけで煮ました。ここでは肉をキャベツで巻いたらそのままトマトジュースの中で煮ていますが、先に表面に少し焼き色がつくまで焼いてから煮ると、より本格的な深みのある味わいが出ます。

Advice

ロールキャベツは包むのではなく、巻くもの。葉の上にひき肉を置いたらくるくると、きっちり巻いていきます。巻ききってから、両端を肉の生地の中に押し込むようにしてとじます。こうするとキャベツがばらけにくくなります。キャベツの葉はペーパータオルでしっかり水気をふいてから使い、さらに巻き終えてから手で軽くにぎって、余分な水気を絞ると水っぽくなりません。

材料(4人分)

キャベツ	小1個(900g)
ベーコン	4枚(135g)
A 合いびき肉	400g
玉ねぎ(みじん切り)	80g
卵	1個
塩	10g
パン粉	12g
黒こしょう	5〜6回し
ナツメグ(→p.281。すりおろす。または粉末)	少量
玉ねぎ	40g
にんじん	20g
にんにく(みじん切り)	½個
ピュアオリーブ油	適量
トマトジュース	800ml
バター(食塩不使用)	15g
塩、こしょう	各適量
パセリ(みじん切り)	適量

下ごしらえ

にんじんを輪切りにする。
玉ねぎは1cm幅の細切りにする。
ベーコンを縦半分に切る。

1 キャベツの下(芯のある面)を2cmほど水平に切り落とし、沸騰した湯に入れてゆでる。十分に柔らかくなったら取り出し、冷水に浸す。粗熱が取れたら、芯のところから外側の葉を16枚むき取る。水気をふいておく。

2 ボウルにAの材料をすべて入れ、手で混ぜ合わせる。

3 ぐるぐると手で粘りが出るまでこねる。写真のように手にくっつくようになればよい。8等分に分けておく。

4 キャベツの葉の水気をふき取り、大きい葉を8枚選んで並べる。その上に小さめの葉を重ねる。それぞれに8等分に分けた3をのせる。

5 キャベツの葉で肉を巻く。巻ききったら、両端を肉の中にギュッと押し込む。上からベーコンを巻き、端を楊枝で留める。

6 鍋を火にかけてバターを溶かす。一度火からおろし、ロールキャベツをすき間がないようにきっちりと並べる。

7 フライパンにオリーブ油を熱し、にんにくを炒めて香りが出てから、玉ねぎ、にんじんをしんなりするまで炒め、ロールキャベツの上にのせる。

8 トマトジュースを注いで火にかける。沸騰したら弱火にし、紙ぶたをのせ、さらに鍋ぶたをして30分ほど煮る。

9 一度火からおろし、別の鍋に煮汁だけをこして移し、軽くとろみがつくまで煮つめる。味をみて、塩、こしょうで味をととのえる。

10 鍋に煮汁を戻し、ひと煮して温める。皿に盛って煮汁をかけ、パセリを散らす。

電子レンジで作る野菜たっぷりのあっさり煮込み

豚バラ肉の煮込み
Ragoût de petit-salé

塩漬けした豚バラ肉「プティ・サレ」と野菜を盛りだくさんに使った煮込みです。今回の料理は油を使わず、水分も加えず、野菜自身がもつ水分だけでじわじわと煮込んでいきます。この調理法が可能なのは電子レンジ調理だから。

Advice

ここでは南仏でよく使われる夏野菜を中心に作りましたが、白菜や白ねぎ、キャベツ、ごぼう、にんじん、じゃがいもなど、どんな野菜でも使えます。これにパンを添えるだけでランチなら栄養的にも味覚的にも十分です。ベジタリアン志向なら、豚肉抜きで野菜料理にしてもよいでしょう。

材料(5〜6人分)

プティ・サレ(作り方→p.82)	500g
玉ねぎ	大3個(720g)
パプリカ(赤、黄、緑)	各1個(各130g)
なす	約5個(600g)
ズッキーニ	約2本(300g)
トマト	3個(160g)
にんにく(みじん切り)	大さじ1
ピュアオリーブ油	適量
塩	適量

下ごしらえ

トマトは皮を湯むき(→p.81)し、横半分に切って種を取り除く。さらに2等分する。玉ねぎは上下を切り落として縦半分に切り、1cm幅のスライスに。パプリカは1.5cm角、なすとズッキーニは厚さ1.5cmの輪切りにする。

1 焼いている間に脂肪分がよく抜けるように、プティ・サレの脂身の面に約3mm幅の細かい切り目を入れる。フライパンにオリーブ油大さじ1を入れて、焦がさないように中火に調節し、脂の面から焼く。ときどき、ふきんを丸めて肉の上からギュッと押し、全体をむらなく焼く。表と裏面だけでなく、側面も焼き固める。

2 ボウルに玉ねぎとパプリカ、にんにくを入れ、オリーブ油大さじ1と塩適量を加えてあえる。

3 耐熱容器に2の野菜の1/3量を入れて平らにし、肉を置く。まわりにズッキーニの半分と残りの野菜の1/2量、トマト、残りのズッキーニを重ねながら並べる。さらに上を野菜で覆う。上からギュッギュッと押しながらしっかり詰める。野菜が一度に容器に入りきらない場合は、ラップをして電子レンジに10分ほどかけ、かさを減らしてから詰めるとよい。全部の野菜を詰めるまでこの工程を繰り返す。

4 ボウルになすを入れ、オリーブ油大さじ2と塩ふたつまみを加え、しんなりするまで手で強くもむ。3の上に並べる。容器に入らない場合は3のようにレンジ加熱をして詰める。

5 ラップをし、電子レンジに約1時間かける。肉に竹串がすっと入る柔らかさまで加熱する。そのまま最低10分(できれば1時間)ラップをした状態で味を落ち着かせる。

※ お鍋で作るなら

ピュアオリーブ油適量を鍋に熱し、まず玉ねぎだけを軽く炒めます。トマトを加えてざっと混ぜ合わせ、白ワイン200mlを加えて沸騰させ、アルコール分をとばします。その後、レンジ調理の場合と同様に肉と野菜を詰め、落としぶたをして2時間ほど弱火で煮込みます。

下ごしらえ

鶏もも肉は適当な大きさに切る。皮側に**A**の塩と白こしょうをふり、薄力粉をまぶし、余分な粉を落とす。玉ねぎは横半分に切り、2cm幅に切る。かぶとにんじんは皮をむき、にんじんは7〜8mm厚さの輪切りにする。にんにくは皮をむいてつぶす。

1 かぶ、にんじん、ブロッコリーを軽く塩ゆでする。かぶ、にんじんの中心は生でもよい。

2 厚手の鍋にサラダ油とバターを入れて火にかけ、バターが溶ける前に、皮を下にした鶏肉、にんにくとタイムを入れる。鍋よりも小さいふたを肉に直接のせる。きつね色に焼き色がついたら、裏返して焼く。

3 2に玉ねぎを加え、鍋のふたをし、ときどき混ぜながら火が入るまで蒸し焼きにする。かぶ、にんじん、カリフラワー、セロリ、ブイヨンを加え、ふたをして15分ほど煮込む。

4 野菜が柔らかくなったら、生クリームを加えてひと煮立ちさせる。ブロッコリーを加え、2分ほど煮て温める。

ルーを使わず、生クリームで仕上げる

鶏肉のホワイトシチュー
Chicken stew

ブイヨンで柔らかく煮込んでから、生クリームでこくをつけたすっきりとしたうまみのシチューです。ルウを作る手間がなく、失敗する心配もありません。最後に加える生クリームでホワイトシチューとしての色とこくを出します。

Advice

最初に肉を焼いておいしさを引き出します。鶏肉を焼くときには、落としぶたのように鍋よりもひと回り小さなふたをのせ、鍋の熱の放熱を防ぎながら空気は通してこんがりと焼きます。厚手の鍋がなければ、やや弱火にして焦げつきを防ぎます。

材料(4人分)

鶏骨つきもも肉	2本
A 塩	たっぷりひとつまみ
白こしょう	1g(小さじ⅓)
薄力粉	適量
玉ねぎ	大1個(250g)
かぶ	小4個(240g)
にんじん	¼本(50g)
ブロッコリー	小房4個
カリフラワー	小房4個
セロリ(一口大)	4個
にんにく	1かけ
タイム(フレッシュ)	2枝
チキンブイヨン(→p.81)	200㎖
生クリーム(乳脂肪分40%前後)	180㎖
サラダ油	大さじ1
バター(食塩不使用)	5g
塩	適量

下ごしらえ

豚肉は12個に切り分け、くっつけて並べ、塩とこしょうを両面にふる。キャベツは芯をつけたまま3等分のくし形に切り、玉ねぎは半割りにする。

1 フライパンにオリーブ油を熱し、豚肉を焼く。両面に焼き目がついたら、油を捨てて肉を鍋に移す。

2 1の鍋にキャベツと玉ねぎ、**A**を加える。肉が煮汁に浸るまでブイヨンまたは水をたす(野菜は液面から出ていてよい)。

3 煮立ったらあくを取り、弱火にし、ふたをして1時間30分ほど煮込む。煮汁が少し残るぐらいになればよい。

4 小鍋にグラニュー糖を入れて中火にかける。写真のような色になったら火からはずし、**B**を加える。火にかけて沸騰させ、70mlくらいまで煮つめる。肉の鍋に回し入れ、水溶きのコーンスターチも加える。最後にバターを加えて混ぜる。

材料(6人分)

豚肩ロース肉(ブロック)	1.2kg
塩	小さじ2⅓
黒こしょう	24回し
キャベツ	¼個(300g)
玉ねぎ	2個(400g)
ピュアオリーブ油	大さじ1
A ビール(どんなタイプでもよい)	600〜750ml
チキンブイヨン(→p.81または水)	600〜750ml
ソースのエッセンス	
グラニュー糖	大さじ½
B 粒緑こしょう(→p.283。塩水漬け)	小さじ1強
粒黒こしょう(粗くつぶす→p.81)	6粒
ビール	250ml
水溶きコーンスターチ (コーンスターチ3:水2)	小さじ2
バター(食塩不使用。冷たいもの)	10g

苦みがほんのりきいた柔らか煮
豚肉のビール煮
Stufato di maiale alla birra

もともとはフランスの地方料理で、ほんのり苦みのきいた珍しい風味と調理の手軽さがおすすめ。ビールの風味は煮込むうちに薄まるので、最後にビール入りのソースのエッセンスを加え、風味を引き立てます。

Advice

一般的なシチューのように、じゃがいも、にんじん、セロリなどの野菜をたくさん入れてもよいし、肉を豚バラや牛肩ロース、牛バラなどに替えても可。プロセス3で煮汁が多く残ってしまったら、一度、具材を引き上げ、煮汁だけを煮つめて、具材を戻します。

厚い肉をジューシーに焼く
ビーフステーキ
Beef steak

ビーフステーキは厚みのある牛肉を使ってこその料理です。少なくとも1.5cm、理想をいえば3cmくらいの厚みがあれば、肉汁をたたえたジューシーでうまみのあるステーキができます。厚さを生かして肉汁を逃がさず上手に焼いて、ステーキならではの醍醐味を味わいたいもの。

献立 Advice

日本人にはステーキも白いご飯との組み合わせがいちばんです。別添えにしてもよいし、焼いた牛肉を四角に切ってご飯にのせ、ステーキ丼にするのもおすすめです。

材料(3〜4人分)

牛肉(ステーキ用)	1枚(450〜500g)
塩	適量
黒こしょう(粗くつぶす→p.81)	大さじ1
エシャロット(→p.278)	7個(100g)
にんにく	大2かけ
パセリ(みじん切り)	適量
しょうゆ	適量
つけ合わせ	
マッシュポテト(作り方→p.168)	適量
クレソン	適量

下ごしらえ

つけ合わせは先に用意しておくとよい。エシャロットとにんにくを繊維に直角に薄くスライスにする。

1 牛肉に脂身が多いときは切り落とす(焼くときに油代わりに使うのでとっておく)。牛肉の両面に塩をふり、砕いた黒こしょうを均等にふる。

2 フライパンを十分に熱し、切り落とした脂身とともに肉を入れ、すぐに中火に落として焼く。ジューシーに焼くためには強火にしない。

3 肉の端のほうの色がにじみ、つやが出てきたら下の面が焼けた合図。裏返しにして、フライパンにたまった脂を、繰り返しスプーンですくってかける。火の通りにくい中心部に集中的に脂をかけて上からも熱を加えながら均一に焼く。

4 レアからミディアムレア程度に焼けて、表面につやが出てきたら、脂身を取り除き、にんにくを加えて炒める。

5 にんにくの風味が出てきたら、肉だけを器に取り出して温かいところで休ませておく。

6 にんにくにうっすらと焼き色がついたらエシャロットを加える。

7 焦げないように中火でゆっくり炒め、途中で塩ひとつまみをふる。しんなりして完全に火が通ったら、ステーキの上に盛り、パセリをふる。つけ合わせとしょうゆを添える。

表面につやが出てきたらひっくり返すタイミング

フライパンに入れたら、「肉の表情」をよく見ます。内部がレアの部分は表面につやがありませんが、ミディアムになってくるとつやが出てきます。肉汁が中で活発に動いているためです。プロは肉を指で押してみて、その弾力で焼け具合を判断しますが、肉の表情をよく見ることでも状態がわかります。

熱湯に浸して柔らかく火を入れる

ローストビーフ
Roast beef

ローストビーフはその名のとおり、牛ブロック肉をローストして作る料理です。豪華さとおいしさを兼ね備えたこの料理は、おもてなしリストにぜひとも入れたい献立ですが、むずかしいと敬遠している人も多いようです。でも、このレシピなら失敗はありません。紙とタオルで肉をぐるぐる巻きにし、熱湯に浸してゆっくりゆるやかに火を入れます。

材料(6～8人分)

牛フィレ肉(ブロック)	600g
塩	適量
粒黒こしょう(粗くつぶす→p.81)	適量
A　にんにく	5g
玉ねぎ	5g
ピュアオリーブ油	大さじ1
バター(食塩不使用)	10g
グレイビーソース(作り方→p.116)	適量

薬味

粒マスタード	適量
ホースラディッシュ(→p.283. すりおろす)	大さじ1
生クリーム	100mℓ
練りわさび(市販品)	小さじ1
塩、白こしょう	各少量

つけ合わせ

じゃがいものボン・ファム風(作り方→p.156)	適量
クレソン	適量

※たこ糸、ビニール袋2枚、新聞紙12枚、小タオル9枚を用意する。

下ごしらえ

にんにくと玉ねぎはすりおろす。
肉は常温にもどしておく。

1 フィレ肉は形くずれを防ぐために、たこ糸を肉に食い込まない程度にひっぱってしばる(→p.82)。まな板に多めの塩と黒こしょうを広げ、肉をころがしてまぶす。

2 バットに**A**の材料を入れてよく混ぜる。フィレ肉をのせて手でこすりつけ、なじませる。

3 ビニール袋に入れてぴったりと密着させ、余りをくるくる巻きつける。そのままもう1枚のビニール袋に入れ、同様に巻く。

4 新聞紙を四枚重ねにして肉をしっかりときつく包む。同様にあと2回包む。最初の2回は、新聞紙の対角線上に肉を置き、途中で両脇を内側に折って包む。3回目は新聞紙がゆるまないように、紙の一辺に平行に置き、手前から丸めて最後に両脇を折りたたむ。

5 厚手の大鍋の底にタオル1枚を敷き、4を置く。下のタオルを肉に巻きつける。保温効果を上げるために、上に残りのタオル8枚をかぶせる。

6 5の鍋をいっぱいにできる量の熱湯を沸かす。ぐらぐらと沸騰している状態の湯を鍋の縁いっぱいまで注ぐ。ふたをして、温かいところに1時間30分ほどおく。薄手の鍋の場合は、鍋を二重にして湯せんにするか、バスタオルなどで鍋をくるむ。

7 新聞紙の包みをほどき、ビニール袋から肉を取り出す。ビニール袋にたまった汁は、グレイビーソースに利用する。

8 フライパンにバターを入れて強火にかける。溶け始めたところで7を入れ、表面にさっと焼き色をつける。皿に取り出して、乾燥しないようラップをかけておく。フライパンは、次のページのグレイビーソースに使うので、洗わずに焼き汁を残したままにしておく。

Advice

ローストビーフはクリスマスなど特別な日のディナーにぴったりです。献立例は24ページを参考に。残った場合はサラダにしたり、サンドイッチに利用します。ローストビーフはフィレ肉で作るものと決まっているわけではありません。そのほかの部位もいろいろ使えます。ロースとランプはフィレに次ぐおいしさがあります。内もも、イチボは脂肪が少ないために柔らかさに欠けるものの、うまみがありますので、できるだけ薄く切って食べてください。

食卓準備

定番の薬味も用意しましょう

ローストビーフには粒マスタードとホースラディッシュを添えるのが定番です。粒マスタードは市販品を、ホースラディッシュはすりおろし、ふんわり泡立てた生クリームと市販の練りわさび、塩、白こしょうを混ぜ合わせて作ります。これらを適宜、各自でとっていただきます。

切り分けると美しいピンク色の断面が現れます。これがジャストタイミングの火の入れ方。各自に取り分けたらグレイビーソースをかけていただきます。じゃがいものボン・ファム風（→p.156）もたっぷり添えてどうぞ。

焼き汁を利用して作る本格派
グレイビーソース

材料（6〜8人分）

- 玉ねぎ ……………… 1/4個（50g）
- にんじん …………… 1/5本（20g）
- セロリ ……………… 1/3本（30g）
- A
  - にんにく（みじん切り）…… 小さじ1
  - 黒こしょう ……… ふたつまみ
  - タイム（フレッシュ）……… 2枝
  - しょうゆ ………… 大さじ2
- チキンブイヨン（→p.81）…… 1カップ
- 水溶きコーンスターチ
  （コーンスターチ1：水3）…… 大さじ1
- バター（食塩不使用）……… 10g

1 玉ねぎとにんじんは粗みじんに切る。セロリも大きさをそろえて切る。

2 フィレ肉を焼いたフライパンを火にかけ、1の野菜とバターを入れる。火が通るまで炒める。

3 Aと肉を包んだビニール袋に残った汁（→p.115プロセス7）を加え、煮立てる。

4 水分がなくなりかけたらブイヨンを加え、数分煮つめる。水溶きのコーンスターチを加えてとろみをつける。こしてから食卓へ。

電子レンジとフライパンで作ります

ローストチキン
Roast chicken

クリスマスのごちそうといえばローストチキン。ここでは一羽まるごとの鶏に詰めものをし、電子レンジとフライパンで調理するレシピを紹介します。レンジにかけて形を安定させ、あとはフライパンで表面を香ばしく焼き上げます。食卓でみんなで取り分けて分かち合う喜びを。

Advice

ご飯ととうもろこしが主体の今回の詰めものは、家庭で簡単に入手できる材料ですから、手軽にトライできるはず。詰めものが入ると、切り分けたときに驚きもあり、焼いている間に肉がぱさつかないよう湿り気を与える効果もあります。

材料(4人分)

鶏(首の皮までついているもの)………1羽(1kg)
詰めもの
├ 玉ねぎ(みじん切り)…………大さじ2
├ ベーコン(細切り)……………大さじ1
├ とうもろこし(缶詰。水気をきる)
│ ……………………………………120㎖
├ ご飯(冷たくてもよい)………½カップ
├ 塩、こしょう……………………各適量
└ サラダ油…………………………大さじ2
にんにく(皮つき)…………………大2かけ
バター(食塩不使用)………………50g
ピュアオリーブ油…………………大さじ2
塩、白こしょう……………………各適量
つけ合わせ野菜(作り方→p.119)…適量
※ホチキス(清潔なもの)、オーブンシートを用意する。

1 詰めものを作る。フライパンにサラダ油を熱し、ベーコン、玉ねぎを火が通るまで炒める。ご飯をほぐして加え、塩、こしょうをする。最後にとうもろこしを加えて温まる程度に炒める。

2 鶏の首の皮を背中側に折り、ここを下にして逆さにして立てる。鶏のお尻から1をスプーンで詰める。

3 お尻の皮と皮を合わせ、2か所ホチキスで留める。全体に塩と白こしょうをたっぷりふる。

4 鶏が包める大きさのオーブンシートを用意し、鶏が接する部分にバター約10gを塗り、3を置く。2本の脚をそろえて、広がらないように先端に近いほうをたこ糸でしばる。

5 鶏の形を整えながら、ペーパーでゆるまないように筒状に包む。脚の部分は形にそって紙を密着させる。両端を内側に折る。折り返しを、それぞれ2か所くらいホチキスで留める。

6 5を電子レンジに3分かけ、裏返しにして1分かけて、肉を少ししめ、形を整えて固定する。紙をはずす。

7 フライパンにバター40gを溶かし、弱めの中火にして鶏の側面を下にして入れる。オリーブ油とにんにくも入れ、油をかけながら約15分焼く。焦げそうになったらときどき火からはずし、余熱で火を通す。油を火のあたりにくい部分に念入りにかけながら、反対の側面と腹、背を同様に焼く。フライパンに残った焼き汁は洗わず、温かいうちにソース作り(→p.119)に利用する。

盛りつけ

器に鶏を盛り、脚にリボンを結んでソース適量をかける。つけ合わせ野菜と飾り用の葉つきのセロリを添える。切り分けるときに、ホチキスの針を皮ごと切り落として取り除く。残りのソースは別の容器に入れ、各自に取り分けるときにかける。

たっぷり添えたい
つけ合わせ野菜

材料(4人分)

栗(皮つき)	大8個
ミニキャロット	8本
さやいんげん	12本
カリフラワー	小房8個
バター(食塩不使用)、サラダ油、ピュアオリーブ油	各適量
揚げ油(サラダ油)	適量
グラニュー糖、塩、黒こしょう	各適量

※全体に分量は多めだが、おもてなしのときはたりないといけないので少し余るくらい用意する。

1 栗は20分ほど柔らかくゆでて、熱いうちに包丁で皮をむく。バターとサラダ油でソテーし、塩をふって味つける。

2 ミニキャロットは皮をむく。バター約10g、グラニュー糖少量、ひたひたの水を入れて火にかけ、水分をとばしながら柔らかくなるまで煮る。

3 さやいんげんは両端を切り落とし、塩ゆでする。水気をきってオリーブ油であえる。塩、こしょうをふる。

4 カリフラワーを生のまま直接揚げ油で素揚げにする。油をきって塩をふる。

焼き汁を生かして作ります
ソース

材料

チキンブイヨン(→p.81。温かい状態で使用)	200mℓ
しょうゆ	大さじ1〜2
水溶きコーンスターチ(コーンスターチ1：水3)	大さじ2

1 鶏を焼いたフライパンが温かいうちにブイヨンを入れ、火にかけ、木べらでこびりついた焼き汁をこすりながら溶かす。しばらく煮つめる。

2 しょうゆを加えて混ぜ、最後に水溶きのコーンスターチを加えてかき混ぜ、とろみをつける。

甘辛いたれで作るローストポーク
豚バラ肉のスペアリブ風
Roast pork

ブロック肉を使った料理は大人数の食卓に最適です。まるごと焼いて切り分ければ見た目も豪華なうえに各自への盛りつけの手間も省けます。スペアリブ風の甘辛いたれを使って作る、豚バラ肉のローストを紹介します。

Advice

ポイントは焼きすぎないこと。肉が堅くなるだけでなく、煮汁も煮つまりすぎてしょうゆや柑橘類の焦げた苦みが出てきます。焼き上がりのころあいに気をつけましょう。

材料(4人分)

豚バラ肉(ブロック)……2本(800g)

A
- しょうゆ……大さじ4
- バルサミコ酢……大さじ4
- トマトケチャップ……大さじ3
- はちみつ……大さじ2

B
- レモン……½個
- オレンジ……½個
- にんにく(みじん切り)……小さじ1
- しょうが(薄切り)……15g
- 玉ねぎ(みじん切り)……大さじ2
- 粒黒こしょう(粗くつぶす→p.81)……大さじ1
- ローリエ……½枚

粒黒こしょう(仕上げ用)……少量

飾り用
好みのフルーツ(マンゴー、パイナップル、ライム、日向夏など)……適量

下ごしらえ

レモンとオレンジを薄く輪切りにする。飾りのフルーツを適当な大きさに切る。

1 Aをボウルに入れ、かき混ぜる。Bも加えて混ぜ合わせる。

2 肉の脂身が厚すぎる場合は少しそぎ取る。味をしみ込みやすくするため、脂の面に5mm間隔で赤身に届く深さに切り目を入れる。

3 耐熱容器に脂の面を上にして入れ、1の調味液を全体にからめ、マリネする。ラップをして1日(最低でも30分)冷蔵庫におく。途中で1〜2回裏返す。

4 オーブンを180℃に温め、3を容器ごと入れ、45分ほど焼く。表面が焦げるようなら調味液の中のオレンジやレモンをかぶせる。漬け汁をかけながらさらに15分ほど焼く。竹串を刺してみて澄んだ汁が出ればよい。

盛りつけ

肉を皿に盛り、つぶした粒黒こしょうを散らし、フルーツを添える。取り分けやすいように、あらかじめ1〜2cm厚さに切って盛りつけてもよい。

下ごしらえ

じゃがいもは皮つきのまま堅ゆでにし、1cm厚さの輪切りにする。しいたけは軸を取り、笠を厚めのスライスにする。

1 最初につけ合わせを作る。フライパンにつけ合わせ用のバターを溶かし、じゃがいもを柔らかくソテーする。途中でしいたけを加え、塩、こしょうし、バットに取り出す。

2 フライパンにバター①を溶かし、レンジ玉ねぎを柔らかくとろっとするまで時間をかけて炒め、甘みが出たら取り出す。

3 豚レバーに塩、こしょう、薄力粉をまぶし、余分な粉をはたいて落とす。2のフライパンにサラダ油とバター②を溶かし、たっぷりの油脂の中で手早くレバーをソテーする。

4 片面が香ばしく焼けたら裏返して同様に焼く。赤ワインヴィネガーをふりかけ、味をなじませてレバーを取り出す。

5 2の玉ねぎを4のフライパンに戻し、焼き汁をからめながら炒める。白ワインヴィネガーをふって仕上げる。

盛りつけ

じゃがいもとしいたけのつけ合わせを皿に広げ、上に玉ねぎ、レバーの順に器に盛り、Aをふる。

材料(2人分)

豚レバー	2枚
レンジ玉ねぎ(作り方→p.75)	中2個分(500g)
ワインヴィネガー(赤、白)	各大さじ1
サラダ油	大さじ2
バター①(食塩不使用)	30g
バター②(食塩不使用)	20g
薄力粉、塩、黒こしょう	各適量
A ┌ パセリ(みじん切り)	少量
├ にんにく(みじん切り)	少量
└ 粒黒こしょう(粗くつぶす→p.81)	少量

つけ合わせ

じゃがいも	大1個(180g)
生しいたけ	6枚
バター(食塩不使用)	20g
塩、黒こしょう	各適量

たっぷりの玉ねぎソテーがソース代わり

豚レバーのソテー
Foie de porc sauté

豚レバーはソテーするのがベスト。しかも薄切りのレバーを高温で短時間にさっと火を通し、ミディアムの焼き加減にするのがもっともおいしいと思います。玉ねぎはとろっとするほどによく炒めて甘みやうまみを出すと、レバーと最高の相性です。

Advice

玉ねぎは1人分に1個とたっぷり使ってこれをソース代わりにします。レバーにふりかけるヴィネガーは、赤、白どちらか1種類だけでもよいし、バルサミコ酢や黒酢などこくのあるものを使っても、お好みで。

おろし玉ねぎがうまみの秘密
鶏のから揚げ シャリアピン風
Fried chicken

鶏肉の下味つけにシャリアピンステーキ風に玉ねぎのすりおろしを混ぜました。玉ねぎが入ると油煮のコンフィのようなこくのある味になります。

すぐできておいしい
牛肉のフイン鍋
Quick beef stew

短時間でできて、ご飯のおかずとしてもおいしいビーフシチューを！という要望に応えて考えたのがこの料理。しょうゆと砂糖のうまみをほどよく生かしました。すき焼き感覚で楽しんでください。

細切りじゃがいもをころもにして
ラムのトルティーノ
Tortino di agnello

最初に肉の表面を焼いて、香ばしさをつけておきます。これがおいしく作るためのポイントです。じゃがいもも炒めて、肉にくっつきやすくしておきます。

フライパンで燻製に
鴨肉のソテー 瞬間スモーク
Petto di anatra affumicato

ソテーした鴨肉に、ほんのりスモークをかけて香りのおいしさをプラスします。スモークの時間はジャスト1分。このさりげない香りが命です。

Recipe

おろし玉ねぎがうまみの秘密
鶏のから揚げシャリアピン風
Fried chicken

Advice

塩、こしょう、玉ねぎのすりおろし、ハーブを混ぜたところに、鶏肉を漬け込んで下味をつけます。

材料（4〜5人分）

鶏もも肉（皮つき、骨なし）	3枚（600g）
玉ねぎ	中1個（200g）
にんにく	大1かけ
塩	小さじ⅔
黒こしょう	ひとつまみ強
タイム（フレッシュ）	1枝
卵白	1個分
コーンスターチ	大さじ1
強力粉	大さじ1½
揚げ油（サラダ油）	適量

つけ合わせ

エンダイブなどの葉野菜	適量
レモン	½個

下ごしらえ

鶏肉を12個（1個あたり約50g）に切り分ける。

1　玉ねぎをすりおろしてボウルに入れる。にんにくもすりおろして同じボウルに入れる。

2　塩、黒こしょう、タイムの葉を加え、混ぜ合わせる。

3　鶏肉を入れ、軽くもんで肉によくまぶす。そのまま15分ほどおいて味をなじませる。

4　鶏肉から水分が出てたまっていたら捨てる。卵白、コーンスターチ、強力粉を加え、手でよくもんで混ぜ合わせる。

5　揚げ油を170℃くらいに熱し、鶏肉を1個ずつ入れ油温を180℃に上げつつ、おいしそうな焼き色がつくまで揚げる。油をきり、エンダイブやレモンなどといっしょに盛り合わせる。

すぐできておいしい
牛肉のワイン鍋
Quick beef stew

Advice

赤ワインの選び方がこの料理のひとつのポイントです。テーブルワインとしておいしく飲めるものなら大丈夫。酸味や甘みが際立っていると、火が入ることによってその味が強調されてしまいます。

材料（2人分）

牛薄切り肉（ロースまたはフィレ）	200g
玉ねぎ	小1個（150g）
長ねぎ	2本
生しいたけ	2枚
焼き豆腐	½丁
しらたき	小さく結んで8個
赤ワイン	750㎖（ボトル1本分）
砂糖	大さじ4
しょうゆ	大さじ4

下ごしらえ

玉ねぎは縦半分に切り、繊維と垂直に5㎜厚さに切る。長ねぎは薄く斜め切りにする。しいたけは軸を取り、笠を3枚にそぎ切りにする。焼き豆腐は½丁を4等分する。

1　鍋に赤ワインを入れて沸騰させ、アルコール分をとばす。砂糖、しょうゆを加えて溶かす。

2　すき焼きのように、下ごしらえした材料を入れてしばらく煮る。火が通ったら、煮汁とともに取り皿にとって食べる。

※食卓で。鍋にひととおりの材料を入れ、火が入ったら卓上コンロの上へ。食事がスタートしたら、それからは随時材料を加えて調理を楽しみつついただく。あくを取り除く必要はない。

細切りじゃがいもをころもにして

ラムのトルティーノ
Tortino di agnello

Advice

じゃがいもはばらけやすいので、できるだけ細く切り、よくもむことです。火も通りやすくなります。焼くときは焦げつかせないようにフライパンによく油をなじませておきます。

材料(2人分)

ラム骨つきロース肉	2本(1本約80g×2)
じゃがいも	3個(400g)
塩	適量
黒こしょう	少量
薄力粉	少量
バター(食塩不使用)	30g
ピュアオリーブ油	適量
つけ合わせ	
ラタトウイユ(作り方→p.34)、イタリアンパセリ	各適量

1. ラム肉に肉の重さの1.3%の塩をし、こしょうをふり、薄力粉をまぶす。フライパンにオリーブ油小さじ2を温めて肉を入れ、表面を香ばしく焼く。取り出して油をきっておく。

2. じゃがいもはせん切りにし、オリーブ油小さじ2で炒める。しんなりさせるだけでよい。ボウルに移して塩小さじ1/3をふり、手でもむ。これで肉をぴったりと包む。

3. フライパンにオリーブ油大さじ1とバターを熱し、2を入れ、中火で時間をかけて両面を焼く。フライパンを少し傾け、油をためた中で焼くとよい。

4. 油をきり、しばらく温かいところに置いて休ませる。

フライパンで燻製に

鴨肉のソテー 瞬間スモーク
Petto di anatra affumicato

Advice

フライパンと金網、チップ材があれば家庭でも作れます。また、豚肉、牛肉、魚介など、どんな素材でもスモークは可能。ここではディナー風にお皿に盛りつけましたが、アウトドア風にピタパンなどに詰めてサンドイッチのように食べても。

材料(2〜3人分)

鴨胸肉	1枚(約300g)
┌塩	小さじ1/2
└黒こしょう	小さじ1/4
スモーク用チップ	大さじ1
粗塩	適量
粒黒こしょう(粗くつぶす→P.81)	4粒
つけ合わせ	
トマト	大2個
葉野菜	適量

1. 鴨肉の皮に5mm間隔に切り目を入れる。両面に塩、こしょうをふる。

2. フライパンを熱し、油をひかずに鴨肉の皮目を下にして入れる。中火にして、ときどきフライ返しなどで肉を押さえてこんがりと焼く。裏返してさらに焼く。中心まで火を入れてから、金網の上に取り出して脂をきる。

3. フライパンにたまった脂を捨て、水洗いする。中火にかけ、水分がなくなったらチップ材を入れていぶす。金網にのせたままの鴨肉を置き、ふた(バットでもボウルでもよい)をかぶせる。1分ほどスモークして取り出し、1cm厚さに切る。

4. トマトを1cm厚さの輪切りにしてフライパンで両面を焼き、葉野菜とともに添える。粗塩と黒こしょうをふる。

ことことと煮たやさしい味
牛バラ肉と野菜の煮込み
Spezzatino di pancia di manzo

ブロック肉を野菜とともに水からゆでる、おなじみのポトフ的な煮込み。肉の表面を焼いて適度に脂を抜き、こくをプラスして、野菜とともにひたひたの水でじっくり煮込みます。

パン粉のころもをつけてオーブン焼きに
鶏肉のパン粉焼き
Pollo impanato

バターの風味が生きた、サクサクッとしたころもがおいしいパン粉焼き。カツとは異なる香ばしい香りと食感が持ち味です。

2時間ゆでてほろりと柔らかく

スペアリブのクリーム煮
Fricassea di costine di maiale

簡単でおいしい料理です。肉がほろりと骨からはがれるまでたっぷり2時間ゆで、最後に生クリームでつなぐだけ。

ささ身はさっと煮て、うまみを残します

鶏肉ときのこのクリームシチュー
Chicken and mushroom cream stew

長いも、豆腐、牛乳で作る特製のヘルシーホワイトソースがベースになります。油脂が入らないのに、こくのある味わいをもった不思議なソースです。

Recipe

ことことと煮たやさしい味
牛バラ肉と野菜の煮込み
Spezzatino di pancia di manzo

Advice

肉は焼かずにそのまま煮始めてもよいのですが、先に焼くことでこくがプラスされます。食卓にフレンチマスタード、粒マスタードなどを添えて、お好みでつけながら食べてください。

材料(4人分)

牛バラ肉(ブロック)		1kg
A	にんじん	2本(400g)
	玉ねぎ	小2個(250g)
	じゃがいも	2個(300g)
セロリ		大2本
水		適量
ピュアオリーブ油		大さじ1
塩		適量
黒こしょう		適量

食卓に

マスタード(お好みのタイプ) ……適量

下ごしらえ

牛肉を8個または12個に切り分ける。塩小さじ2強とこしょう小さじ1をふり、軽くもみ込む。Aの野菜は皮をむいて半分に切る(にんじんの太い部分はさらに縦半分に)。セロリも半分の長さに切る。

1 フライパンにオリーブ油を入れて熱し、牛肉を並べる。全体にこんがりと焼き色がつくまでよく焼く。

2 フライパンの油脂分が入らないように肉だけを鍋に移し、Aも入れる。肉が隠れるひたひたの量の水を入れ(野菜は少し出ていてもよい)、塩小さじ1弱を加えて強火にかける。沸騰したら弱火にしてあくを取り、ふたを少しずらしてのせて煮る。

3 30分ほど煮たらセロリを加え、さらに1時間30分、材料がすべて柔らかくなるまで煮る。塩、こしょうで味をととのえる。

パン粉のころもをつけてオーブン焼きに
鶏肉のパン粉焼き
Pollo impanato

Advice

卵液はこの分量で鶏もも肉4枚くらいまで使えます。前日から漬け込んでおけば手間がかかりません。またパン粉にはパルミジャーノの粉末を混ぜてもOK。うまみが増し、イタリアンらしい風味が出ます。

材料(2人分)

鶏もも肉(皮つき、骨なし)	2枚(400〜500g)
塩	肉の重さの1.3%
黒こしょう	小さじ⅛
卵	1個
フレンチマスタード	50g
タイム(フレッシュ。あれば)	3枝
パン粉	適量
バター(食塩不使用)	20g
サラダ油	少量

つけ合わせ

じゃがいも	2個(300g)
塩	少量
セージ(あれば)	2枝
揚げ油(サラダ油)	適量
レモン	1個
トレヴィス	適量

1 ボウルに卵を割り入れ、マスタードを加える。タイムは葉を摘み取って加える。泡立て器でかき混ぜる。

2 鶏肉に塩、こしょうをまぶし、1に入れてからめ、5分ほどおく。オーブンを200℃に予熱する。パン粉をざるやこし器に通して細かくする。

3 天板にアルミ箔を敷き、サラダ油を薄く塗る。鶏肉を取り出してパン粉を全面にまぶし、天板に置く。上にバターを小さくちぎってのせる。予熱したオーブンで約30分焼く。

4 つけ合わせのじゃがいもは、皮つきのまま柔らかく塩ゆでして、一口大に切り、素揚げにする。セージはそのまま160℃の油で素揚げにする。ともに油をきり、塩をふる。レモンの半割り、ちぎったトレヴィスとともに添える。

2時間ゆでてほろりと柔らかく

スペアリブのクリーム煮
Fricassea di costine di maiale

Advice

この料理の塩味は最後に決めること。2時間かけてスペアリブをゆでたのち、そのゆで汁を目いっぱい煮つめてソースにします。そのため、最初に塩を入れておくと塩味が濃くなりすぎて調整がむずかしくなるからです。

材料(4〜5人分)

スペアリブ	10本(約750g)
ブーケガルニ(→p.282。セロリ10cm、長ねぎ10cm、ローリエ1枚、タイム2枝を束ねてたこ糸でしばる)	1束
水	適量
生クリーム	200ml
水溶きコーンスターチ(コーンスターチ1.5：水1)	小さじ½
レモン汁	小さじ½
バター(食塩不使用。冷たいもの)	10g
塩	小さじ⅓〜½

1 大きめの鍋にスペアリブを入れ、ひたひたにかぶるくらいの水を入れて火にかける。沸騰したら一度湯をすべて捨て、同じ量の水とブーケガルニを入れて火にかける。

2 沸騰したら弱火にして約2時間ゆでる。水分が蒸発し、途中でスペアリブが水面の上に出てきたらそのつど水をたし、いつも水がかぶっている状態に保つ。肉が骨からすっとはずれる柔らかさまでゆでる。

3 スペアリブを取り出し、ゆで汁だけを強火で⅓量まで煮つめる。塩で調味し、生クリームを加えて温める。水溶きコーンスターチを加えて泡立て器で素早くかき混ぜる。

4 スペアリブを鍋に戻し、煮汁をからませて温める。レモン汁とバターを加えて全体にゆきわたらせる。

ささ身をさっと煮て、うまみを残します

鶏肉ときのこのクリームシチュー
Chicken and mushroom cream stew

Advice

鶏ささ身は煮すぎるとうまみがなくなります。最後に加えて、さっと火を通すだけにしましょう。また、このソースは焦げやすいので火加減に気をつけて煮つめてください。

材料(2人分)

ヘルシーホワイトソース(作り方→P.134)	全量
鶏ささ身	4〜5本(110g)
マッシュルーム	8個(100g)
長いも	80g
グリーンアスパラガス	2本
塩、こしょう	各少量

1 グリーンアスパラガスは根元の堅い部分を切り取る。塩ゆでし、2〜3cm長さに切る。マッシュルームは石づきを切り、厚めにスライスする。長いもは皮をむき、3〜5mm厚さの輪切りにする。

2 鶏ささ身は筋を取って薄いそぎ切りにし、塩、こしょうをふる。

3 鍋にヘルシーホワイトソースを温め、長いも、マッシュルーム、グリーンアスパラガスの順に時間差をつけて入れて火を通し、最後に鶏ささ身を加える。

4 鶏ささ身に火が通ったら、器に盛る。

水で煮込む、肉と野菜の田舎風煮込み

ポテ
Potée

豚肉や鶏肉をキャベツやじゃがいもなどの野菜といっしょにことことと柔らかくなるまで煮るスープ料理です。手間がかからず、まろやかでやさしい味に仕上がります。骨つきの鶏もも肉とブロックのベーコンを入れているのでうまみは十分。

Advice

ベーコンのブロックがなければ豚バラ肉のブロックで代用できます。食卓にはマスタードやつぶした黒こしょうなどを用意して、好みでつけて食べられるようにします。

材料(6人分)

鶏骨つきもも肉	3本(500〜600g)
ベーコン(ブロック。または豚バラ肉のブロックかプティ・サレ→p.82)	170g
ソーセージ	8本
キャベツ	1/6個(240g)
じゃがいも	1個(160g)
にんじん	1/2本(100g)
大根	5〜6cm長さ(240g)
玉ねぎ	1個(200g)
セロリ	1・1/5本(120g)
長ねぎ	2本
にんにく(皮つき)	大2かけ
ローリエ	1/2枚
塩、黒こしょう	各適量
食卓に	
マスタード	適量
粒黒こしょう(粗くつぶす→p.81)	適量

下ごしらえ

キャベツはそのまま耐熱容器に入れてラップをかけ、5分ほど電子レンジにかける。じゃがいもは6個、にんじんは12個、大根は8個に切り、長さ5〜6cmの太めの棒状にそろえ、角を削ってラグビーボール形にする。玉ねぎは上下を切り落とす。セロリ、長ねぎは緑の葉を切り落とす。

1 鶏もも肉は食べやすいように半分に切り、大さじ1強くらいの塩をなじませ、黒こしょうをたっぷりふる。

2 大きな鍋を用意し、底に鶏肉とベーコンを入れる。取り出すときにわかりやすいように、肉の上に野菜を種類ごとにまとめ、縦に詰める。水をひたひたにはり、皮つきのにんにくとローリエも入れる。

3 火にかけ、沸いてあくが出てきたら取り除く。塩を小さじ1ほど加える。煮込むと味が濃くなるので、ここで味をみてスープとして飲むときよりやや薄めにする。落としぶたをしてさらにふたをのせ、30〜40分煮る。

4 ソーセージを加え、ふたをして温まるまでしばらく煮る。味みをして、塩と黒こしょうで味をととのえる。

下ごしらえ

オーブンシートやアルミ箔などで、鍋の大きさに合う紙ぶたを作っておく。鶏もも肉の両面に**A**をまぶし、少しもみ、15分ほどおく。**B**の野菜はそれぞれ半分くらいに切っておく。

1 鍋にグラニュー糖を入れて中火にかけ、焦がしてカラメルを作る。写真の色になったらすぐに水を少量加え、木べらでこすって溶かす。

2 1に肉と**B**を入れ、水またはブイヨンをひたひたに加える。強火にし、煮立ったらあくを取り、紙ぶたと鍋のふたをしてとろ火で煮る。

3 1時間ほど煮て肉が柔らかくなったら、金網を敷いたバットに皮を上にして取り出す。そのまま1時間以上(理想は1日)おいて表面を乾かす。

4 揚げ油を170℃くらいに熱し、3を揚げる。肉を入れたときに小さくやわらかな泡がプクプクと上がり続ける火加減がよい。

5 皮がパリッとし、あめ色につやよく揚がったら紙の上にとって、油をきる。キャベツなどの野菜とともに器に盛る。

煮てから揚げる
鶏もも肉のうま揚げ
Pollo fritto

鶏肉をあらかじめ柔らかく煮て味を含ませておいてから、からりと揚げる——これが単なるフライドチキンとは違う「うま揚げ」のゆえんです。エスニックの調理法をヒントにした料理で、カラメルを使ってつやよく甘く香ばしく仕上げました。

Advice

すでに火が通っているので、揚げるときは表面をパリッとさせながら温め直す感覚で。煮汁のカラメル成分で表面が色づきやすいため、油の温度を上げすぎないこと。肉を下煮した煮汁は味を調節し、野菜を加えるとおいしいスープに。

材料(4人分)

鶏骨つきもも肉	4本(1本約200g)
A 塩	肉の重さの1.3%
黒こしょう	肉の重さの0.2%
グラニュー糖	15g
水(または薄味のチキンブイヨン)	適量
B にんじん	½本(100g)
玉ねぎ	½個(100g)
セロリ(葉つき)	中1本
ローリエ	1枚
揚げ油(サラダ油)	適量

つけ合わせ
キャベツ、紫キャベツ、ロメインレタスなど 各適量

Lesson Alice 5
おいしいヘルシー作戦

それは家庭料理だからできること。体のことも考えた思いやり料理を

❋ カレーは、市販ルウを卒業してカレー粉で作ってみましょう

市販のカレールウを使うと、手軽においしく作ることができますが、これには想像以上に油脂分が多く含まれています。なかには成分の半分以上が油脂というものもあります。低エネルギー、低脂肪にこだわるならば、あまりおすすめできません。また市販ルウの油脂分は、その組成がわかりませんから、コレステロールや動脈硬化が気になる場合は、気にかけたほうがよいかもしれません。とにかくヘルシー志向のカレーでしたら、ルウを使わずに作るのがよいでしょう。

ルウを使って作るのは、いわゆる欧風カレーといわれる、こくがあってとろりとしたタイプ。ルウを使わずにできるものは、さらっとしていてインド風ともいえるものです。多種多様のスパイスが必要な印象を抱くようですが、心配いりません。市販のカレー粉に、少しのスパイスとにんにく、しょうがなどの香味野菜があれば十分です。小麦粉を使わないので、ソースはさらさらしていますが、市販ルウでは味わえないスパイス香のすがすがしさを感じるおいしさがあります。調理時間も、市販ルウを使って作る場合とさほど変わりありません。

	市販カレールウ 1人分(20g)	カレー粉 1人分(大さじ1/2)
エネルギー	102kcal	12kcal
脂質	6.8g	0.4g
コレステロール	4mg	1.2mg

❋ 調理中に使う油脂量は心配なし最後に油がなければOK

スープ料理やさらさらした汁気の多い煮込みなどでは、仕上げの段階で、汁の上に浮いた油脂分をレードルですくって取り除くことができます。ですから、最初に野菜や肉をソテーする段階では、油の使用をおそれることなく、適切な量を使いましょう。この最初の工程はおいしさ作りの大事なところでもあります。きっちりと作業してください。また、この段階で必要量の油を使うと「呼び水」のように「呼び油」となって肉の脂肪分を溶かし出すこともできます。溶け出てさえくれれば、それを流し捨てたり、ふき取ったりして除去することも可能です。レシピの材料表にたくさんの油量が書かれていても、最終的には肉の中に含まれる脂肪も合わせてカットになることもあるわけです。煮ている間に浮く油脂が気になるならば、最後にすくって取り除けばよいでしょう。少々脂身の多い肉を使ったり、調理に油を使ったりしても、口にするときに余分な油がなければよいのです。ただし油脂分は料理のおいしさでもあります。どのくらい取り除くとよいかは料理やその日の状況に応じて加減してください。

❋ 和風テイストを生かすと
ヘルシー化も簡単

ソースとドレッシングも油脂分が気になるアイテムですが、これらも低エネルギー化は簡単です。身近な和風テイスト、和の食材を生かして工夫します。ホワイトソースでしたら、本来は小麦粉をそれと同量のバターで炒めて作りますが、豆腐と山いもに置き換えてノーオイルで作ることも可能です（→p.134）。ステーキやハンバーグのソースでは、しょうゆというほとんどノーカロリーのおいしい調味料を生かしましょう。塩分にさえ気をつければとても便利なものです。また、少しのしょうゆや和風だしをプラスすることで、ベースがフレンチの料理であっても、白いご飯との相性がとてもよくなります。堅苦しいことを考えずに、おいしくてヘルシーな食卓になるようにしていきましょう。

おろしじょうゆ
（作り方→p.99）
ヘルシーなハンバーグソースとしてもはや定番になっている和風テイスト。大さじ1杯分で5kcal、コレステロール0mg。

わさびじょうゆ
（作り方→p.99）
いちばん簡単にできるヘルシーソース。ステーキなどの洋食にもぴったり。大さじ1杯分で2kcal、コレステロール0mg。

サルサソース
（作り方→p.99）
抗酸化作用のある野菜ばかりを使ったまさに「抗酸化ソース」。動脈硬化予防にもおすすめです。大さじ1杯分で10kcal、コレステロール0mg。

❋ つけ合わせやサラダをたっぷりと

つけ合わせのボリュームは、主役の肉や魚介と同量かそれ以上を目安にするとヘルシーバランスになります。毎日多種類の野菜をたっぷり食べたほうがよいのは、野菜それぞれがもつさまざまな機能性成分を摂取できるから。しかしそれだけはありません。つけ合わせが充実していると、肉や魚介の量を減らしても食事として十分に満足感が出ます。理想をいえば、つけ合わせの野菜で5色をそろえること。細かな栄養成分を考えなくても、体によく、自然とボリュームが出ます。

作ってみましょう！ ヘルシーレシピ

自分で作れば、健康やダイエットに配慮したレシピに調整可能。
どれもエネルギー（カロリー）とコレステロール量のダウンを考えたものです。

♣

石鍋さんオリジナル！ 豆腐と長いもで作る
ヘルシーホワイトソース

あるテレビ番組でローカロリーの健康料理を考えてほしいとリクエストされて誕生したのがこれ。食べてみて、いつもと違うホワイトソースであることに気づかないほどおいしいびっくりレシピができ上がりました。ふつうのホワイトソースは薄力粉を同量のバターで炒めてルウを作り、それを牛乳でのばして作りますが、ここでは薄力粉もバターも使いません。豆腐と長いもを使って、とろみとこくをつけます。脂肪量が少ないので胃にもたれず、風味にもやさしさがあります。もっとこくのあるソースにしたいときには、配合をちょっと変えて、多少の生クリームを加えたり、パルミジャーノチーズを加えたりするとよいでしょう。

材料（仕上がり量約400ml）

絹ごし豆腐	200g
長いも*（皮をむく）	100g
牛乳	300ml
塩	小さじ1弱
ナツメグ（→p.281）	少量

＊長いもは、根元に近いほうを使うと濃度のあるソースができる。

1 長いもをざく切りにしてミキサーに入れ、残りの材料もすべて加える。撹拌してとろとろのピュレ状にする。こし器でこして鍋に移し入れる。

2 中火にかけ、泡立て器でかき混ぜながら、数分間煮つめる。ソースの周囲が焦げつかないように気をつける。ほどよくとろみがつけばでき上がり。

※グラタン、ドリア、ホワイトシチューなど、ホワイトソースを使うどんな料理にもどうぞ。

♣ マヨネーズ＆ドレッシング

エネルギーや脂質、コレステロールのとりすぎを心配しなくていい安心レシピです。

Lesson Alice 5 おいしいヘルシー作戦

エネルギーダウン！ さらっとマヨネーズ

材料

- マヨネーズ……大さじ1
- 牛乳……大さじ1

1. マヨネーズを牛乳で溶きのばす。

※ ポテトサラダをはじめ、いつものサラダにどうぞ。

※ 本書ではp.49で使用。

大さじ1杯分58kcal、コレステロール5mg。

コレステロールゼロ！ 青じそドレッシング

材料

- 青じそ……20枚
- A [酢……100mℓ
-   しょうゆ……大さじ1強
-   レモン汁……1/2個分]

1. Aの材料を混ぜ合わせる。青じそを粗みじん切りにして加える。

※ いつものサラダにどうぞ。

※ 本書ではp.69で使用。

大さじ1杯分5kcal、コレステロール0mg。

コレステロールゼロ！ 豆腐マヨネーズ

材料

- 絹ごし豆腐……90g
- オリーブ油……大さじ1〜2
- 玉ねぎ(みじん切り)……10g
- にんにく……1g
- 酢……小さじ1
- 塩……1g

1. 材料をすべてミキサーに入れ、なめらかになるまで撹拌する。

※ ポテトサラダをはじめ、いつものサラダにどうぞ。

※ 本書ではp.49で使用。

大さじ1杯分28kcal、コレステロール0.01mg。

コレステロールゼロ！ 白ごまドレッシング

材料

- 酒……大さじ2 1/2〜3
- チキンブイヨン……50mℓ
- A [しょうゆ……大さじ2
-   練り白ごま……大さじ1]
- いり白ごま……大さじ1

1. 小鍋に酒を入れて火にかけ、アルコール分をとばし、ブイヨンに加える。

2. Aの材料を合わせてよく混ぜ合わせ、1に加える。

※ いつものサラダにどうぞ。

※ 本書ではp.68で使用。

大さじ1杯分31kcal、コレステロール0mg。

Lesson Alice 5 おいしいヘルシー作戦

❋ お肉でエネルギーダウンするならば

🍂 種類と部位の選び方

簡単なエネルギーダウンの方法がこれ。脂肪の少ない部位を選ぶだけでエネルギー量はかなり違ってきます。牛肉だったら、もも肉やランプ肉が赤身が多く低エネルギーの部位です。脂身つきサーロインの20%ほどです。豚肉や鶏肉もそれぞれ部位による差がかなりあるので、右の表を参考にして選ぶとよいでしょう。ただし、調理の工夫で脂肪カットができるので、この数字の差が、そのまま料理のでき上がりの差になるとはいちがいにはいえません。

肉選びで注意が必要なのはひき肉です。なぜかというと、すでにミンチ状になっていると、どのくらいの割合で脂身が使われているかが見てわからないからです。コレステロール値や中性脂肪値が高くて心配な場合や、ダイエット中の場合は、自分で赤身肉を買ってきてミンチにするのが安心です。

肉*の部位別、脂質の含有量が少ない順
数値はすべて100g中のもの

脂質の含有量	肉とその部位	コレステロール量
0.9g 以下	鶏 ささ身	67mg
1.0～2.9g	鶏 胸（皮なし）	70mg
	豚 ヒレ	65mg
3.0～3.9g	鶏 レバー	370mg
	豚 レバー	250mg
	牛 レバー	240mg
	鶏 もも（皮なし）	92mg
4.0～4.9g	豚 ロース（赤身）	61mg
	豚 外もも（赤身）	68mg
5.0～9.9g	豚 もも（赤身）	70mg
	鶏 ひき肉	75mg
	牛 外もも（赤身）	59mg
10.0～14.9g	牛 もも（赤身）	68mg
	鶏 胸（皮つき）	79mg
	鶏 もも（皮つき）	98mg
15.0～19.9g	牛 ひき肉	67mg
	豚 ひき肉	76mg
	豚 もも（脂身つき）	71mg
	牛 もも（脂身つき）	73mg
20.0～39.9g	牛 外もも（脂身つき）	68mg
	豚 外もも（脂身つき）	70mg
	豚 ロース（脂身つき）	62mg
	牛 サーロイン（赤身）	72mg
40.0～49.9g	豚 バラ	70mg
	牛 サーロイン（脂身つき）	86mg
50.0g 以上	牛 バラ	98mg

*鶏は若鶏肉、牛は和牛肉、豚は中型種肉の数値（ひき肉、レバーを除く）を掲載。
栄養データの出典／科学技術庁資源調査会編『五訂日本食品標準成分表』

🍂 切り捨てる＆調理で落とす

肉の脂肪は、生であれば白い脂身としておおよそ見えるのがよいところ。見た目で脂肪量がだいたい把握できますし、見えるから簡単に切り捨てることもできます。サシのように肉の中に細かく入り込んでいる脂肪は無理ですが、切り落とせるところは、必要に応じて最初に切り落としてしまいましょう。

また、加熱調理で脂肪を溶かして落とす、という方法もあります。たとえば鶏もも肉は、よくソテーすることで、皮の下に潜んだ脂肪が溶け出るので、それを捨てることで脂肪カットに。豚バラ肉の煮込みなどでは、煮込んでいるうちに脂肪が汁の部分に溶け出るので、十分に冷めると脂肪が白いかたまりとなって浮き、分離することができます。固まらない油脂の場合は、先にも書きましたが、浮いているときにレードルですくい取ったり、ペーパータオルでふき取ったりして除去するとよいでしょう。

第4章

魚介料理

魚介料理は短時間で手軽に作れるのがいいところ。そしてヘルシーレシピがいっぱいです。ここではフレンチとイタリアンをベースにして、どれも作りやすい工夫を加えました。このシンプルで飽きないおいしさをぜひレパートリーに。

白身魚の切り身でスピーディに作る
ブイヤベース
Bouillabaisse

南仏プロヴァンスの代表的なスープ料理です。1種類の切り身魚だけでも十分においしく作れます。ベースになる玉ねぎを上手に炒めて甘みやうまみを出すことがポイント。また、じゃがいもも欠かせない材料です。

Advice

どんな白身魚でも使えますが、あいなめ、めばる、こち、おこぜなど、根魚に属する磯魚はとくにこくが出ておいしくなります。玉ねぎは甘みを出すためにはあまり薄く切らないこと。じゃがいもは1cm厚さにすると魚と同時に柔らかくなり、味もしみやすくなります。

材料(4人分)

たら(生。切り身)	4枚(1枚約120g)
A 塩	たっぷりひとつまみ
白こしょう	16回し
サフラン(→p.280)	ひとつまみ
ピュアオリーブ油	大さじ2
じゃがいも(メイクイーン)	2個(250g)
レンジ玉ねぎ(作り方→p.75)	小2個分(300g)
トマト	大1個(200g)
にんにく(みじん切り)	大さじ1
ローリエ	½枚
パセリ(みじん切り)	少量
水	400ml
ピュアオリーブ油	適量
塩	適量

薬味

ルイユ(右記参照)	適量
クルトン(右記参照)	適量

下ごしらえ

トマトの皮を湯むき(→p.81)して横半分に切り、種を取り、6等分にする。じゃがいもは煮る直前に皮をむき、1cm厚さの輪切りにする。

1 たらの切り身は皮を取って、ボウルに入れ、**A**の調味料をすべて加えてからめる。15分くらいおいて味をなじませる。

2 鍋にオリーブ油小さじ1、にんにく、レンジ玉ねぎを入れて、焦がさないように中火にかけてよく炒める。

3 水200mlを加え、木べらで鍋底をこすって玉ねぎのうまみを溶かす。

4 たらを鍋に加える。たらを入れておいたボウルに水200mlを加え、洗うようにして調味料を溶かして鍋に加える。じゃがいもも入れる。

5 沸騰したらあくを取り除き、トマトとローリエを加える。再度沸騰させてから、中火にして5分ほど、ことことと煮て、塩で味をととのえる。

食卓準備

ブイヤベースの定番お供

でき上がったブイヤベースを器に盛りつけ、パセリを散らし、ルイユ(にんにく風味のマヨネーズ)とクルトンを添えます。ルイユはブイヤベースにつきものの薬味です。ここでは市販のマヨネーズを使った簡単な作り方を紹介します。クルトンにルイユをつけてスープに浸しながら食べたり、ルイユを直接スープに溶かしたり、食べ方は自由です。

ピリ辛にんにくマヨネーズ
ルイユ

材料

マヨネーズ	大さじ山盛り2
にんにく(すりおろす)	小さじ1
カイエンヌペッパー	小さじ1

1 材料をすべて容器に合わせてかき混ぜる。

にんにくタイム風味の
クルトン

材料

バゲット(薄切り)	4枚
にんにく	½かけ
タイムの葉(フレッシュ)	少量
E.V.オリーブ油	適量

1 バゲットを縦、横、斜めなど自由な方向に薄切りにする。

2 にんにくの切り口をこすりつけて風味をつけ、タイムの葉を散らす。

3 オリーブ油をたっぷりかけ、オーブントースターでこんがりと色づくまで焼く。

白身魚の切り身とあさりで作るアクア・パッツァ風

鯛のブレゼ
Daurade braisée

イタリアンの「アクア・パッツァ」風に白身魚とあさりなどの魚介をオリーブ油ベースであっさり味に煮込みます。魚介のおいしさにドライ＆フレッシュのトマトやオリーブの実、そしてオリーブ油の風味が加わった味わいは、南仏を代表する味覚です。手順は簡単なのに、見栄えがする、おもてなしに最適な料理です。

Advice

うまみがよく出て、身がぱさつきにくい骨つきの切り身を使います。あさりもうまみを出すためにぜひ殻つきを。白ワインではなく、あえて水で煮ることで、日本人向きのあっさりとした味にしました。

材料(4人分)

鯛(骨つき。切り身)	4枚(1枚約100g)
あさり(殻つき)	700g
にんにく	大1かけ
タイム(フレッシュ)	3枝
A ドライトマト(→p.281)	2枚
A トマト	小1個(120g)
A オリーブ(塩水漬け。黒、緑)	各12個
A エシャロット(→p.278。みじん切り)	大さじ2
オレンジ(薄い輪切り)	2枚
レモン(薄い輪切り)	8枚
パセリ(みじん切り)	ひとつまみ
B バジルの葉	6枚
B イタリアンパセリの葉	6枚
B ローズマリー	1枝
ピュアオリーブ油	大さじ3
水	100〜200ml
塩、黒こしょう、薄力粉	各適量

※直火にかけられる大型の器を使用。

下ごしらえ

にんにくを縦半分に切る。ドライトマトを小片に切る。トマトは皮を湯むき(→p.81)して、ざく切りにする。

1 鯛の切り身は1枚を2つに切り、両面に塩、こしょうをする。薄力粉をまぶし、余分な粉をはたき落とす。

2 フライパンにオリーブ油を十分に熱し、鯛の皮を下にして入れ、にんにくも入れる。皮に焼き色がつき、カリッとしたら裏返し、タイムを加えて同様に焼く。鯛を取り出し、直火にかけられる大型の器に移す。

3 2のフライパンにあさりと**A**を加える。全体を混ぜ、分量の水を入れて、強火で一気に加熱する。あさりの殻が開いたら、こして具と煮汁に分ける。

4 3の煮汁をフライパンに戻し、オレンジとレモンを加えて少々煮つめる。あさりなどの具は鯛の上に盛る。

5 煮つめた煮汁の味をみて、塩で味をととのえる。パセリを加えてさっと火を通し、鯛の上にかける。

6 **B**の香草をのせ、容器ごと直火にかけて温める。

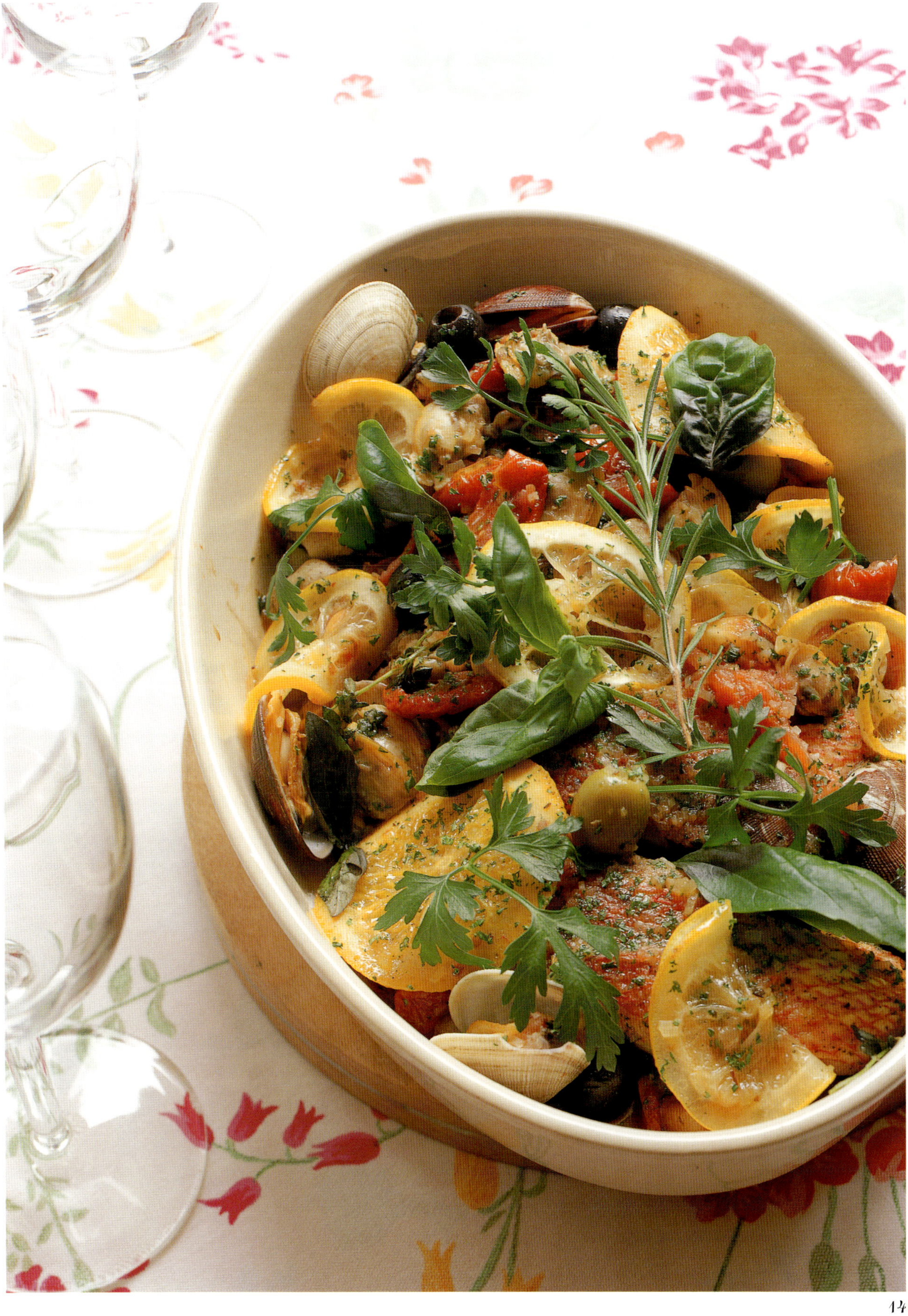

ころもやソースも工夫しだい
えびフライ
Fried shrimps

えびフライのおいしさは中身のジューシーさにあります。そのためには揚げすぎないことが大事です。170℃くらいの油に入れ、ころもが色づき始めたところで引き上げます。ワンパターンになりがちなえびフライですが、ころもやソースにちょっと工夫を加えると、楽しみがぐんと広がります。

Advice

何よりも素材が重要。車えびがベストですが、比較的手に入れやすいものでは大正えびがおすすめです。サイズも大きく、甘みがあります。ブラックタイガーやバナナえびは味がやや薄いので、ぷりぷり感を残すため大正えびよりも心もち短めに火を入れましょう。

材料(4人分)

えび(大正えびやブラックタイガーなど)	20尾
ころも	
薄力粉	適量
とき卵	適量
パン粉	適量
つけ合わせ	
グリーンアスパラガス(太いもの)	5本
ごぼう	約20cm長さ
好みの香草	適量
塩	適量
揚げ油(サラダ油)	適量

下ごしらえ

ころもの材料をそれぞれバットなどに広げておく。粗いパン粉でもかまわないが、細かくしたければ、ミキサーにかけ、こし器に通す。
アスパラガスのはかまを取り、半分の長さに切る。
ごぼうは皮むき器などでごく薄く縦長にスライスする。

1 えびは尾を残して殻をむき、背わたを取る。揚げたときに丸まらないように、腹を上にして持ち、端のほうから身を反らせて筋をはじかせ、中の身をブクッとはみ出させて筋を切る。1尾につき3か所くらい行う。

2 効率よく作業するため、えびは2尾ずつ薄力粉をまぶす。手のひらではたいて余分な粉を落とし、とき卵にくぐらせ、パン粉をまぶす。両手でえびをはさんでころがし、パン粉を均一にする。

3 揚げ油を170℃に熱し、えびを数尾ずつ入れて揚げる。ころもが色づいたら取り出し、油をきる。小さめの大正えびなら身が細いので揚げている時間はほんの10秒くらいでよい。つけ合わせの野菜を揚げ油で素揚げにし、塩をふる。

アレンジ

パン粉を柿の種に替えて

パン粉をあられやせんべい、アーモンドスライス、じゃがいものせん切り、ぶぶあられ、コーンフレーク、そうめんなどいろいろな素材に替えてみましょう。それぞれの個性的な食感や風味が楽しめます。

1 あられの柿の種と落花生をミキサーにかけて細かく砕く。こし器に通して粒子をそろえる。

2 えびに薄力粉ととき卵を順につけ、パン粉の代わりに1のころもをまぶして揚げる。

福神漬けで作る タルタルソース

日本人向きの甘辛い「スペシャル・タルタルソース」です。フライ全般に使え、配合を変えればサラダのドレッシングやサンドイッチにも利用できます。作ってすぐに食べられますが、1日冷蔵庫において、味をなじませると一段とおいしくなります。

材料(4人分)

マヨネーズ	100g
福神漬け(みじん切り)	大さじ2
福神漬けの汁	小さじ½
ゆで卵	1個
玉ねぎ(みじん切り)	大さじ1
ケイパー(みじん切り)	大さじ1
パセリ(みじん切り)	小さじ2
レモン汁	小さじ1
しょうゆ	小さじ½
ウスターソース	小さじ½

1 ゆで卵は殻をむいて粗い目のこし器で裏ごしする。

2 ゆで卵以外の材料をボウルに合わせ、ゴムべらでかき混ぜる。調味料は好みで加減して加えてよい。1のゆで卵を加えて混ぜる。

まるごとの魚をソテーして、水で煮ます
かさごのアクア・パッツァ
Scorfano all'acqua pazza

材料(2人分)

かさご	1尾(約300g)
塩	小さじ¼
白こしょう	10回し
野菜(グリーンアスパラガス、ブロッコリー、カリフラワーなど)	計約100g
ドライトマト(→p.281)	25g
ケイパー(酢漬け)	大さじ1
黒オリーブ(塩水漬け)	20g
パセリ(みじん切り)	大さじ2
水	400mℓ
ピュアオリーブ油	20mℓ
E.V.オリーブ油	40mℓ

ソテーしたまるごとの魚に、ドライトマトやケイパー、オリーブなどのうまみの強い材料を加えて少量の水で煮つめ、味を凝縮させます。おいしさの決め手は、このときの油と水の乳化によって生まれるこく。そこに魚のエキスが加わって一体となったソースがおいしさを引き立てます。

下ごしらえ

かさごはひれやうろこを取り、内臓とえらを除いて水洗いする。余分な水気をふき、塩、こしょうする。
野菜は一口大に切り、塩ゆで(塩は分量外)する。

1 フライパンにピュアオリーブ油を熱し、かさごを入れて焼く。片面は中火で時間をかけてじっくり焼き、裏返しにして今度は軽く火を入れる。

2 たまった焼き油を捨て、ドライトマト、ケイパー、黒オリーブ、パセリを全体に散らすように入れる。

3 水を入れて沸騰させる。ゆでた野菜も加え、強火で煮る。その間、頻繁に煮汁を魚にかけ、材料のうまみを煮汁に引き出しながら煮つめていく。

4 煮汁がややとろっとするくらいまで煮つまり、味が出てきたらE.V.オリーブ油をかける。煮汁を魚にからめる。あらかじめ温めておいた器に盛る。

1人分の盛りつけ

片身のフィレ1枚分を1人分として取り皿へ。身をぽろぽろにくずさないよう気をつけて取り分けてください。いっしょに煮た野菜を添え、煮汁もソースとしてたっぷりかけて盛りつけます。

Advice

かさごの代わりに、おこぜ、めばる、きんき、ほうぼう、鯛、いしもちなどうまみのある白身魚ならなんでもOK。一尾まるごと使い、骨から出るうまみを利用します。市販の油漬けのドライトマトを使用するときは量を1/3に減らし、粗みじんに刻みます。

油をひかず、じかに鉄板で焼きつけるのがコツ

帆立貝のグリル
Capesante alla griglia

油をひかずに焼くと、焼いたときの香ばしさに帆立貝の磯の香りが加わって、一段とおいしさを引き立てます。香りがとばないうちに、あつあつの焼きたてをすぐどうぞ。ソースはバルサミコ酢を煮つめたもの。シンプルですがとてもおいしく、この料理を完成させる大切な要素です。

Advice

つけ合わせの野菜は、菜の花がなければ、そら豆、とうもろこし、グリーンアスパラガス、ちりめんキャベツなど、季節の野菜を上手に使ってください。バルサミコ酢は製品によって濃度や風味にかなり差があります。とろみと味をチェックしながら煮つめます。

材料(2人分)

帆立貝柱	6個(約120g)
塩	ふたつまみ
白こしょう	8回し
バルサミコ酢(→p.282)	100㎖
菜の花	4枝
揚げ油(サラダ油)	適量

下ごしらえ

菜の花を洗って、よく水気をきっておく。

1 バルサミコ酢を小鍋に入れ、強火にかける。とろっとしたとろみが出るまでときどきかき混ぜながら煮つめる。

2 揚げ油をおよそ160℃に熱し、菜の花を素揚げにする。余分な油をきり、塩を軽くひとつまみ(分量外)ふる。

3 帆立貝柱の両面に、塩とこしょうをふる。

4 鉄製のフライパンをよく熱し、油をひかずに貝柱を入れる。フライ返しなどで押しつけながら、片面ずつ焼き色がつくまで焼く。菜の花とともに皿に盛り、1のソースを適量たらす。

ころもをつけて焼きます
たらのグリル
Merluzzo alla griglia

フッ素樹脂加工のフライパンで、ころもを焦がさないようにグリルします。フレッシュのトマトとE.V.オリーブ油の香りであっさりシンプルにまとめます。

材料(2人分)

たら(生。切り身)	2枚(1枚約75g)
水溶き小麦粉(薄力粉1:水3を合わせる)	大さじ1
トマト	中2個(320g)
A コリアンダーシード(→p.281)	20粒
E.V.オリーブ油	大さじ2
塩	小さじ1
白こしょう	適量
塩、こしょう	各適量

1 たらは皮を取り除き、切り身1枚につき塩ふたつまみ、こしょう2回しをふる。

2 フッ素樹脂加工のフライパンを熱し、たらの両面に水溶き小麦粉をつけて焼く(油はひかない)。両面を焼いて取り出す。

3 トマトは皮を湯むき(→p.81)し、横半分に切って種を取り除く。果肉を粗みじんに切る。ボウルに入れ、Aを加えて混ぜる。ボウルの底を熱湯で温めながらかき混ぜ、少し温める。

4 皿に3のソースを流し、中央にたらを盛る。

じゃがいものせん切りをからめて焼きます

すずきのトルティーノ
Tortino di branzino

イタリア語のトルティーノとはもとは〝小型のタルト〟の意味。ここで紹介するのはじゃがいものせん切りをころものように素材にまぶし、平たく丸くカリッと焼き上げる料理です。いわば、じゃがいもベースのお好み焼き。白身魚、えび、貝、鶏肉、仔羊肉……好みの素材で楽しんでください。

材料(4人分)
すずき(切り身。皮なし)	200g
A　塩	小さじ⅓
黒こしょう	2回し
じゃがいも	大2個(400g)
塩	小さじ½
ピュアオリーブ油	80㎖
バター(食塩不使用)	25g

Advice
すずき以外の魚でしたら、鯛、あじ、たらなどがおすすめです。骨が多くて取り除けないものはこの料理には不向きです。イタリアンパセリ、セルフイユ、チャイブなどの香草をあしらうと香りがよく、彩りもきれいになります。

下ごしらえ
すずきは1〜2cmの角切りにして、**A**をふる。

1 じゃがいもは細いせん切りにし、塩小さじ½をふって手のひらで強くつかみながらもむ。しんなりしてきたらふきんで包み、水気を絞る。

2 ボウルにじゃがいもとすずきを合わせ、よく混ぜる。4等分し、1個ずつ手のひらで強く握って丸く形作る。

3 フライパンにオリーブ油60㎖とバターを入れて火にかける。2を入れ、フライ返しで押して平らにする。残りのオリーブ油を入れて裏返し、強く押しながらきつね色に両面を焼く。

1 いわしの尾を尾びれのつけ根から2cm内側のところで切り落とす。尾は味出しとしていっしょに煮込むので捨てない。電子レンジにかけられる容器に、煮くずれを防ぐための笹の葉、または経木かオーブンシートを敷き、いわしを並べる。塩と黒こしょうをふる。

2 鍋に梅干しと赤じそ、日本酒を入れ、沸かす。弱火で数分煮つめてアルコール分をとばし、すぐに1のいわしにかける。

3 葉をかぶせ、2の梅干しをのせ、ラップをしてレンジに約3分かける。ラップをしたまま温かいところに約10分おき、味を含ませる。

4 鍋に青じそとしその花とつぼみ、3の煮汁を入れる。しばらく煮つめ、塩で調味する。水溶きコーンスターチを加えてとろみをつける。いわしと梅干しを皿に盛り、しその煮汁をかける。

材料(3人分)

真いわし(約20cmのもの)	6尾
梅干し(赤じそも少量)	大3個(約75g)
日本酒	500ml
青じそ	16枚
花穂じそ	6本
水溶きコーンスターチ(コーンスターチ1:水3)	大さじ2〜3
塩	適量
粒黒こしょう(粗くつぶす→p.81)	大さじ½

下ごしらえ

いわしは頭を落とし、腹を開いて内臓を指先でしごいて取り出す。内側をよく水洗いし、そのあとで水気をよくふき取る。
青じそをみじん切りにし、花穂じそは手でしごいて軸から花やつぼみをはずす。

電子レンジで洋風仕立て

いわしの梅煮
Sardines cuites aux prunes "Umé"

梅干しの酸味を生かして小骨も柔らかく仕上げるこの料理は、栄養豊富な青背の魚をさっぱりおいしく食べる優れた調理法です。ここでは日本酒と梅干しのうまみだけで仕上げ、煮汁にはしそをたっぷり加えてとろみをつけ、ソース風に流します。調理には電子レンジを活用します。

Advice

梅干しは味がよくしみ出る大きくて柔らかな薄塩のものを使い、いわしは頭と尾を切り落として真ん中のおいしい部分だけを使います。

いつもの甘塩鮭をバター焼きに

鮭のムニエル
Saumon meuniere

ムニエルは小麦粉をまぶしてバターで焼く魚料理。とってもシンプルですが、おいしく作るには焼き加減が大事です。フライパンの中のバターの状態をよく見て、上手に焼いてください。鮭は切り身の塩鮭を使えばそのまま料理できますが、生鮭を使う場合は塩をふってしばらくおき、水気をふき取ってから使ってください。

材料(4人分)

甘塩鮭(切り身)	2枚(1枚約150g)
にんにく	2かけ
白ワインヴィネガー	大さじ1
レモン	1個
パセリ	適量
サラダ油	大さじ2
バター(食塩不使用)	20g
薄力粉	適量

Advice

ちょっと多めかなと思うくらいの油で焼きます。火加減は中火。これらは魚を焦がさないための最重要ポイントです。焼いている間は、バターからプクプクと泡が立ち続けているのが理想です。にんにくを入れるのも上手に焼くために不可欠なプロセスです。魚の臭みを抑えて香りづけの効果もありますが、にんにくから出る水分が油の温度上昇を抑えて、バターを適温に保ってくれます。

下ごしらえ

にんにくの薄皮をむく。
レモンを半分に切る。

1 鮭に薄力粉をまぶす。余分な粉を手ではたいて落とす。

2 フライパンを火にかけてサラダ油とバターを入れ、バターが溶けきる前に鮭を入れ、中火にして焦げつかないようにフライパンを頻繁にゆする。途中でにんにくをまるごと加え、時間をかけてきつね色に両面を焼く。とくに皮はカリカリに焼く。

3 鮭を取り出して皿に盛り、フライパンにヴィネガーを入れて焼き汁を溶かしてソースにする。

4 鮭の上にソースをかけ、レモンとパセリを添える。

下ごしらえ

しいたけは石づきを取り、軸をつけたまま半分に切る。しめじは1本ずつに分ける。白まいたけとあわびたけは食べやすい大きさに切る。じゃがいもは皮をむき、1cm幅の輪切りにする。

1 さばの表面が白っぽくなるぐらいの塩をふる(写真は2枚だが使うのは1枚)。バットに入れて5分ほどおき、水で塩を洗い流す。さばの皮目に1cm間隔の切り目を入れる。薄力粉をまぶし、余分な粉をはらう。

2 じゃがいもを160℃の油で揚げるか、多めの油でソテーする。フライパンにオリーブ油とにんにくを入れ、香りが出てきたら、きのことエシャロットを加えて炒める。塩ひとつまみと黒こしょうで味をつける。

3 フライパンにオリーブ油を熱し、さばの皮目を下にして入れる。

4 よく焼き色がついたら裏返し、じゃがいもを加えて焼く。耐熱容器にきのことともに盛り合わせ、香草をのせ、180℃のオーブンで約5分焼く。

さばをオリーブ油で香ばしく焼く
さばのオーブン焼き
Forestière de maquereaux

材料(2人分)

さば(三枚おろし。骨は抜いておく)	1枚
じゃがいも(メイクイーン)	2個(300g)
生しいたけ	4枚
しめじ	10本
白まいたけ	½株
あわびたけ	½枚
にんにく(みじん切り)	小さじ1
エシャロット(→p.278。みじん切り)	小さじ1
塩	適量
黒こしょう	3回し
ピュアオリーブ油	適量
薄力粉	適量
揚げ油(サラダ油)	適量
香草(タイム、ローズマリーなど)	2〜3枝

意外かもしれませんが、さばとじゃがいもは相性のよい取り合わせです。さばは塩だけでシンプルな味わいをもたせ、にんにくやエシャロットといっしょに炒めたきのこの風味で食べていただく料理です。オーブンで焼く前に、トマトの薄切りをのせて焼いてトマト味に仕上げてもおいしい。

Advice

ここではオーブンで仕上げましたが、フライパンで焼くだけでもOKです。おもてなしなどで直前にばたばたとしたくないとき、オーブン調理は手がかからずあつあつを食べられるのでおすすめ。

ミネストローネ風スープで食べる魚料理

白身魚のスープ仕立て
Steamed fish in soup

さっぱりと食べられる魚料理です。ミネストローネのような野菜だけのうまみを煮出したスープに蒸した白身魚を浮かべます。スープの水の代わりにブイヨンを使ったり、最初にオリーブ油で野菜を炒めてから煮れば、こくのある料理に。

Advice

白身魚は蒸し器で蒸すか、電子レンジにかけるかどちらでもやりやすい方法で。野菜はできるだけ大きさをそろえて切ります。

材料(4人分)

- 白身魚(切り身)……… 4枚(1枚約100g)
- **野菜スープ**
  - にんじん(皮をむく)……… ¾本(150g)
  - じゃがいも(皮をむく)……… 小1個(100g)
  - 大根(皮をむく)……… 4〜5cm(100g)
  - ズッキーニ……… ⅔本(100g)
  - キャベツ……… 大1枚(80g)
  - 玉ねぎ……… 小½個(70g)
  - セロリ……… 小1本(60g)
  - さやいんげん……… 5〜6本(60g)
  - トマト(湯むきする→p.81)… 小½個(60g)
  - 白いんげん豆(ゆでたもの)……… 60g
  - ポロねぎ……… 50g
- **バジルソース**
  - バジルの葉……… 30枚
  - にんにく……… ½かけ
  - ピュアオリーブ油……… 100mℓ
- にんにく……… ½かけ
- 水……… 適量
- 塩、黒こしょう……… 各適量
- カイエンヌペッパー……… 適量
- バジルの葉……… 少量
- トマトソース(作り方→p.76。なくてもよい) 少量

下ごしらえ

スープ用の野菜はすべて小角切りにしておく。鍋ににんにくの切り口をこすりつける。

1 準備した鍋に豆以外の野菜と塩ひとつまみ、ひたひたの水を入れ、強火にかける。沸騰後あくを取り、弱火にする。途中で豆を加え、野菜の甘みが出て柔らかくなるまで煮る。塩、こしょうで味をととのえる。

2 バジルソースの材料をすべてミキサーにかけ、塩、こしょう、カイエンヌペッパーで味つけする。

3 白身魚に塩、こしょう、カイエンヌペッパーをふって7分ほど蒸して火を通す。

4 器にスープを注ぎ、魚をのせ、バジルソースを少量かける。トマトソースをのせ、バジルの葉を飾る。

Advice

生ハムの塩気があるので、魚にふる塩は通常のソテーなどよりもひかえめにします。フライパンでソテーするのは香ばしさとカリッとした食感をつけるためなので、魚の中心部は半生にしておきます。

トマトとチーズをのせてオーブンへ

いさきのカプリ風
"Isaki" alla caprese

料理でカプレーゼ（カプリ風）といえばトマトとモッツァレッラを重ねたイタリアのサラダが有名ですが、その組み合わせをそっくり魚料理に応用したのがこれ。白身魚に2つの素材を重ね、オーブン焼きにしたそれは、まさに太陽の料理を思わせるものです。

下ごしらえ

トマトの真ん中あたりを7〜8mm厚さの輪切りにし、計4枚とる。それぞれ十文字に4つに切る。
モッツァレラも7〜8mm厚さにスライスし、それぞれを3等分に切る。

材料(2人分)

いさき(切り身)	2枚 (1枚約80g)
モッツァレッラチーズ	1個
トマト	大1個(200g)
生ハム(約15×8cm)	4枚
バジルの葉	大2枚
薄力粉	少量
ピュアオリーブ油	大さじ1
E.V.オリーブ油	小さじ2
塩	小さじ⅓
黒こしょう	少量

1 いさきは皮を除き、小骨があれば抜き取る。ごく軽く塩をふり、生ハムで巻く。薄力粉を薄くまぶす。

2 ピュアオリーブ油をフライパンに入れて熱し、1の表面を両面ともさっと焼く。オーブンを200℃に予熱する。

3 いさきをペーパータオルの上に取り出して油をきってから、耐熱皿に移す。トマトとチーズをのせ、バジルを3等分に切って散らし、200℃のオーブンで10分焼く。皿に盛り、E.V.オリーブ油と黒こしょうをふる。

蒸し魚にあつあつのオリーブ油をかけて

鯛のヴァポーレスープ仕立て
Dentice alla vapore

蒸した白身魚の淡泊な風味のトーンを生かすために、海の自然のエキスが詰まった貝のスープを添えます。仕上げには、あつあつの油をかけます。魚の皮の生臭さをとばし、貝のスープに油のこくと香りをのせ、蒸し魚を引き立てます。

Advice

オリーブ油はかけたときにジャッという音がするくらい高温に熱し、魚の皮や豆苗に瞬間的に火を入れます。ただしやけどには気をつけて。

材料(3人分)

鯛などの白身魚(切り身)	3枚(1枚約70g)
あさり	30個(約270g)
しじみ	30個(約90g)
豆苗	30本
長ねぎ(みじん切り)	大さじ3
塩	小さじ2
黒こしょう	6回し
ピュアオリーブ油	180mℓ
長ねぎ(調理用。葉の部分でもよい)	½本(50g)

下ごしらえ

あさりは塩水に、しじみは真水につけて砂出しをしておく。調理用のねぎを5〜6cm長さに切る。

1 あさりとしじみはきれいに洗って鍋に入れ、貝の半分ほどの高さまで水を入れる。ふたをして強火にかけ、殻を開ける。味をみて、たりなければ塩(分量外)で味をととのえる。

2 鯛に塩とこしょうをふる。調理用の長ねぎをバットなどに敷き、その上に鯛をのせる。十分に蒸気の上がっている蒸し器に入れ、1分30秒〜2分かけて蒸し上げる。

3 小鍋にオリーブ油を入れて火にかけ、煙が出始めるまで熱する。その間に、1の鍋を温めて、温めた皿にスープごと貝を盛り、蒸し上がった鯛の皮面を上にしてにのせ、豆苗と長ねぎをのせる。そこにあつあつに熱した油をかける。

第5章

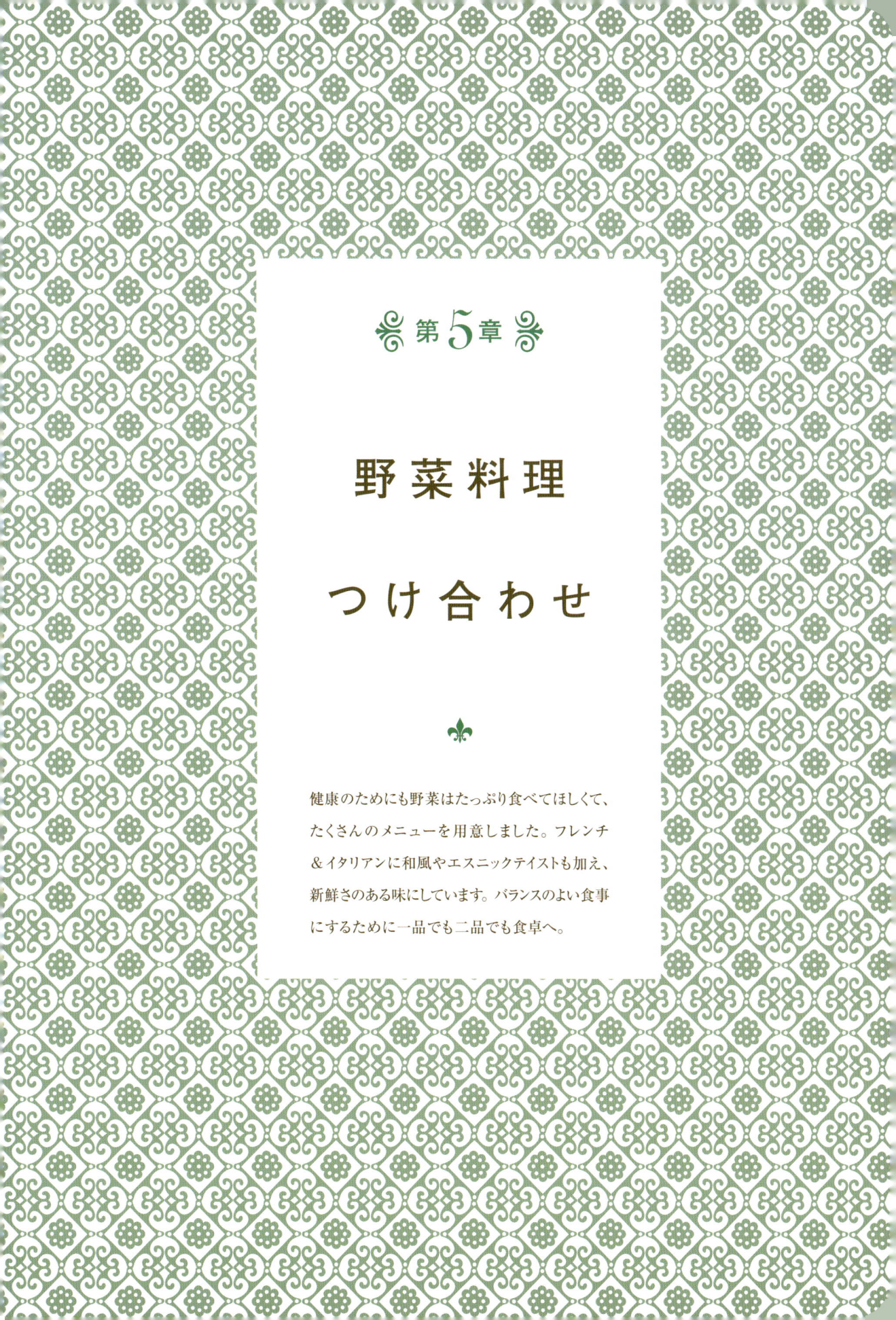

野菜料理
つけ合わせ

健康のためにも野菜はたっぷり食べてほしくて、たくさんのメニューを用意しました。フレンチ＆イタリアンに和風やエスニックテイストも加え、新鮮さのある味にしています。バランスのよい食事にするために一品でも二品でも食卓へ。

じゃがいも、ベーコン、玉ねぎ、きのこの田舎風炒め

じゃがいもの
ボン・ファム風
Pommes de terre
à la bonne femme

フランスの家庭でとても親しまれているじゃがいも料理です。ベーコンや玉ねぎ、マッシュルームと炒め合わせた、素朴な味と調理の手軽さが魅力です。新じゃがや小玉ねぎなどサイズの小さなものを使ったり、マッシュルームを生しいたけにしたりと、使う素材は応用もききます。じゃがいもはおいしさを逃がさないよう、必ず皮つきのままで。

材料 (4〜5人分)

じゃがいも	小6個(450g)
ベーコン*(ブロック)	100g
玉ねぎ	大1½個(500g)
マッシュルーム(またはしいたけ)	200g
にんにく(皮つき)	大1かけ
サラダ油	適量
塩	適量
黒こしょう	適量
パセリ(みじん切り)	適量

*ベーコンはプティ・サレ(→p.82)でもよい。

Advice

全体にやや多めの分量になっていますが、ヨーロッパのおもてなしでは、余裕をもって人数分に少しプラスして用意します。残った分は翌日の朝食や昼食にもなります。

下ごしらえ

じゃがいもは皮つきのままよく水洗いして縦半分に切り、やや堅めに塩ゆでしてから水気を取る。

ベーコンは約5mm角の棒切りにする。

玉ねぎは上下を切り落とし、約1.5cm幅に切る。

マッシュルームは石づきを取り、3等分のスライスにする。しいたけの場合も適宜スライスする。

にんにくは皮つきのまま縦に2等分に切る。

1 フライパンにサラダ油大さじ2を入れて熱し、じゃがいもの切り口を下にして並べる。ふたをして焼き、焼き色がついたら裏返しにして同様に焼き、取り出しておく。

2 フライパンにサラダ油大さじ1をたして熱し、ベーコンとにんにくを入れ、ベーコンの脂がしみ出すぐらいまで炒めてうまみを出す。

3 2に玉ねぎを加え、塩をふって炒める。玉ねぎの中心に生っぽさを残したぐらいまで炒め、ベーコンとともに皿にとる。

4 3のフライパンでマッシュルームを炒める。油が少ないようなら少量加える。

5 4に玉ねぎとベーコンを戻し、塩、こしょうして混ぜる。1のじゃがいもも加える。

6 弱火で5分ほど、ときどき混ぜ合わせながら、それぞれの素材の味をなじませるようにじっくり炒めて、味を引き出す。器に盛ってパセリをふる。

失敗なく作れる定番コロッケ
ポテトコロッケ
Potato croquettes

ひき肉と玉ねぎのもっともオーソドックスなコロッケです。大切なのは、ころもをいかに美しく作るか。そのためパン粉をつけ終わるまでは球状で作業し、俵形や洋梨形に整えるのはその後、揚げる直前にします。きれいに整ったころもは、サクッ、カリッとしたコロッケのおいしさを約束してくれます。

材料 (3〜4人分)

- じゃがいも(メイクイーン) … 1⅓個(250g)
- 合いびき肉 … 150g
- レンジ玉ねぎ(作り方→p.75) … 小1個分(130g)
- サラダ油 … 大さじ1
- バター(食塩不使用) … 15g
- 塩 … 適量
- 黒こしょう … ひとつまみ
- ころも
  - 薄力粉 … 適量
  - とき卵 … 適量
  - パン粉 … 適量
- パセリの茎(洋梨形にする場合) … 適量
- 揚げ油(サラダ油) … 適量
- つけ合わせ
  - キャベツ … 適量
  - レモン … ½個
  - 好みの香草(あればセルフイユ、フェンネルなど) … 適量

Advice

牛、豚、鶏のどの肉でもかまいません。えびや貝も使えます。また生地にカレー粉を混ぜてもおいしい。コロッケはころも以外の材料にすべて火が入っていることが大事。火の通りに時間がかかると、ころもがカリッと揚がりません。中の具がまだ生温かいうちに揚げるのがベストです。パン粉はドライでも生でもお好みで。ドライはカリッとした仕上がりに、生パン粉はサクサクした歯ごたえとパン粉のおいしさが味わえます。

下ごしらえ

p.79を参照して、つけ合わせ用のキャベツをせん切りにする。

1 じゃがいもは皮つきのままゆで、熱いうちに2つに切り、裏ごしし、皮を取り除き、ボウルに移す。バターと塩少量を混ぜる。

2 フライパンにサラダ油を熱し、ひき肉を炒める。途中で塩小さじ¾と黒こしょうをふる。肉の色が変わってきたら玉ねぎを加え、肉に完全に火を入れる。油が出たら捨てる。

3 1のじゃがいもに2を加え、木べらで混ぜ合わせる。ゴルフボール大にとり、両手ではさんでころがし、球にする。

4 薄力粉をまぶし手のひらでころがして余分な粉を落とす。すぐにとき卵、パン粉の順にころもをつける。パン粉をつけ終わってから、俵形や洋梨形に形作る。

5 揚げ油を160℃に熱する。コロッケを入れて、ころもがきつね色になるまで揚げる。油をきって取り出す。洋梨形にはパセリの茎を刺す。せん切りにしたキャベツとレモンを添える。あれば好みの香草も添える。

いつものコロッケの形を変えるだけでも、食卓の表情が一変して楽しくなります。

具もソースもヘルシーでおいしい

野菜のグラタン
Gratin of vegetable

野菜が主役のグラタンです。ソースは油脂をほとんど使わずに、豆腐と長いもで作るヘルシーホワイトソースを利用します。2～3人分で使う油はわずか大さじ1です。冷蔵庫の中にあるいろいろな野菜を利用して使ってください。

材料(2～3人分)

- ヘルシーホワイトソース(作り方→p.134) 250ml
- 鶏もも肉(一口大に切る) 85g
- ベーコン(細切り) 50g
- キャベツ(太めのせん切り) ...... 2～3枚(190g)
- ブロッコリー(薄切り) ...... 1/4個(50g)
- レンジ玉ねぎ(作り方→p.75) ...... 1/2個分(70g)
- 里いも ...... 中1個(50g)
  (またはじゃがいも1/3～1/2個)
- トマト(湯むきする→p.81) ...... 大1/2個(100g)
- にんにく(みじん切り) 小さじ1
- パルミジャーノチーズ(→p.282。すりおろす。または粉末) 15g
- グリュイエールチーズ(→p.280。すりおろす) 20g
- サラダ油 大さじ1
- 塩 ...... 適量
- 白こしょう ...... ごく少量

Advice

野菜類は下ゆでしたり、レンジで火を通したりして、水気が出ないような下処理をします。にんにくとベーコンは香りが出るまでしっかりと炒めます。

下ごしらえ

p.134を参照してヘルシーホワイトソースを作る。里いもの皮をむき、塩湯で柔らかくゆでる。水気をきって1cm厚さの輪切りにする。オーブンを250℃に予熱する。

1 フライパンにサラダ油とにんにくを入れて火にかけ、香りが出たらベーコンと鶏肉を炒める。ベーコンがカリッとしたら里いもを加えて炒める。塩とこしょうで調味する。

2 レンジにかけられる容器にキャベツを入れてラップでおおい、電子レンジに1分45秒ほどかける。ブロッコリーも同様に1分30秒ほどかける。それぞれを塩、白こしょうしてあえる。

3 グラタン皿に1を敷く。上にキャベツ、ブロッコリー、玉ねぎを並べる。トマトは薄く切り、広げるようにずらしてのせる。

4 ホワイトソースが均等にかかるように、3にラップをかぶせて手のひらで軽く押さえ(写真下)、平らにならす。ラップをはずし、ソースとチーズをかけて250℃のオーブンで3～4分焼く。

お肉も乳製品も使いません
低コレステロール野菜グラタン
Healthy gratin of vegetable

チーズの代わりにパン粉をふりかけて、香ばしさをつけます。ほかにも季節の野菜をどんどん使ってください。キャベツなど葉野菜も利用できます。

材料(2人分)

- ヘルシーホワイトソース(作り方→p.134) 240ml
- カリフラワー(小房に分ける) ...... 1/4個(80g)
- ブロッコリー(小房に分ける) ...... 1/4個(50g)
- かぶ ...... 1個(80g)
- にんじん ...... 1/5本(40g)
- 生しいたけ 2枚
- パン粉 大さじ1
- オリーブ油 大さじ1
- 塩 ...... 適量

1 p.134を参照してヘルシーホワイトソースを作る。かぶは4等分に、にんじんは3cm長さのラグビーボールのような形もしくは太めの拍子木形に切る。生しいたけは軸を切り、笠を食べやすい大きさに切る。

2 平らな容器に野菜と生しいたけを並べ、塩をふり、ラップをして電子レンジに2分かける。出したらラップをしたまま10分以上おく。オーブンを170℃に予熱する。

3 パン粉にオリーブ油をふり入れ、手でよく混ぜる。

4 グラタン皿に2を盛り、ヘルシーホワイトソースをかける。仕上げに3をふって予熱したオーブンに入れ、きれいな焼き色がつくまで焼く。

甘みをしっかり引き出す〝蒸し煮〟スタイル
野菜炒め
Sautéed vegetables

蒸し煮風にじっくり炒めてしっとり仕上げ、野菜自体の甘みやうまみを目いっぱい引き出します。ポイントは炒めている途中で水を少量補い、ふたをして蒸し煮にすること。野菜の水分がほどよく抜け、甘みやうまみが凝縮されておいしさがいちだんと増します。

材料（4〜5人分）

さやいんげん	100g
キャベツ	小½個(600g)
玉ねぎ	1個(200g)
にんにく(みじん切り)	小さじ1
パプリカ(赤、黄)	各1個
にんじん	1本(200g)
ズッキーニ	1本(150g)
カリフラワー	小½〜1個(200g)
ブロッコリー	小½〜1個(150g)
水	適量
ピュアオリーブ油	適量
塩、黒こしょう	各適量

下ごしらえ

さやいんげんは両端を切り落とす。キャベツ、玉ねぎ、パプリカは7〜8mm幅に切る。にんじんとズッキーニは短冊状の薄切り、カリフラワーとブロッコリーは約5mm厚さの薄切り(写真下)にする。

1 フライパンにオリーブ油大さじ1を入れて強火にかけ、さやいんげんを入れる。軽く炒め、塩をふる。野菜を柔らかく炒めるため水大さじ2〜3を加え、さっと混ぜる。

2 火加減を中火にし、ふたをして数分蒸らす。ほぼ火が通ったらふたをはずす。野菜から出た水分を蒸発させるように炒める。皿に移しておく。

Advice

水分と油を乳化させるように炒め、同時に水分を蒸発させるのがポイントです。火の通り方が同様なもの、たとえばキャベツと玉ねぎ、ブロッコリーとカリフラワーのように2種類くらい組み合わせて炒め、最後にひとまとめに合わせます。

生クリームで煮てそのままオーブンに
じゃがいもグラタン
Gratin dauphinois

乳製品のこくと甘い香りが、じゃがいもにマッチした風味のよい一皿です。これだけでもおいしく食べられますが、肉料理との相性がよいので、つけ合わせにもなります。焼きたてのあつあつを食卓へ。

材料(10人分)

じゃがいも(メイクイーン)
　　　　　　　　　　5個(750g)
A
　牛乳　　　　　　　200ml
　生クリーム　　　　200ml
　にんにく　　　　　1かけ
　カイエンヌペッパー、
　　ナツメグ(→p.281)　各少量
　塩、白こしょう　　　各適量
グリュイエールチーズ(→p.280。
　すりおろす)　　　　　40g
にんにく　　　　　　　½かけ

1 じゃがいもの皮をむき、3cmほどの厚さに切る。

2 鍋にじゃがいもと**A**の材料をすべて入れる。強火にかけ、沸騰したら弱火にして串がすっと通る柔らかさまで煮る。オーブンを170℃に予熱する。

3 グラタン皿ににんにくの切り口をこすりつけて香りをつける。2のじゃがいもを並べ、ソースをじゃがいもの高さの半分くらいまで注いでチーズをかける。170℃のオーブンで、きれいな焼き色がつくまで20分ほど焼く。

---

3 2のフライパンを洗ってきれいにし、オリーブ油小さじ1でにんにくを炒める。香りが出たらキャベツと玉ねぎを加え、あとはさやいんげんと同様に水を少量加えてふたをして蒸すように炒める。塩、黒こしょうで味をつけ、皿に移す。

4 赤と黄のパプリカ、にんじんとズッキーニ、カリフラワーとブロッコリーの組み合わせで、それぞれさやいんげんと同様に(1~2参照)炒め、皿に移しておく。

5 すべての野菜をフライパンに戻し、塩、こしょうで再度、味をととのえながら炒め合わせる。

つけ合わせ野菜カタログ

日常的に野菜を食べて健康を維持するためにも、肉や魚介の料理に野菜のつけ合わせは不可欠です。手軽に作ることができて、肉にも魚にも相性がよく、センスのよい野菜料理を取りそろえてみました。もう一品のおかずとしてもどうぞ。

* *

ソースなしの野菜のグラタン
なすとトマトの重ね焼き
Gratin d'aubergines et tomates

* *

グラタンの一種ですが、ソースは不要。なすとトマトと溶けるチーズだけで重ね焼きにします。

材料(2人分)

なす	2個(150g)
トマト	1個
グリュイエールチーズ(→p.280。すりおろす)	50g
にんにく	½かけ
塩	適量
サラダ油	適量

1 なすは5mm厚さの薄切りにする。トマトは皮を湯むき(→p.81)し、縦にスライスする。

2 なすを180℃の油で揚げるか、たっぷりの油の中でソテーし、火を通す。油をきって両面に塩をふる。オーブンを180℃に予熱する。

3 グラタン皿などににんにくの切り口をこすりつける。なすを並べ、上にトマトを並べてグリュイエールチーズをふる。これを繰り返して三段重ねにする。さらにいちばん上にトマトをのせる。

4 予熱したオーブンに入れ、20分焼く。

＊＊＊＊＊＊＊＊＊＊＊＊＊＊＊＊＊＊＊＊
相性のよい野菜の取り合わせ
しいたけと新じゃがのソテー
Champignons et pommes de terre sautés
＊＊＊＊＊＊＊＊＊＊＊＊＊＊＊＊＊＊＊＊

つけ合わせとしてとてもポピュラーな組み合わせです。春の新じゃがで作るのがとくにおすすめです。

材料(2人分)

生しいたけ	8枚
新じゃが	2個
A　にんにく(みじん切り)	ひとつまみ
エシャロット(→p.278。みじん切り)	小さじ1
塩	適量
黒こしょう	適量
パセリ(みじん切り)	適量
ピュアオリーブ油	大さじ1
塩	少量
揚げ油(サラダ油)	適量

1　しいたけは軸を取り、斜めに二つ切りにする。

2　じゃがいもは皮つきのまま柔らかく塩ゆでし、皮をむいて2等分する。180℃の油で表面がきつね色になるまで素揚げする。

3　フライパンにオリーブ油をひき、しいたけをソテーする。火が通ったら**A**の材料をすべて加えて混ぜる。

4　2のじゃがいもとパセリも加え、混ぜながらさっとソテーする。

＊＊＊＊＊＊＊＊＊＊＊＊＊＊＊＊＊＊＊＊
かぼちゃを揚げてから焼きます
かぼちゃのバターロースト
Roasted pumpkin with butter
＊＊＊＊＊＊＊＊＊＊＊＊＊＊＊＊＊＊＊＊

厚切りのかぼちゃを素揚げにしてからバターでソテーし、ロースト風に仕上げます。表面はパリッと香ばしく、中はほっくり柔らかな仕上がりです。

材料(2人分)

かぼちゃ(2cm厚さのくし形切り)	4個
バター(食塩不使用)	10g
塩	適量
揚げ油(サラダ油)	適量

1　かぼちゃは皮をむき、種をきれいに取り除く。

2　180℃の油で揚げる。中は堅くても表面に香ばしい焼き色がついたら取り出す。

3　フライパンにバターを溶かして揚げたかぼちゃを入れ、弱火でゆっくり時間をかけて焼く。両面を焼き、中まで柔らかくなったら器に盛り、塩をふる。

レモンを加えて食べやすく
にんじんのヴィシー風
Carottes Vichy

レモンの風味をきかせたにんじんのグラッセです。時間をかけて煮ることで、にんじんの甘みとうまみを引き出します。レモンといっしょに煮るのでにんじんのくせも気になりません。

材料（2〜3人分）

にんじん		大1本
A	レモン（厚めの輪切り）	3枚
	グラニュー糖	小さじ2
	バター（食塩不使用）	5g
	塩	適量
水		適量
パセリ（みじん切り）		適量

1 にんじんの皮をむき、4〜5mm厚さの輪切りにする。

2 鍋に入れ、**A**とひたひたの量の水を加える。火にかけ、沸騰したら弱火にして、ときどき混ぜ返しながら煮る。レモンは苦みが出ないうちに7〜8分で取り除く。ほとんど水気がなくなり、柔らかくなるまで煮る。

3 器に盛り、パセリをふる。

電子レンジで1分！
さやいんげんのバターあえ
Haricots verts au beurre

バターとともに電子レンジにかけるだけ。1分ほどで火が入ります。ただし、採りたての新鮮なものでないと苦みが出てしまいます。その場合はp.97のゆでる作り方を参照してください。

材料（2人分）

さやいんげん	100g
バター（食塩不使用）	5g
塩	ひとつまみ

1 さやいんげんは水洗いして、へたを切り落とす。

2 電子レンジにかけられる容器に並べ、塩とバターをのせてラップをかける。電子レンジに1分ほどかける。

3 取り出したら、ラップをかけたまま1分ほどおいて味を含ませる。汁とともに器に盛る。

卵白入りのふわふわごろもで
新玉ねぎの天ぷら
"Tempura" d'oignons nouveaux

今や「テンプラ」の名は外国でもそのまま通用するほど知られています。ひねの玉ねぎでもおいしいのですが、春の新玉ねぎは柔らかくて甘みもあり、とびきりの旬味が楽しめます。

材料（2人分）

新玉ねぎ		1個
ころも		
	薄力粉	100g
	水	200mℓ
	ピュアオリーブ油	小さじ1
	卵白	小さじ1
	塩	適量
薄力粉		少量
すだち（またはレモン）		½個
塩		適量
粒黒こしょう（粗くつぶす→P.81）		適量
揚げ油（サラダ油）		適量

1 玉ねぎは切り分けたときにばらけない程度に根元を薄く切り落とす。縦半分に切り、それぞれ5等分のくし形に切る。薄力粉をまぶす。

2 ころもの材料を混ぜる。1の玉ねぎにからめて天ぷらの要領で180℃の油で揚げる。

3 油をきって器に盛り、塩とこしょうをふる。すだちを添える。

赤パプリカのマリネ
レンジで仕上げるびっくりマリネ
Poivrons rouges marinés

電子レンジで作るインスタントのマリネです。パプリカの赤色が鮮やかに残り、しかも手早く、味もよくしみておいしくできます。

材料（2〜3人分）
パプリカ(赤)	2個
A にんにく(みじん切り)	ひとつまみ
アンチョヴィ(→p.278。フィレ)	1枚
バジルの葉	大2枚
E.V.オリーブ油	大さじ1
塩	適量
イタリアンパセリ(なくてもよい)	1枝

1 パプリカは種とわたを取り除き(→p.77)、縦に1cm幅に切る。

2 パプリカを電子レンジにかけられる容器に入れ、**A**の材料を加えて混ぜ合わせる。アンチョヴィは自然に溶けるので刻まなくてよい。

3 ラップをかけて電子レンジに1分30秒ほどかける。取り出したらラップをかけたまま1分ほどおき、味を含ませる。器に盛り、イタリアンパセリを添える。

オクラのトマト煮
トマトジュースの炒め煮
Gombos à la tomate

初摘みの柔らかいミニオクラを使ったトマトジュース煮。ミニオクラはへたごと食べられますが、ふつうサイズのオクラの場合はへたを取り除いて調理を。

材料（2〜3人分）
エジプトミニオクラ(→p.278)	200g
生ハム(薄切り)	3枚
A にんにく(みじん切り)	小さじ1
エシャロット(→p.278。みじん切り)	大さじ2
赤唐辛子(種を取る)	1本
トマトジュース	120mℓ
パセリ(みじん切り)	適量
ピュアオリーブ油	大さじ2
塩	適量

1 鍋にオリーブ油と**A**の材料を入れて炒める。香りが出てきたらオクラを加えて炒める。

2 オクラの表面に火が入ったらトマトジュースと塩を加え、柔らかくなるまで10分ほど煮る。味みをして適宜味をととのえる。

3 生ハムを一口大に切って加え、さっと火を通して器に盛る。パセリをふりかける。

ガーリックコーン
にんにくとしょうゆで香ばしく
Sautéed sweet corn with garlic

味が濃厚で、ゆでても揚げてもソテーしてもおいしいのがとうもろこし。にんにくとしょうゆの味つけで香ばしく仕上げました。フレッシュがいちばんですが、冷凍や缶詰でも。

材料（2人分）
とうもろこし(粒のみ)	150g
にんにく(みじん切り)	小さじ½
バター(食塩不使用)	10g
しょうゆ	小さじ½

1 生のとうもろこしは包丁でこそげて粒をはずして150g使用。缶詰を使うときは、水気をきってそのまま使う。

2 フライパンにバターを溶かし、にんにくを炒める。香りが出たらとうもろこしを加え、弱めの中火でゆっくりと炒める。

3 粒が少し丸みをおび、香りが出てきたら、しょうゆをたらしてさっとかき混ぜ、すぐに火からおろして器に盛る。

生クリームとバターを混ぜてなめらかに

マッシュポテト
Mashed potato

じゃがいもを裏ごししてなめらかに仕上げます。p.112のステーキに添えていますが、肉料理だけでなく魚料理にも合う、万能のつけ合わせです。じゃがいもはまるごとゆでて持ち味を生かして、ねっとりとした食感を引き出しました。

材料(4人分)

じゃがいも(メイクイーン)	2個(250g)
バター(食塩不使用)	25g
牛乳	大さじ2
生クリーム	大さじ2
塩	少量
白こしょう	少量

1 じゃがいもを皮つきのまま柔らかくゆでる。

2 熱いうちに大ぶりに切って裏ごしする。バターを小さく切って加え、溶けるまで木べらで混ぜる。

3 牛乳を電子レンジにかけて温めて加え、生クリームも加えて混ぜ合わせる。塩、白こしょうで味をつける。

フライパンで油をひかずにこんがりと焼く

アスパラガスのグリル
Asparagi alla griglia

油をひかず、フライパンで野菜をいりつけるように焼くとうまみが凝縮し、香ばしさも出ます。生から焼くと時間がかかり焦げやすいので、堅めにゆでておくのがコツ。

材料(4〜6人分)

グリーンアスパラガス	12本
塩	適量

1 アスパラガスは根元の堅い部分を切り落とし、皮も薄くむく。鍋に湯を沸かし、湯の量の1%の塩を入れてゆでる。完全に火を通さず、シャキシャキとした堅さを残してゆでる。氷水にとって急冷し、ペーパータオルで水気をふき取る。

2 フライパンを熱し、アスパラガスを重ならないように並べ、湯気が上がる中火の火加減でじっくり焼きつける。鍋はゆすらない。焼き色がついたら1本ずつ裏返し、同様に焼く。しっかり焼き色がついて香ばしさが出るよう、ときどき折りたたんだふきんでギュッギュッと押しつける。

3 最後にごく軽く塩をふり、皿に盛る。食卓に塩を添えて食べる直前にもふる。好みでE.V.オリーブ油をかけてもよい。

第6章

パスタ
ニョッキ
リゾット

⚜

人気の定番メニューをそろえました。奇をてらうのではなく、毎日でも食べたくなる親しみやすい顔をしたものばかりです。少しコツのいる料理ではありますが、本章のレシピどおりに作ればお店の味を再現できるようになっています。

Lesson Alice 6
おいしいパスタのABC

お店の味に近づく
おいしいパスタの理由いろいろ

❋ パスタのゆで方

**これだけはきちんとマスターしましょう。
おいしいパスタ料理の基本の基本！**

大原則　おいしくゆでても、食べるまでにパスタがのびてしまってはがっかりです。ソースの完成時間、食べる時間を考えて、ゆで始めるようにします。パスタのゆで上がりとソースのでき上がりが同時というのがベストの段取りですが、それが無理なら、少なくとも先にソースを完成させておきます。ゆでたパスタを待たせないよう、段取りを見通してスタートしましょう。

基本編

湯量の1％の塩を加える

湯量の1％の塩を加えてゆでます。たとえば湯が3ℓなら、塩は30g（約大さじ2杯）。これはパスタに塩味をつけるためのもので、この段階でしっかり味をつけておかないと、ソースと合わせてからいくら塩をふっても、味のしまらない料理になります。だからとても大事な塩です。

パスタはばらしながら湯の中へ

パスタ投入は必ず沸騰した湯へ。そして、ゆでている間にパスタどうしがくっつかないように、最初からばらして湯に入れます。ロングパスタの場合は、束にして両手でねじって持ち、鍋の中央に立てて一気に手を離すと、ぐるりと鍋の縁に均等に倒れ、そのまま湯に沈ませればOK。

軽い沸騰状態でゆでる

ゆでている間の火加減も重要です。鍋底から泡が上がり続け、表面が波打つ、ぎりぎりの沸騰状態でゆでます。ボコボコと勢いよく沸く状態では強すぎ。パスタの表面がこすれてべたっとした仕上がりになってしまいます。また、かき混ぜすぎるのもよくありません。湯に入れた直後に1回、途中で1回くらいがちょうどよいでしょう。

ゆで汁をカップ1杯とっておく

パスタにソースをからめるとき、このゆで汁が必要です。ヴォンゴレのように、ソースに水分が多いときは不要ですが、たいていの場合はゆで汁の水分を加えてパスタとソースをうまくなじませ、味がのってしっとりしたでき上がりにします。ゆでている途中でカップ1杯ほどをとりおきます。

ゆで時間は袋の表示より1分短く

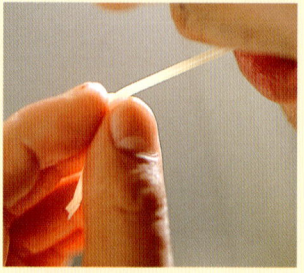

ゆで時間は、パスタの袋にある「適正ゆで時間」を目安にするのがいちばん。しかし、ゆで上げたあとで火にかけながらソースをからめると、さらに火が入ります。そこで、袋にある時間からマイナス1分を目安にゆでます。その時点で必ずかんで堅さを確認し、アルデンテの一歩手前で上げます。

手早く湯をきり、ソースをからめる

パスタがゆで上がったら、スピーディに調理を進める、これが最後のポイントです。湯をきるとすぐに乾燥し、のびて、みるみるうちにまずくなってしまいます。ざるにあけて水気をきったら、すぐにソースの鍋に入れてからめること！　ここは時間との勝負です。

応用編

カペッリーニで冷製パスタを作る場合

ゆでてから氷水につけて冷やし、ふきんで包んで水気を絞ります。これをすぐにソースや具とあえます。パスタは冷えるとしまって堅くなるので、基本よりも柔らかくゆでるのがポイント。60g（4人分）で約3分が目安です。

ボウルにたっぷりの氷水を用意し、ゆで上がったカペッリーニをざるにあけてそのまま浸します。パスタが冷えたら水から上げます。

すぐにふきんで包み、水気を絞ります。水気が残ってびしょびしょしていても、強く絞りすぎてパスタをつぶしてもだめ。

ショートパスタの場合

ショートパスタはロングに比べて厚みがあるので、かんだときに堅く感じます。そこで温製の場合でもアルデンテではなく、完全に柔らかくゆで上げます。冷製の場合はさらに心もち長くゆでるようにします。

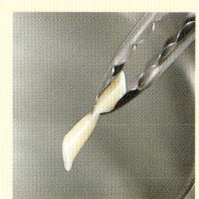

ショートパスタは湯の中にばらばらとふり入れて、鍋全体に散らしてゆでます。ロングパスタのときよりもかき混ぜる回数を多くして、パスタどうしがくっついたり、鍋底に固まってくっつかないようにします。トングや箸でつまんで簡単につぶれるくらいまで、柔らかくゆで上げてください。

❊ パスタの種類

太さや形の違いによって、ソースや具との相性もいくらか変わってきます。
多少はお好みで替えてもOKですが、
特定のパスタと特定のソースとの絶妙なバランス、そしてその多彩なおいしさも楽しんでください。
★パスタの太さや大きさはメーカーによって多少異なります。

カペッリーニ
Capellini

かなり細いロングパスタで、直径は0.9mmほど。短く折ってスープの浮き実にしたり、冷製パスタにします。すぐに火が入るので、スープの具にする場合は仕上がり間際に乾麺のまま投入します。

フェデリーニ
Fedelini

スパゲッティーニよりひとまわり細く、直径は約1.4mm。細いだけに、繊細さがあって軽く食べられるので、さっぱり味のソースと合わせることが多いパスタです。

スパゲッティーニ
Spaghettini

直径が約1.6mmで、スパゲッティよりひとまわり細いサイズ。日本では細めが好まれているため、お店のスパゲッティ料理ではこれが基本。味が濃いしっかりしたソースでは、パスタが細すぎて負けてしまうことも。

スパゲッティ
Spaghetti

ロングパスタの代表で、直径は1.9mm前後。かみごたえも十分で、パスタを食べているという実感が大きいものです。本書ではカルボナーラに使っていますが、こうしたややこくがあって重みのあるソースに向いています。

ブカティーニ
Bucatini

真ん中に細い穴があいているマカロニ系のロングパスタ。直径は2.5mm前後で、今回のロングパスタのなかでいちばん太く、かみごたえがあります。アマトリチャーナは、このパスタで作るのが定番です。

ラザニア
Lasagna

ラザニア用のシート状パスタ。写真の製品は1枚が8×17cmですが、もう少し大きいものも。2〜3枚を並べてちょうど埋まる大きさの容器を使うと都合がよいものです。柔らかくゆでてからいったん水でし、それから使います。

フジッリ
Fusilli

らせん状にくるくるとねじれた形のショートパスタ。凹凸があってソースもからみやすい構造です。クリームソースなどの温製にはもちろん、冷製でサラダ仕立てにしてもおいしく食べられます。

ペンネ
Penne

どんなソースにも合う万能ショートパスタです。表面がつるんとしたプレーンタイプと、溝が細かく入ったペンネ・リガーテの2タイプがあります。濃度の薄いソースにはからみやすいリガーテを、濃いソースにはプレーンを。

171

✻ プロに近づく味作りのコツ

簡単なレシピ集ではお伝えしきれないプロのコツがあります。
ここではぜひお伝えしたい細かいことだけれど、大切なことをご紹介します。

にんにくを炒めるときには色の変化に注目

パスタのソース作りでは、最初ににんにくを炒める工程がたくさん出てきます。これは油の中ににんにくのよい風味を引き出し、味のベースを作る大切な工程です。ポイントは炒め加減で、炒め方がたりないとうまみが出きらずに生臭みと辛みだけが残り、炒めすぎても焦げて苦みのもとになります。ベストはにんにくがほんのり色づくくらい。この状態になったら、すぐにゆで汁などを加えて状態を止めて、手早く次の工程へ。

この状態まで炒めます。

これ以上焦げないように、すぐにゆで汁や具を投入して温度を下げます。

塩はおそれずに使うこと。できれば2種類用意して

塩味は料理の味つけの基本です。塩味がきちんとついていてこそ素材のうまみを引き出すことができます。最初はひかえめにしがちですが、きちんと味つけしてこそおいしい味が生まれるものなので、おそれずに必要量はしっかり使うように心がけましょう。また、揚げたりゆでたりしたあとにふる「あと塩」は直接舌にのって味わうものです。できればうまみのあるおいしい塩を使うとよりおいしくなります。

仕上げ以外の塩は、作用性のよさから粒の細かいさらさらの塩を使用。

仕上げに使うあと塩は味のよい自然海塩などを。

パルミジャーノチーズはたっぷり使って鍋の中でよく混ぜ合わせます

パスタ料理でパルミジャーノチーズを使うときは、塩と同じようにほんの少しの量では意味がありません。たっぷり入れてこそ、チーズのうまみやこく、まろやかさが生きてきます。パスタ料理で最高に威力を発揮するうまみ調味料と思ってください。また盛りつけ後にふるのではなく、鍋の中でパスタとしっかり混ぜ合わせることも大事です。

たとえばトマト味パスタなら1人分で大さじ2〜3杯がちょうどよい量。

Lesson Alice 6 おいしいパスタのABC

おいしさのポイントは「乳化」。
仕上げでは、よく、よく、かき混ぜます

2層に分離したドレッシングをそのまま使うのと、しっかり混ぜ合わせてから使うのとでは、おいしさがまるで違うことはご存じだと思います。同じことが、パスタのソースでもいえて、ソースの油脂分と水分が分離している状態よりも、しっかり混ざり合った状態のほうがおいしく感じます。このしっかり混ざった状態を「乳化」といい、そのままでは混ざり合わない水と油が、微粒子サイズで混ざり合った状態です。見た目も乳白色に濁って、少しとろみがつきます。

　乳化させるためには、ソースとパスタを合わせるときに、とにかく全体をよーくかき混ぜること。プロの料理人はフライパンを何度も振り上げて中をかき混ぜますが、家庭ならば、できるだけ大きな鍋や中華鍋などを使い、振り上げなくても、菜箸などで全体をぐるぐるとかき混ぜれば大丈夫です。ソース自体の油脂分と水分、そして加わるパスタの水分や、さらに風味づけに使うオリーブ油など、すべてをよく混ぜ合わせることで乳化させます。途中、鍋の中をよく見て、その状態によって、パスタのゆで汁を加えたり、あるときはチーズやオリーブ油を加えたりして、ベストの乳化状態にもっていくように調整します。水分が多すぎても、油分ばかりでも、ほどよく乳化しないからです。乳化したソースは、ほどよい流動性ととろみがあって、パスタによくからまるソースでもあります。十分にからまるとソースとパスタも一体化して、渾然一体となったおいしさが生まれます。

乳化のためにゆで汁（水分）とオリーブ油（油分）を加えて調整

とにかく、よくよく混ぜること。箸でぐるぐるかき混ぜてもOK。

鍋を傾けてソースの乳化状態を必ずチェック。とろみがついて濁っていればきちんと乳化している証拠です。

✗ 分離していると
食べたときに油分がまず舌を刺激するので、油っぽく、うまみを少なく感じます。またソースの場合はパスタにからまずにすべり落ちてしまい、パスタとソースがばらばらという印象にも。

✗ 水分が少ないと
バランスとして水分が少ないと、パスタが炒められたような、またソースとともに煮つまったような状態に。食感としてはなめらかさに欠け、ぱさついたり、べたついたりした印象に。

「乳化」した水と油
よくかき混ぜて乳化させると、ソース本来おいしさが出てきます。濁ってくるので見た目ですぐにわかります。

分離している水と油
ソースの水分と油がこの状態だと、味もイマイチ。

定番メニューをワンランクアップ
スパゲッティ・ミートソース
Spaghettini alla bolognese

牛ひき肉を赤ワインとトマトだけで煮込むミートソースをサルサ・ボロニェーゼといいます。イタリアでは手打ちの平たいパスタ、タリアテッレと組み合わせるのが常道ですが、私たち日本人が長らく愛してきた、つるつる麺のスパゲッティとの組み合わせも捨てがたいもの。ソースとパスタをよくからませ一体化させれば、十分においしいパスタ料理です。

材料(2人分)

スパゲッティーニ(→p.171)	160g
基本のミートソース(作り方→下記)	300g
パルミジャーノチーズ(→p.282。すりおろす。または粉末)	20g
塩	小さじ¼
E.V.オリーブ油	大さじ1
黒こしょう	ごく少量
パスタのゆで汁	80ml
パスタをゆでるときの塩	湯の量の1%

下ごしらえ

下記を参照して基本のミートソースを作っておく。

Advice

イタリアではミートソースにはタリアテッレを使います。細い乾麺なら、直径1.6㎜のスパゲッティーニ以上のものを。

1 鍋に湯を沸かし、1%の塩を加えてスパゲッティーニをゆで始める。ミートソースをフライパンに入れて温める。時間がたって堅くなっているときはパスタのゆで汁を50mlほど加えてのばす。

2 ゆで上がったスパゲッティーニを加え、よく混ぜ合わせる。残りのパスタのゆで汁を入れて混ぜ、さらにパルミジャーノ、塩、E.V.オリーブ油を加えながらそのつどよく混ぜる。器に盛りつけ、こしょうをふる。

ひき肉と野菜をじっくり煮込む
基本のミートソース

ミートソースはロングパスタのソースや、ラザニア(p.176)にサンドする材料として使います。コツは煮始める前に野菜とひき肉をよく炒めること。野菜はとろっとするまで炒めてうまみを出し、ひき肉は表面に完全に火を入れて生臭みを残さないようにします。

材料(仕上がり量2ℓ)

合いびき肉	1kg
玉ねぎ	中2個(350g)
にんじん	大1本(230g)
セロリ	1本(80g)
にんにく(みじん切り)	大さじ1
トマト缶詰(ホール)	750g
ローリエ	1枚
赤ワイン	300ml
ピュアオリーブ油	100ml
塩	適量

1 玉ねぎ、にんじん、セロリを細かいみじん切りにする。ホールトマトは種を取り除き、粗く刻む。

2 オリーブ油でにんにくを炒め、玉ねぎ、にんじん、セロリを加えてよく炒める。肉を加え、ほぐしながら生の部分が残らないようによく炒める。

3 塩小さじ1と、赤ワインを加える。沸騰させてから中火で2分ほど煮つめ、トマトとローリエを加える。全体を混ぜ、弱火にして煮込む。

4 30分ほどしたら、塩小さじ1を加え、さらに1時間煮て塩小さじ⅓で味をととのえる。

保存するなら

冷蔵庫での賞味期間は3日。冷凍庫で1週間保存可能。

シートパスタとソースの重ね焼き
ラザニア
Lasagna

ラザニアは、ラザニアという名のシート状のパスタを使ったグラタン料理のことで、このパスタを用いていれば、どんな材料と組み合わせてもラザニアといえます。ご紹介するのは、なす、ミートソース、ホワイトソースの王道の組み合わせですが、このほかゆで卵、じゃがいも、ハンバーグの形をくずしたものなどもおすすめ。みんなの好きな素材を気楽にサンドして焼けばよいのです。

🍃 Advice

容器に入りきらないと思えるほどに具の量が多いのですが、重ねるときに、パスタをのせたら手でギュッギュッと押して密着させ、きっちり詰めきります。容器いっぱいに、ぎっしり詰まっているほうが美味です。あつあつをどうぞ！

材料(22cm四方×深さ5cmの耐熱容器1台分／4〜5人分)

ラザニア(17×8cm。→p.171)	6枚
基本のミートソース(作り方→p.175)	900g
ホワイトソース	
バター(食塩不使用)	30g
薄力粉	30g
牛乳	500ml
ローリエ	1枚
ナツメグ(→p.281。粉末)	少量
塩	小さじ1/3
なす	6個(600g)
にんにく	1/2かけ
モッツァレッラチーズ(→p.283。薄切り)	200g
パルミジャーノチーズ(→p.282。すりおろす。または粉末)	大さじ2
塩	適量
黒こしょう	8回し
揚げ油(サラダ油)	適量
パスタをゆでるときの塩	湯の量の1%

※パスタ急冷用の氷水を用意する。

下ごしらえ

牛乳は、2でホワイトソースを作り始めるときに電子レンジで80℃程度に温めておく。

p.175を参照してミートソースを作り、冷ましておく。

1 なすを5mm幅の輪切りにし、180℃の油でうっすらと揚げ色がつく程度に揚げる。油をきり、塩小さじ1/6をふる。

2 ホワイトソースを作る。バターを火にかけて溶かし、薄力粉を加えて木べらで炒める。なめらかに流れ落ちるようになるまで弱火でよく炒める。

3 温めた牛乳を2の鍋に加えて一気に混ぜる。ローリエ、ナツメグ、塩を加え、かき混ぜながらとろみがつくまで加熱する。器に移して冷ましておく。

4 湯の量の1％の塩を加えた湯でラザニアをゆでる。1枚ずつばらして鍋に入れ、ぴったりくっつかないようにときどき箸などを差し入れる。ゆで時間は約8分。ゆで始めるころ、オーブンを180℃に予熱する。

5 箸ですくい上げたときにだらりとたれるくらい柔らかくなればゆで上がり。氷水にとって冷やし、ふきんまたはペーパータオルではさんで水気を取る。

6 容器ににんにくの切り口をこすりつける。ミートソース(1/4量)、ホワイトソース(1/4量)、なす(1/3量)、モッツァレッラ(1/4量)、ラザニア(2枚)の順に重ねる。これを繰り返して3層にする。

7 上に残りのミートソース、ホワイトソース、モッツァレッラをのせる。パルミジャーノ、こしょうをふる。180℃のオーブンで約30分焼く。

Advice

トマトソース自体の塩味はひかえめにしておくのが鉄則。そうすれば、さまざまな料理に利用できるからです。いろいろな材料と組み合わせて味をつけ、もう一度味をみてちょうどよい味に決めていくようにします。

トマトソースと揚げなすをからめる

トマト、なす、モッツァレッラのスパゲッティーニ

Spaghettini con pomodori, melanzane e mozzarella

3つの素材が個性を主張しつつ、抜群のハーモニーのよさも感じさせる組み合わせ。あらかじめトマトはソースに、なすは素揚げにして一気にパスタにからめます。モッツァレッラは最後に加えて、フレッシュ感を残すとよりおいしく仕上がります。さらに欲張って、生のトマトを刻んで少量混ぜれば、さわやかさが出ます。

材料(3人分)

スパゲッティーニ(→p.171)	240g
基本のトマトソース(作り方→下記)	全量
なす	2個
A ┌ バジルの葉	3〜4枚
┃ パスタのゆで汁	約100ml
┃ パルミジャーノチーズ(→p.282。すりおろす。または粉末)	40g
└ モッツァレッラチーズ(→p.283)	60g
サラダ油(揚げ油)	適量
E.V.オリーブ油	大さじ1
塩	適量
パスタをゆでるときの塩	湯の量の1%

下ごしらえ

下記を参照にトマトソースを作る。モッツァレッラは5mm角に、バジルは5mm幅に切る。

1 鍋に湯を沸かし、湯の量の1%の塩を加えてスパゲッティーニをゆで始める。なすは7〜8mm厚さに切り、サラダ油で揚げる。色づいてきたら網に取り出し、塩をほんのわずかふる。

2 トマトソースを鍋で温め、なすを入れる。ゆで上がったスパゲッティーニを加えてあえる。塩小さじ1と**A**を材料表の順に加え、そのつどよく混ぜる。E.V.オリーブ油をかけてひと混ぜし、皿に盛る。

野菜のおいしさをソースに生かす
基本のトマトソース

にんにく、玉ねぎ、セロリ、にんじんなど香味野菜のうまみを加えたトマトソースです。野菜は細かいみじん切りにし、こさずにそのままソースに生かします。最初に少々多めの油で揚げるような感じで十分に炒めて甘みを出すのがコツ。

材料(3〜4人分/約720ml)

トマト缶詰(ホール)	800g
にんにく(みじん切り)	大3かけ
赤唐辛子(種を除く)	1本
A ┌ 玉ねぎ(みじん切り)	大½個(120g)
┃ セロリ(みじん切り)	⅓本(30g)
└ にんじん(みじん切り)	⅕本(40g)
ピュアオリーブ油	100ml
塩	軽くひとつまみ

下ごしらえ

ホールトマトは縦2つに切り、種を取る。取り除いた種を目の細かいこし器に通し、果汁をこす。こした果汁を果肉や缶に残っているトマトの汁といっしょにしておく。

1 鍋にオリーブ油、にんにく、赤唐辛子を入れて炒める。にんにくが薄く色づいてきたら**A**の野菜を入れて弱火でよく炒める。途中で塩を加える。

2 ホールトマトを加え、強火にする。木べらでつぶしながら煮る。

3 沸騰したら弱火にし、ときどきかき混ぜながら約10分、もとの8割ほどの量になるまで煮つめて火からおろす。

保存するなら

トマトソースを冷ましてから、清潔な密閉容器に詰めます。表面が空気にあたらないよう液面にぴったりラップをかぶせ、ふたをします。そのまま冷蔵庫でストック。やはり早めに使うのがベター。

青かびチーズが手に入ったら作りたい

ペンネのゴルゴンゾーラソース
Penne al gorgonzola

チーズソースは味が濃いので少量ずつ食べることができるショートパスタがぴったり。濃厚なソースですから、チーズと生クリームの配合、ソースとパスタの比率、このバランスがポイントになります。煮つめすぎに注意して、良質な青かびチーズの風味を楽しみましょう。

Advice

ゴルゴンゾーラには十分な塩気があります。でき上がったら必ず味みをして必要なら塩をたす程度にします。ゴルゴンゾーラはピッカンテ（辛口）のタイプを使ってください。

材料(2人分)

ペンネ(→p.171)	120g
ゴルゴンゾーラチーズ(下記)	120g
生クリーム	100ml
粒黒こしょう(粗くつぶす→p.81)	2粒
黒こしょう	少量
パスタをゆでるときの塩	湯の量の1%

1 鍋に湯を沸かし、1％の塩を入れてペンネをゆで始める。ゴルゴンゾーラを1～2cm大に刻む。

2 フライパンに生クリームとゴルゴンゾーラ、つぶした黒こしょうを入れ、中火にかける。木べらでゆっくりとかき混ぜながら溶かす。

3 青かび部分はかたまりが残っていてもよいが、白い部分は完全に溶かす。ゆで上がったペンネを加え、よくあえる。器に盛り、黒こしょうをふる。

ゴルゴンゾーラチーズ

イタリア原産で、世界三大青かびチーズのひとつです。青かびの刺激が少ないドルチェタイプと、ピッカンテ（写真）と呼ばれる、青かびが多くて刺激の強いタイプがあり、ここではピッカンテがおすすめです。状態によって風味に差があるので、信頼のできる店で買いましょう。

サラダ風の贅沢パスタ

魚介の冷製フジッリ
Fusilli freddi ai frutti di mare

ショートパスタは冷製でサラダ風にしてもおいしいもの。冷製の場合、氷水で冷やすので、パスタが堅くしまりがちです。温製のときよりも柔らかめにゆでておくのがポイントです。

Advice

ショートパスタはロングに比べるとかみごたえがあって満腹感を誘うので、1人分は50〜60gが適量。またアルデンテではなく、完全に芯がなくなるまで柔らかくゆでます。

材料(2人分)

フジッリ(→p.171)	100g
やりいか、帆立貝柱、ゆでだこ(薄切り)、あさり(さっと加熱して身を取り出したもの)、ツナ(缶詰)、黒オリーブ(塩水漬け)	各30g
A　塩	小さじ1/3
黒こしょう	10回し
レモン汁	小さじ1
E.V.オリーブ油	小さじ1
パセリ(みじん切り)	大さじ1
パスタをゆでるときの塩	湯の量の1%

1 鍋に湯を沸かし、1％の塩を加えてフジッリをゆでる。氷水にとり、完全に冷やしてからペーパータオルではさんで水気をふき取る。すぐに仕上げないときはオリーブ油(分量外)をまぶしておく。

2 やりいかは5mm幅の輪切りにし、帆立貝柱とともに70℃くらいの湯に通して半生状態に火を入れる。水気を十分にふき取り、帆立は小さく切る。ボウルに入れ、塩、黒こしょう、E.V.オリーブ油各少量(いずれも分量外)をふってあえる。

3 フジッリをボウルに入れ、2とゆでだこ、あさり、ツナ、黒オリーブを加えて混ぜ合わせ、**A**をふり入れてあえる。パセリのみじん切りを散らす。

野菜もたっぷり食べられます
野菜グリルのスパゲッティーニ
Spaghettini alle verdure alla griglia

夏の野外で楽しむバーベキューのあの香りと味。そのイメージで、野菜をノンオイルの鉄製フライパンでじっくり焼いて香ばしさを出します。個性の異なる野菜がひとつにまとまって夏の力強さを感じさせます。

Advice
野菜は必ず鉄製のフライパンで焼きましょう。香ばしさが違います。ここで使用したドライトマトは、業務用に売られているもの。市販の油漬けを使う場合は、風味が強いので分量を1/3に減らし、粗みじんに刻んで使ってください。

材料(2人分)

スパゲッティーニ(→p.171)	180g
パプリカ(赤、黄)	各1/3個(計90g)
なす	1/2個(40g)
ズッキーニ	1/3本(40g)
カリフラワー	1/6個(50g)
ブロッコリー	1/4個(50g)
にんにく(みじん切り)	小さじ2
ドライトマト(→p.281)	30g
パセリ(みじん切り)	大さじ2
ピュアオリーブ油	大さじ1
E.V.オリーブ油	小さじ2
塩	適量
パスタをゆでるときの塩	湯の量の1%
パスタのゆで汁	100mℓ

下ごしらえ
パプリカ、なす、ズッキーニは5cm長さの棒切りに、カリフラワーとブロッコリーは一口大に切り、30秒ほど熱湯に通し、水気をきっておく。

1 フライパンをよく熱し、油をひかずにパプリカ、なす、ズッキーニを入れ、火が通るまで焼く。途中でカリフラワーとブロッコリーも加える。

2 鍋に湯を沸かし、1%の塩を加えてスパゲッティーニをゆで始める。別のフライパンにピュアオリーブ油、にんにくを入れて炒め、1の野菜を加える。パスタのゆで汁を加えてのばし、ドライトマトとパセリを加える。

3 2にゆで上がったスパゲッティーニと塩を加えて混ぜる。E.V.オリーブ油を混ぜる。

干物の練れた塩気がパスタにぴったり

あじの干物と青菜のスパゲッティーニ

Spaghettini con sugarello essiccato

魚の干物は塩味やうまみがあるので、パスタの具に最適です。焼いてほぐすだけなので、簡単でおいしい。いっしょに小松菜のような青菜を炒めると、塩辛さがやわらいでバランスがとれます。

Advice

干物はものによって塩味の濃さが違います。味が濃ければ塩を加える必要はありません。最後に味をみて、たりないようなら少しだけ塩を加えます。

下ごしらえ

小松菜は根元を切り落とし、ざく切りにする。大根の葉もざく切りにする。

1 あじの干物を焼き、身をほぐす。

2 鍋に湯を沸かし、1%の塩を加えてスパゲッティーニをゆで始める。

3 フライパンに**A**を入れ、火にかけて炒める。よい香りが出てきたらあじと小松菜、大根の葉を加えてざっと炒める。

4 スパゲッティーニがゆで上がるころに3にパスタのゆで汁を加えてのばし、スパゲッティーニを加えてよく混ぜる。パセリをふり、さらによく混ぜ合わせる。味をみて、たりなければ塩(分量外)で味をととのえる。

材料(2人分)

スパゲッティーニ(→p.171)	180g
あじの干物	1枚(正味約50g)
小松菜	1/2束(150g)
大根の葉	10g
A にんにく(みじん切り)	小さじ1
赤唐辛子(みじん切り)	少量
ピュアオリーブ油	小さじ2
パセリ(みじん切り)	小さじ2
パスタをゆでるときの塩	湯の量の1%
パスタのゆで汁	50ml

極細の麺にマリネしたトマト

トマトの冷製カペッリーニ
Capellini freddi ai pomodori freschi

極細麺のカペッリーニを冷製に仕立てたこのパスタは、ごく少量をアンティパストとしていただきます。麺のおいしさに加えて、つるりとしたのどごしのよさとひんやりした爽快感を味わえるのは冷製ならではのおいしさです。

材料(4人分)

カペッリーニ(→p.171)	60g
フルーツトマト	6個
バジルの葉	大1枚
A 塩	ひとつまみ
黒こしょう	2回し
E.V.オリーブ油	小さじ2
にんにくオイル(作り方→p.47)	ごく少量
パスタをゆでるときの塩	湯の量の1%

下ごしらえ

トマトはへたを取る。沸騰湯を火からおろし、トマトを1分つける。次に氷水に移して急冷し、皮をきれいにむき取る。6～8等分に切る。

1 トマトをすべてボウルに入れる。バジルの葉は細切りにし、**A**とともにトマトのボウルに加えて混ぜる。冷蔵庫に入れて冷やしておく。

2 湯を沸かし、1％の塩を入れてカペッリーニを3分ゆでる。ざるにとり、すぐに氷水に入れて冷やす。ふきんで包み、余分な水気を取る。

3 カペッリーニを形よくまとめて器に盛り、1のトマトソースを汁ごとたっぷりかける。仕上げにE.V.オリーブ油を少量(分量外)かける。

Advice

トマトのソースはとろとろカプレーゼ(→p.46)と共通です。ふつうのトマトでは水っぽくなるので味の濃いフルーツトマトで作るのがいちばんです。麺もしっかり水気をきってあえます。

たっぷりの魚介類と混ぜ合わせて
魚介の冷製カペッリーニ
Capellini freddi ai frutti di mare

冷製カペッリーニは魚介とも好相性。生や塩ゆでしたものを数種類組み合わせ、オリーブ油で味つけします。たらこは皮を除いてオリーブ油でのばせば、なめらかに溶け込みます。

材料(4人分)

カペッリーニ(→p.171)	60g
帆立貝柱(生食用)	4個
えび(むき身。どんな種類でも)	80g
つぶ貝(むき身。さざえ、はまぐり、あさりなどでも)	50g
白身魚(刺し身用)	65g
たらこ(または明太子)	大1腹(100g)
芽ねぎ	適量
A 塩	小さじ¼
白こしょう	5回し
E.V.オリーブ油	小さじ1
カイエンヌペッパー	ごく少量
パスタをゆでるときの塩	湯の量の1%

下ごしらえ
たらこの薄皮を切り、卵をこそげ取り、E.V.オリーブ油(分量外)でのばす。

1 帆立貝柱、えび、つぶ貝は沸騰した湯に入れ、再沸騰したら取り出してボウルに入れ、底を氷水にあてて冷やす。

2 帆立貝柱は縦に2等分、えびは斜めに2つに切り、つぶ貝とともにペーパータオルで水気をしっかりふき取り、生臭みを除く。白身魚は薄切りにする。

3 2をボウルに入れ、**A**を混ぜ合わせる。

4 湯を沸かし、1%の塩を入れてカペッリーニを3分ゆでる。ざるにとり、すぐに氷水に入れて冷やす。ふきんで包み、余分な水気を取る。

5 皿に盛り、3の魚介をのせる。たらこをのせ、芽ねぎを散らす。仕上げにE.V.オリーブ油と白こしょう(ともに分量外)をふる。

Advice
カペッリーニには塩味しかついていないので、見た目のバランスとしては魚介の具が多すぎると感じるくらいの量がちょうどよい味になります。麺を冷やむぎやそうめん、そばに替えてもおいしくできます。

パンチェッタが絶好のうまみ出しに

ブカティーニのアマトリチャーナ
Bucatini all'amatriciana

パンチェッタのうまみや赤唐辛子の辛みをきかせたトマトベースのパスタ、アマトリチャーナ。これにはブカティーニというチューブ状の太めのロングパスタを使うのが決まりです。かめばかむほど味わい深い素朴なおいしさを楽しんでください。

材料(3人分)

ブカティーニ(→p.171)	240g
玉ねぎ	小1個(150g)
パンチェッタ(→p.282。なければベーコン)	50g
にんにく(みじん切り)	大さじ1
赤唐辛子	1本
トマト缶詰(ホール)	800g
パルミジャーノチーズ(→p.282。すりおろす。または粉末)	40g
塩	小さじ2/3
ピュアオリーブ油	大さじ4
E.V.オリーブ油	適量
パスタをゆでるときの塩	湯の量の1%

Advice

ブカティーニは、マカロニのように中心に空洞がある、スパゲッティよりも太くかみごたえのあるパスタです。ギュッギュッとかみしめるその食感に合わせて玉ねぎやパンチェッタもやや厚く切り、具としての存在感を出します。

下ごしらえ

玉ねぎは4～5mm厚さのくし形、パンチェッタは太さ5mmの棒切りにする。赤唐辛子は種を取る。ホールトマトも種を除き、粗く刻んで缶の汁といっしょにしておく。

1 鍋に湯を沸かし、1%の塩を加えてブカティーニをゆで始める。

2 パスタをゆでている間にソースを作る。鍋にピュアオリーブ油を入れて熱し、玉ねぎを炒める。焦げないようにして、辛みを抜く。パンチェッタを加えて炒め、香りが出て脂身が透明になるまで炒める。

3 にんにくと赤唐辛子を加えて炒め、にんにくに薄く色がついたらトマトを加えて全体を混ぜる。塩を加えて2～3分ほど煮る。

4 ゆで上がったブカティーニの水気をきって加え、混ぜる。パルミジャーノをふってよく混ぜ、塩で味をととのえる。E.V.オリーブ油を好みの量だけ加えて混ぜる。皿に盛る。

軽くてきめ細かい卵ソースであえます
スパゲッティ・カルボナーラ
Spaghetti alla carbonara

とろとろの卵とインパクトのある香りを放つ粗びきの黒こしょう。これがカルボナーラならではの魅力です。卵のソースをふわふわに泡立てて、きめ細かく、軽やかに仕上げました。

材料(3〜4人分)

スパゲッティーニ(→p.171)	240g
卵	2個
玉ねぎ	小1個(150g)
パンチェッタ(→p.282。なければベーコン)	50g
粒黒こしょう(粗くつぶす→p.81)	適量
A 黒こしょう	11回し
A パルミジャーノチーズ(p.282。すりおろす。または粉末)	40g
A 塩	小さじ1弱
ピュアオリーブ油	50ml
パスタをゆでるときの塩	湯の量の1%
パスタのゆで汁	約80ml

下ごしらえ
玉ねぎはごく薄切りにし、パンチェッタは太さ5mmの棒切りにする。

1 鍋に湯を沸かし、1%の塩を加えてスパゲッティーニをゆで始める。

2 卵をボウルに割り入れ、40℃くらいの湯せんにかけ、ふっくらとして、泡立て器を持ち上げるとたらたらとたれる状態まで泡立てる。

3 オリーブ油を鍋に入れて、玉ねぎとパンチェッタを炒める。火が通ったらつぶした黒こしょう小さじ¼を加える。

4 ゆで上がったスパゲッティーニの水気をきって入れ、ゆで汁も加えて混ぜ、**A**を加えてさらに混ぜる。

5 2の卵の気泡が消えていたら軽く泡立て、4を加えてあえる。皿に盛り、好みで黒こしょうを散らす。

Advice
冷たい卵でパスタをあえると温度が下がっておいしくできません。40℃くらいの湯せんにかけて泡立てれば卵が温まり、泡立てやすくもなります。パスタとあえるまで、火の近くなど温かい場所に置いておきます。

ハーブの存在感を残して

バジリコのフェデリーニ
Fedelini al basilico

ペーストにしないで、バジルと松の実の形を残して仕上げました。ベースはアーリオ・オーリオのパスタです。さっぱりした味と、爽快感のあるバジルの香りが魅力です。

材料(2人分)
フェデリーニ(→p.171)	180g
バジル	約6枝(30g)
松の実	15g
にんにく(みじん切り)	小さじ1
赤唐辛子(みじん切り)	¼本
アンチョヴィペースト	小さじ1
パセリ(みじん切り)	大さじ2
ピュアオリーブ油	大さじ1
塩	小さじ⅙
パスタのゆで汁	約100mℓ
パスタをゆでるときの塩	湯の量の1%

Advice
赤唐辛子は軽く水に浸してもどし、種を抜いてからみじん切りにします。味に変化をつけたいならフレッシュトマトを加えてみましょう。トマトの角切りを入れるだけで、酸味がきいてさっぱりとしたマイルドな味になります。1人分で小1個分くらいが適量。トマトの皮は湯むきし、種も除いて果肉だけをバジルといっしょに最後に加えます。

下ごしらえ
松の実を120℃くらいのオーブンで10分ほどローストしておく(もしくはフライパンでゆっくりいる)。バジルは葉を摘み、大きな葉は横半分に切る。

1 鍋に湯を沸かし、1％の塩を加えてフェデリーニをゆで始める。

2 フライパンにオリーブ油とにんにく、赤唐辛子を入れ、強火にかけて炒める。香りが出てきたらアンチョヴィペーストとパセリを加え、さっと炒める。すぐにパスタのゆで汁を50mℓ加えて焦げつきを防ぐ。

3 松の実とゆで上がったフェデリーニを水気をきって加え、混ぜ合わせる。残りのパスタのゆで汁を加えてさらによく混ぜ合わせる。バジル、塩を加えて全体によく混ぜ、器に盛る。

下ごしらえ

いかの胴を5〜6mm幅の輪切りにし、足は大きければ2つに切る。小松菜は約4cm長さに、ケイパーとドライトマトは粗みじんに切る(写真のドライトマトは半生タイプなので一口大に切っている)。

1 鍋に湯を沸かし、1%の塩を加えてスパゲッティーニをゆで始める。

2 フライパンにピュアオリーブ油と**A**の材料を入れ、強火にかけて炒める。香りが出てきたら、いかと**B**を加え、さっと炒める。

3 パスタのゆで汁40mlと小松菜を加える。

4 ゆで上がったスパゲッティーニを水気をきって加えて混ぜ合わせる。残りのゆで汁40mlとE.V.オリーブ油をかけてさらによく混ぜ合わせ、器に盛る。からすみをかける。

仕上げの粉末のからすみが魅力

いかとからすみのスパゲッティーニ
Spaghettini con calamari e bottarga

ぼらの卵巣を塩漬けして干したからすみは、イタリアでも生産されているポピュラーな、でも高価な食材です。そのからすみのおいしさを味わうパスタです。いかに限らず白身魚、つぶ貝、ちりめんじゃこなどのパスタに合わせても。

Advice

鮮度のよい内臓つきのいかを買ったときは、その内臓を利用してもOK。茶色のわたの部分を切り分けた身と合わせて使います。その場合、アンチョヴィは省略してもかまいません。

材料(2人分)

スパゲッティーニ(→p.171)	180g
やりいか	180g
からすみ(→p.279。粉末)	小さじ2
小松菜	4〜6枚
A にんにく(みじん切り)	小さじ1
赤唐辛子	1/3本
アンチョヴィペースト	小さじ1
B ケイパー(酢漬け)	15g
ドライトマト(→p.281)	35g
パセリ(みじん切り)	大さじ3
ピュアオリーブ油	大さじ1
E.V.オリーブ油	大さじ1
パスタのゆで汁	約80ml
パスタをゆでるときの塩	湯の量の1%

189

唐辛子たっぷりのピリ辛トマトソースで

ペンネ・アッラビアータ
Penne all'arrabbiata

トマトソースに赤唐辛子をたっぷり入れて、ひりひりする辛さを出したのがこのアッラビアータです。辛さが特徴なのだから、とことん辛くして辛みを楽しもうと青唐辛子も加えました。とっつきにくそうですが、やみつきにもなる味です。

Advice

正直いって、そうとうに辛いアッラビアータです。ちょっと心配なかたは、最初は唐辛子の量を半分くらいにひかえめにして作ってみてください。

材料(3人分)

ペンネ(→p.171)	160g
赤唐辛子	3本
青唐辛子(辛味種。なければ赤唐辛子1本で代用)	中2本
にんにく(みじん切り)	小さじ1
トマト缶詰(ホール)	350g
パセリ(みじん切り)	大さじ2
パルミジャーノチーズ(→p.282。すりおろす。または粉末)	15g
ピュアオリーブ油	大さじ1
E.V.オリーブ油	大さじ1
塩	小さじ1/3
パスタのゆで汁	約80mℓ
パスタをゆでるときの塩	湯の量の1%

下ごしらえ

2種類の唐辛子は種を除き、小口から細かく切る。ホールトマトも種を除き、果肉を粗く刻む。

1 鍋に湯を沸かし、1%の塩を加えてペンネをゆで始める。

2 フライパンにピュアオリーブ油とにんにく、2種類の唐辛子を入れて強火にかける。焦げつかせないようにさっと炒める。

3 ホールトマトを加えて、油が浮いて分離するまで中火で煮る。

4 ゆで上がったペンネを水気をきって加えてよく混ぜ合わせる。塩、パセリ、パルミジャーノを加えて混ぜ、パスタのゆで汁とE.V.オリーブ油を加えてさらに全体をよく混ぜ合わせる。

下ごしらえ

あさりはあらかじめ2％の塩水(塩は分量外)で砂抜きをする。小松菜は4cm長さに切り、赤唐辛子は種を除いて細かな小口切りにする。

1 鍋に湯を沸かし、1％の塩を加えてフェデリーニをゆで始める。

2 フライパンにピュアオリーブ油、にんにく、赤唐辛子を入れて強火にかけ、炒める。香りが出てきたらあさりを加え、白ワインをふってふたをする。殻が開くまで30秒ほど火を入れる。

3 小松菜とパセリを加え、さっと混ぜる。

4 ゆで上がったフェデリーニを水気をきって加えて混ぜ合わせる。E.V.オリーブ油をかけてさらによく混ぜる。

あさりのおいしさが存分に味わえます

フェデリーニのヴォンゴレ
Fedelini alle vongole

材料(2人分)

フェデリーニ(→p.171)	160g
あさり	40〜50個(400g)
小松菜	2〜4本
にんにく(みじん切り)	小さじ1
赤唐辛子	小½本
パセリ(みじん切り)	大さじ3
白ワイン	30mℓ
ピュアオリーブ油	大さじ1
E.V.オリーブ油	大さじ1
パスタをゆでるときの塩	湯の量の1％

ヴォンゴレは海のエキスをまるごと使ったパスタ料理。殻つきのあさりにはだしのうまみと塩分が十分にあるので、調味料としての役割も果たします。あさりから出る汁とオリーブ油を乳化させながら、パスタにしっかりからめます。

Advice

ソースにはあさりに含まれている塩味が十分あるので、塩を加える必要はありません。でも念のため、味みはしてください。また、あさりから汁が出るので、パスタのゆで汁も加えません。

生クリームとバターのソースで煮る

かぼちゃのニョッキ
Gnocchi di zucca

甘みがあってほくほくしたかぼちゃはニョッキ向きの素材。柔らかく火を入れて少しの粉と卵でつなぐだけで生地はでき上がります。これにはミルキーなこくをもったシンプルソースがお似合いです。

材料(4人分)

ニョッキ
- かぼちゃ(皮と種を取り除いて) … 500g
- 卵黄 … 1個
- 薄力粉 … 50g
- ナツメグ(→P.281。すりおろす。または粉末) … 少量
- 塩 … 小さじ¼

生クリーム … 400mℓ
バター(食塩不使用) … 30g
セージの葉 … 4枚
塩 … 適量

※絞り袋と口金(1cmくらい)を用意する。

Advice

かぼちゃの味がニョッキのおいしさを決めるので、とにかく味の濃いおいしいものを使うこと。また材料表の薄力粉の分量は最小限と考え、かぼちゃの水分が多いときは粉を増やしてねっとりしたかたさに調整しましょう。

下ごしらえ

かぼちゃを1.5～2cmの厚さに切り、電子レンジに約10分かけ、串がすっと通る柔らかさにする。

1 かぼちゃを裏ごしし、卵黄を加え、ゴムべらでかき混ぜてとろりとしたかぼちゃのピュレにする。

2 薄力粉を加え、粉気がなくなるまで混ぜる。水気が多いようなら適宜、薄力粉の量を増やす。最後にナツメグと塩を加え混ぜる。

3 絞り袋に口金をセットし、2を詰める。鍋に水と1%の塩を入れ、軽くふつふつと沸騰させる。生地を絞り出しながらはさみで2cm長さに切ってゆでる。

4 水面に浮いてきたら、穴じゃくしですくって容器にとる。すぐにソースを作って仕上げる。

5 フライパンにバターとセージを入れて火にかけ、香りを出しながら溶かす。バターが溶けたら生クリームを加え、沸かす。

6 ニョッキを加え、ソースにとろみがつき、写真のようにかぼちゃの色がつくまで煮る。味をみて、塩を加えて仕上げる。

下ごしらえ

p.179を参照してトマトソースを作っておく。

1 ほうれん草を柔らかく塩ゆでする。氷水にとって急冷してから水気をよく絞り、ざく切りにする。

2 ミキサーに薄力粉以外のニョッキの材料をすべて入れ、なめらかになるまで攪拌する。

3 薄力粉をふるいにかけ、2に加えてさっと回してなめらかな生地に仕上げる。

4 水に1％の塩を入れ、軽くふつふつと沸騰させる。口金をセットした絞り袋に生地を詰め、絞り出しながらはさみで2cm長さに切ってゆでる。浮き上がってきたら順に皿にとる。

5 フライパンにピュアオリーブ油、にんにく、赤唐辛子を入れて炒める。香りが出てきたらトマトソースを加える。沸騰したらニョッキを加えてからめ、パルミジャーノ、E.V.オリーブ油を入れて全体をよく混ぜる。塩で味をととのえる。

材料(4人分)

ニョッキ
- リコッタチーズ(→p.283) 250g
- ほうれん草 ...... ½束(150g)
- 薄力粉 90g
- パルミジャーノチーズ(→p.282。すりおろす。または粉末) 大さじ3
- 塩 ...... 小さじ½
- 白こしょう 10回し

基本のトマトソース(作り方→p.179) 180g
- にんにく(みじん切り) 小1かけ
- 赤唐辛子 ...... ごく少量
- ピュアオリーブ油 小さじ1
- パルミジャーノチーズ(すりおろす。または粉末) 小さじ2
- E.V.オリーブ油 小さじ1
- 塩 ...... 適量

※絞り袋と口金(1cmくらい)を用意する。

もちもちの食感がくせになります

リコッタとほうれん草のニョッキ
Gnocchi di ricotta e spinaci

リコッタで作る場合、たいていほうれん草のピュレを混ぜ合わせて緑色にします。これをトマトソースや、溶かしバターのシンプルなソースで食べます。リコッタのニョッキはもちもちっとした食感が特徴。素材の持ち味によって、個性的な味わいになるのもニョッキの楽しさです。

Advice

ニョッキ生地は、粉を加えたら混ぜすぎないよう注意。生地がかたくなります。ゆでるときは、湯が軽く沸いている状態にします。ゆで上げは食べる直前に。

ブイヨンで米を煮る
野菜のリゾット
Risotto con verdure

米をゆでるのでも炊くのでもなく、最初から最後までブイヨンをひたひたの量に維持して「煮る」料理です。ねばねばのおじや状にしないためには、混ぜすぎないことが大事です。焦げつかせない程度に時折かき混ぜ、フォークですくって食べられる歯ごたえのあるかたさと濃度に煮上げます。

Advice

ブイヨンの分量は目安。煮上がり具合をみながら増減してください。最後に加える黒こしょうは、こってりしたリゾットの中でピリッとした辛みと香りが爽快感を与えてくれます。リゾット用の玉ねぎは、一般には米粒と同じ大きさに細かく切りますが、今回は野菜のリゾットなので大きめに切ります。

材料(2人分)

米	1合(180㎖)
玉ねぎ	30g
カリフラワー	小房3〜4個
ブロッコリー	小房3〜4個
ズッキーニ	3cm長さ
グリーンアスパラガス	2〜3本
さやいんげん	2〜3本
にんじん	3cm長さ
白ワイン(好みで)	50㎖
ブイヨン(→p.81。熱いもの)	約500㎖
バター(食塩不使用)	18g
A バター(食塩不使用)	8g
A パルミジャーノチーズ(→p.282。すりおろす。または粉末)	25g
A E.V.オリーブ油	小さじ1
A 塩	適量
A 白こしょう	5回し
A 黒こしょう(粗くつぶす→p.81)	4粒

下ごしらえ

ズッキーニ、にんじんは棒切りに、グリーンアスパラガスとさやいんげんは3cm長さに切る。それらの野菜とカリフラワー、ブロッコリーを柔らかくなるまで塩ゆでする。水気をきり、容器に入れて、底を氷水にあてて冷ます。玉ねぎを1〜1.5cmの角切りにする。

1 厚手の鍋にバターを溶かし、玉ねぎを炒める。バターに玉ねぎの香りを移す程度に軽く炒める。

2 米を洗わずにそのまま加え、温める程度に2分ほど炒める。白ワインを入れる場合はここで加え、1〜2分煮つめてアルコール分をとばす。

3 熱いブイヨンを200㎖ほど入れてひたひたにする。ふつふつと軽く沸騰する火加減を保ち、ときどきかき混ぜて煮る。

4 煮つまって米粒が顔を出したら、そのつど熱いブイヨンを入れてひたひたにする。これを繰り返して15分ほどで煮上げる。

5 用意しておいた野菜をすべて加え、混ぜ合わせる。

6 Aを加え、全体を一体化させるようによく混ぜる。

第7章

ライスメニュー

⚜

一皿にご飯とおかずを盛り込んだご飯料理は、日本人にとって永遠の人気メニュー。ご飯にいろいろな風味が混ざり合ったおいしさは格別ですし、作るのも食べるのも手軽です。シンプルな献立でも満足感がある点も魅力です。

Advice

家庭用のフライパンで玉ねぎを失敗なく炒めるために小さめのふたを使う方法をおすすめします。ふたで玉ねぎをぎゅうぎゅうと押すと、かさが減り火が入りやすくなります。押したあと、ふたをのせたまましばらく蒸し焼きにし、少しかき混ぜてまた押すということを2回ほど繰り返せばうまく炒められます。

材料(5～6人分)

牛肉(バター焼き用くらいの厚さのもの。部位はどこでもよい)……500g

A
- 塩……大さじ1/2
- ガラムマサラ(→p.279)……大さじ1
- カレー粉……大さじ2
- パプリカパウダー……小さじ1
- クミンパウダー(→p.280)……ごく少量

玉ねぎ……3個(600g)
ピーマン……2 1/2個(100g)
ししとう……10本(50g)
トマト(皮と種を除く)……1/4個(30g)
にんにく(みじん切り)……大さじ1
しょうが①(みじん切り)……大さじ1/2
しょうが②(みじん切り)……小さじ1
チキンブイヨン(→p.81)……300ml
塩……適量
サラダ油……大さじ1

にんにくスパイスオイル
- ピュアオリーブ油……大さじ3
- にんにく(みじん切り)……大さじ1
- カルダモン(→p.280。ホール)……4粒
- コリアンダーシード(→p.281)……大さじ1
- クミンパウダー……小さじ1/2
- ターメリックパウダー(→p.281)……小さじ1

ターメリックライス(作り方→右記)……適量
レモン……1/2個

肉のおいしさを味わうスリランカ風カレー

ビーフカレー
Beef curry

牛肉のおいしさをしっかり味わうカレーなので、肉は厚みのあるものを使います。さらに、玉ねぎも、通常の日本風カレーよりやや厚めに切って、甘みを出しすぎないようにします。盛りつけはご飯とは別にして、牛肉をメインに美しく盛りつけます。スパイスの配合や種類は自由に変えてもOKです。

下ごしらえ

玉ねぎは上下を厚めに切り落とし、縦半分に切り、繊維にそってやや厚め（6〜7mm）に切る。ピーマンは細切り、ししとうは縦に2等分する。トマトは小角に切る。

1 Aをよく混ぜ、バットなどの平らな容器に広げる。牛肉を1枚ずつ並べる。

2 両面に均等にスパイスをまぶす。

3 フライパンにサラダ油、にんにく、しょうが①を入れて火にかけ、炒める。玉ねぎとピーマンを加え、小さなふたでギュッと押し、しばらく蒸し焼きにする。かさが減ったところで全体を混ぜ合わせ、再度ふたで押しつけ、蒸し焼きにする。

4 玉ねぎがうっすらと透き通ってきたら、ししとうとトマトを加える。大きく混ぜながら炒める。

5 野菜の上に牛肉を1枚ずつ並べる。中火にし、ふたをして5分ほど蒸し焼きにする。

6 その間ににんにくスパイスオイルを作る。小さめのフライパンに材料をすべて入れて火にかける。油がふつふつと沸いてきたら、焦がさないようにフライパンを小さく揺り動かしながら、1〜2分火を入れる。ブイヨンを温めておく。

7 にんにくオイルを5の肉の上にさっと回しかける。しょうが②も散らす。熱いブイヨンを加えて沸騰させ、全体をなじませる。味みをして塩で味をととのえる。ターメリックライスにレモンを添え、別盛りにする。

****
カレーライスの満足感を高めます
ターメリックライス
****

材料(4人分)

米	2合(360ml)
水	360ml
ターメリックパウダー	小さじ1
塩	少量
レーズン	30g
カシューナッツ	15g
アーモンド	15g

1 米をとぎ、炊飯器に入れる。分量の水にターメリックと塩を溶かして米に加え、炊く。

2 アーモンドとカシューナッツはオーブントースターでやや色づくまでローストし、冷ましてから適当な大きさに砕く。

3 1が炊き上がったら、2のナッツとレーズンを混ぜ合わせる。

あっさり、ほの甘いシチュー風カレー

インド風チキンカレー
Chicken curry

オーソドックスなインド風のカレーです。味わいは、「カレー風味のシチュー」といった趣。濃度は薄めで、ほどよい辛さとほの甘さがミックスしたあっさりした味が特徴です。肉は鶏肉の代わりに豚肉でもおいしく作ることができます。

Advice

肉を炒めるときの油はやや多めですが、皮をしっかりと焼くために必要な量です。焼きがたりないとおいしさが半減します。野菜は時間をかけて炒めればうまみやこくが出て、さっと混ぜ合わせる程度に炒めればあっさりと仕上がります。

材料(4人分)

鶏もも肉(皮つき)	500g
A 塩	大さじ½
A カレー粉 (好みでカルダモン、コリアンダー、黒こしょうのパウダーを加えてもよい)	大さじ山盛り1
A 薄力粉	大さじ1
ローリエ	1枚
玉ねぎ	大1個(250g)
にんじん	小1本(150g)
じゃがいも	中2個(300g)
にんにく(みじん切り)	大さじ1
しょうが(みじん切り)	大さじ1
チキンブイヨン(→p.81)	900㎖
水溶きコーンスターチ (コーンスターチ1:水3)	大さじ3
塩	適量
サラダ油	大さじ3
ご飯	適量

下ごしらえ

鶏もも肉を3〜4cmのぶつ切りにする。玉ねぎ、にんじんも同じ大きさに切る。じゃがいもは皮をむき、ひとまわり大きめに切る。

1 ボウルに鶏もも肉と**A**を合わせ、手でもみ込む。煮込み鍋にサラダ油を入れて中火にかけて熱し、皮を下にして肉を並べ、ローリエも入れて、揚げるようにしっかりと焼く。

2 十分に焼いたら肉を裏返しにして焼く。両面よく焼けたら玉ねぎ、にんじん、じゃがいもを加えて全体を混ぜる。うまみとこくを出したいときは時間をかけて炒める。

3 ブイヨンを加え、沸騰させる。あくを取り除き、ふたをして弱火で約30分煮込む。市販のブイヨンの素を使うときは、煮ているうちに味が濃くなるのでやや薄めに溶く。

4 野菜が柔らかくなったら塩で味をととのえ、にんにくとしょうがを加える。水溶きコーンスターチを回し入れ、全体をよく混ぜ合わせる。器にご飯を盛り、まわりにカレーを盛る。

下ごしらえ

玉ねぎ、なす、パプリカ、ピーマンはすべて1〜2cm角に切る。

1 フライパンにサラダ油大さじ3を入れ、野菜を火が通るまでしっかりと炒め、塩で味をつける。

2 別のフライパンにサラダ油大さじ½を入れてにんにくを炒める。次にひき肉を加えてほぐしながら生っぽさが消えるまで炒める。塩小さじ½としょうゆを加えてさっとかき混ぜ、**A**を加えて炒める。

3 1の野菜を加え、ブイヨンを入れて煮立て、あくを取りながら、数分煮る。

4 水溶きコーンスターチをたらしながら木べらでかき混ぜ、とろみをつける。味をみて塩で味をととのえる。卵を割り落とし、ふたをしてしばらく火を入れる。卵の表面に薄膜ができるくらいに固まればでき上がり。

フライパンで作るひき肉と野菜のカレー

キーマカレー
Keema curry

20分もあればできてしまうスピードカレー。香りがよく、とくに夏場にはおすすめです。フライパンで肉や野菜を炒め、そのまま煮込むのでとても簡単。道具も時間も少なくてすむ手軽さが魅力のカレーです。

Advice

ひき肉は牛、豚、合いびき、鶏のどれでも、また野菜はオクラやししとうなどを加えても。野菜だけのカレーにしてもいけます。濃いめにとろみをつけたいときは、水溶きコーンスターチの量を倍に増やします。またカレーの風味を強調したいときは、塩、ガラムマサラ、カレー粉を増やし、コリアンダーを加えてもよいでしょう。

材料(4人分)

ひき肉(豚、鶏、牛は好みで)	200g
玉ねぎ	中2個(300g)
なす	4個(250g)
パプリカ(赤、黄)	各小1個(各100g)
ピーマン	50g
にんにく(みじん切り)	大さじ1
しょうゆ	大さじ2
塩	適量
A カレー粉	小さじ2
ガラムマサラ	小さじ1
黒こしょう	小さじ⅓
にんにく(みじん切り)	小さじ1
しょうが(みじん切り)	小さじ1
チキンブイヨン(→p.81)	500ml
水溶きコーンスターチ(コーンスターチ1：水3)	大さじ1
サラダ油	適量
卵	4個
ご飯	適量

玉ねぎと豆を生かしたヘルシーテイスト
鶏肉と豆のカレー
Chicken and beans curry

エネルギーダウンと食物繊維量アップの点でヘルシーカレーを考えてみました。鶏肉は煮込む前によく焼いておいしさをプラスすると同時に余分な脂を落とします。また、玉ねぎをじっくりと炒めることで、油脂分の多い市販のルウを使わなくても、うまみとこくが出てきます。豆はゆで汁を生かすのがポイント。

Advice

鶏肉は長く煮込むとぱさぱさになるので、煮すぎないように最後に加えます。でき上がってから、少しおいて味をなじませます。サラダを添えるならバルサミコ風味のさっぱりしたトマトサラダ（作り方→p.67）などがおすすめです。

材料(2人分)

鶏骨つきもも肉(ぶつ切り)	300g
にんにく	2かけ
塩、こしょう、薄力粉	各適量
ひよこ豆、とら豆(ゆでたもの)	各50g
にんじん	1/6本(30g)
じゃがいも	1個
玉ねぎ(薄切り)	大1/2個(120g)
トマト	小1個(120g)
オリーブ油	小さじ1/2
A カレー粉	大さじ1強
ガラムマサラ(→p.279)	1〜2ふり
豆のゆで汁	150mℓ
サラダ油	適量
ご飯	適量

下ごしらえ

豆は水で一晩もどしてから柔らかくゆでる。ゆで汁も使用する。乾物の豆はもどしてゆでると重さが2倍ぐらいになる。にんじんは乱切りにする。じゃがいもは食べやすい大きさに切る。

1 玉ねぎとトマトをレンジにかけられるボウルに入れ、塩、オリーブ油をかけてラップで覆い（写真下）、電子レンジに3分かける。上下を返し、ラップをしてさらに1分加熱する。

2 トマトのへたと皮を取り、果肉をつぶして混ぜ合わせ、再びラップをして2分加熱する。ラップをしたまま10分以上おく。

3 にんじんをサラダ油で炒め、湯をかけて余分な油を落とす。じゃがいもはゆでる。

4 鶏肉に塩小さじ1/2、こしょうをふり、薄力粉をまぶす。

5 フライパンにサラダ油を熱し、4を皮を下にして入れて焼き、にんにくを加えてふたをし、肉の中まで火を通す。こんがり焼き色がついたら取り出す。

6 5のフライパンの油をふき取り、2とAを入れて炒め合わせる。豆のゆで汁、水1 1/4カップ、豆を加え、あくを取りながら約10分煮る。

7 玉ねぎの甘みが出てきたら、塩で味をととのえる。にんじん、鶏肉、じゃがいもの順に加える。煮えたら少しおいて味をなじませる。

牛乳で煮るマイルドなカレーです

シーフードカレー
Seafood curry

ブイヨンの代わりに牛乳を使ってマイルドに仕上げます。玉ねぎを甘みが出るまでしっかりと煮ることで味のベースを作ります。ソースが完成したところで、最後に魚介類を加えて火はさっと通す程度にします。こうすると素材の味わいが損なわれません。

下ごしらえ

帆立貝柱とえびは冷蔵庫に移して解凍し、水気をふき取る。

1 えびは背わたを取る。いかは皮をむき、格子状の切り目を入れて、一口大に切る。

2 1と帆立貝柱に塩、こしょうをして下味をつける。

3 マッシュルームは石づきを切り落とし、さっと水洗いする。

4 すり鉢にAを入れ、よくすり合わせてペースト状にする。フードプロセッサーにかけてもよい。

5 鍋に4と牛乳を合わせて火にかけ、沸騰させないように煮る。

6 味をみて、玉ねぎの甘みが十分に出ていたら、魚介類とマッシュルームを加えてさっと煮る。味みをして、必要なら塩を加える。器に盛りつけてからパプリカをふる。

材料(2人分)

いか(胴)	70g
帆立貝柱(冷凍)	4個
えび(冷凍)	4尾
塩	適量
白こしょう	少量
マッシュルーム	4個
A レンジ玉ねぎ(作り方→p.75)	大さじ2
しょうが(皮つきをすりおろす)	小さじ1
カレー粉	大さじ1強
ガラムマサラ(→p.279)	1〜2ふり
牛乳	400ml
パプリカパウダー	適量
ご飯	適量

Advice

牛乳がベースになっているので、火にかけたら沸騰させないように火加減を調整します。弱火でじっくり煮るのがよいでしょう。献立としては、薬味にもなるようなフレッシュ感のあるサラダを添え、野菜のピクルスなどの口直しになるものをつけるとよいでしょう。

ヘルシーソースで作る
ヘルシードリア
Tōfu doria

p.134のヘルシーホワイトソースを利用したドリアです。ルウを作らずに豆腐、長いも、牛乳を材料にしたホワイトソースなので、だまもできず、脂肪のとりすぎを防ぎ、またうまみがありながら食べたあとに胃がもたれません。知らずに食べれば、いつもとの違いにまったく気づかない不思議なレシピです。

Advice

ソースも具も温めてから250℃のオーブンに入れてさっと焼き色をつけると美しく仕上がります。ソースの配合を変えて、少し生クリームをたしたり、パルミジャーノチーズを加えてこくを出してもかまいません。チーズをパン粉に替えるのもお好みです。

材料(1人分)

ご飯(冷たくても炊きたてでもよい)	150g
ヘルシーホワイトソース (作り方→p.134)	125mℓ
ロースハム	40g
レンジ玉ねぎ(→p.75)	1/3個分(40g)
グリーンピース(冷凍)	20g
パルミジャーノチーズ(→p.282。すりおろす。または粉末)	15g
グリュイエールチーズ(すりおろす。または粉末)	20g
塩	適量

下ごしらえ

p.134を参照してヘルシーホワイトソースを作り、冷めていたら温める。
ロースハムを小さく切る。
グリーンピースは電子レンジで解凍する。
オーブンまたはオーブントースターを250℃に温める。

1 ボウルにご飯、レンジ玉ねぎ、ロースハム、グリーンピースを合わせて混ぜる。軽く塩味をつける。

2 耐熱容器に1を盛り、ホワイトソースをかける。材料が冷たいときは、ラップをかぶせて電子レンジに2分ほどかけて温める。

3 2種類のチーズをふり、250℃のオーブンで焼き色がつくまで3～4分焼く。

こんがりときれいに焼くコツ

最後のオーブン加熱は焼き色をつけることが目的です。そのためにはソースも具も温かくしておくことがポイント。具が冷たいと表面だけが焦げて、中が温まらないという結果になりかねません。また、具はできるだけ平らに盛り、ソースやチーズも均等にかければ、均一に焼き色がつきます。

煮込まずにさっと炒めて作ります
ハヤシライス
Hashed beef with rice

ソースのベースは、トマトケチャップに少量のしょうゆとブイヨンを合わせたもの。玉ねぎを炒め、牛肉を焼き、このソースベースと合わせれば、あっという間にできてしまいます。まさにこのハヤシライスは焼きたてを食べる料理です。フレッシュ感を感じさせる玉ねぎと柔らかな牛肉の「煮込まない」おいしさを楽しんでください。

Advice

玉ねぎはシャキシャキとした食感が残る程度に軽く炒め、肉もささっと炒めます。煮込まずに、ソースベースであえる程度にします。新玉ねぎで作るのがベストですが、通常の玉ねぎなら、切って2分ほど電子レンジにかけたうえで軽く炒めるとよいでしょう。

材料(2人分)

- 牛肉(薄切り)……………………150g
- A
  - 塩……………………適量
  - 黒こしょう……………………適量
  - にんにく(みじん切り)……………少量
- 玉ねぎ……………………中1個(150g)
- マッシュルーム……………………4個
- バター(食塩不使用)……………………30g
- B
  - トマトケチャップ……………大さじ山盛り3
  - しょうゆ……………………小さじ1弱
  - チキンブイヨン(→p.81)……大さじ2
- 生クリーム……………………大さじ1
- パセリ(みじん切り)……………………適量
- 塩……………………適量
- ご飯(温かいもの)……………………適量

下ごしらえ

玉ねぎの上下を切り落とし、縦半分に切る。繊維に垂直に5mm厚さに切る。マッシュルームも5mm厚さにスライスする。Bを合わせておく。

1 牛肉にAをふって、手でもみ込む。

2 フライパンにバターを溶かし、玉ねぎを焦がさないようにして、さっと炒める。炒めすぎてねっとりさせないこと。

3 2にマッシュルームを加え、さらに炒める。塩少量で調味し、皿に取り出しておく。

4 3のフライパンで牛肉をソテーする。牛肉は短時間でさっと表面だけに火を入れ、焼きたての感じを残す。

5 3をフライパンに戻し、全体を混ぜる。Bを加えて、手早く混ぜ合わせる。

6 生クリームを加え、もう一度全体を混ぜる。ご飯とともに皿に盛り、パセリを散らす。

スペインの名物米料理
パエリア
Paella

本来、パエリアは手軽にできる料理で、具をいろいろ使えば華やかで味わいも多彩なものになります。かにやあさりはおすすめの具ですが、何をどれくらい使うかはお好みで。ブイヨンで煮ればこくのある味になり、あっさりがお好みなら水で十分です。

材料(3人分)

- 鶏もも肉(皮つき) ……………… 130g
- えび(大正えびやブラックタイガーなど大ぶりの殻つき) ……… 3尾(135g)
- いか(するめいか、やりいか、甲いかなど) ……………………………… 80g
- 帆立貝柱 ………………………… 3個(50g)
- たら(生。切り身) ……………… 60g
- ムール貝(殻つき) ……………… 6個
- パプリカ(赤、黄、緑。みじん切り) ……………………………… 各1/3個(各40g)
- 玉ねぎ(みじん切り) ………… 1/3個(60g)
- にんにく(みじん切り) ………… 小さじ1
- オリーブの実(黒、緑。塩水漬け) ……………………………… 各小6個
- サフラン(→p.280) …… 軽くひとつまみ
- 米 ………………………………… 200g
- 水 ………………………………… 220mℓ
- パセリ(みじん切り) ……………… 適量
- ピュアオリーブ油 ……………… 大さじ2
- 塩 ………………………………… 適量

下ごしらえ

えびを殻ごと縦半分に切り、背わたを取り除く。いかの胴は5〜6mm幅の輪切りにし、足があれば食べやすい大きさに切り分ける。ムール貝は殻をよく洗い、耐熱容器に並べ、ラップをかけて電子レンジに20秒ほどかけて殻を開かせる。たらは皮を取り、3つに切る。鶏肉は6個に切る。米はさっと洗って水気をきっておく。

1 えびと鶏肉に塩をふる。フライパンにオリーブ油を熱し、えびは殻を、鶏肉は皮を下にして入れて、片面のみ焼く。鶏肉の皮がこんがりと、えびの殻が香ばしくなるまで焼く。身は生でよい。

2 えびだけを取り出す。にんにくと玉ねぎ、パプリカを加えてさっと炒め合わせる。玉ねぎに透明感が出てきたら、いか、帆立貝柱、たらを加える。たらの身をくずさないように、魚介の両面をソテーする。

3 塩とサフランをふる。米を加え、こびりつかないように手早く炒める。油がたりないようであれば、少量追加する。

4 分量の水を加えて沸騰させる。中火にして2〜3分、水分がひたひたになるまで煮る。

5 えび、ムール貝、オリーブの実をのせ、ふたをして弱火にし、5〜10分蒸し焼きにする。パセリをふる。

Advice

気をつけたいのは、素材それぞれに的確に火を入れること。えび、ムール貝、オリーブは火が入りすぎるとおいしさが半減するので、軽く加熱します。そのほかの材料はよく火を入れたほうがおいしいものです。時間差をつけて鍋に加えて、それぞれのおいしさを楽しめるようにしましょう。

甘辛いたれをからめた白身魚の丼
ベトナム風たらのかば焼き丼

揚げた白身魚をかば焼き風の甘辛いたれで煮て、丼に仕立てます。たれはレモングラスとしょうがを加えた、さわやかなエスニック風味。味のやさしい白身魚なら、ほかの魚でもかまいません。

材料(2人分)

たら(生。切り身)	300g
薄力粉	適量
揚げ油(サラダ油)	適量
たれ	
しょうゆ	大さじ2
日本酒	大さじ4
上白糖	大さじ2
しょうが	2かけ
レモングラス(エスニック料理で使う香草。ドライを使用)	2本
キャベツ(せん切り→p.79)	適量
ご飯(温かいもの)	適量
飾り用	
生の赤唐辛子(なくてもよい)	2本

下ごしらえ
たらは皮を取り、12個に切る。キャベツのせん切りはご飯にふんわりかぶるくらいの量を用意する。

1 たらに薄力粉をまぶし、余分な粉を手ではたいて落とす。170℃くらいの油で揚げる。

2 たれの材料をすべて小鍋に合わせ、火にかける。とろっと軽くとろみがついてきたら**1**のたらを入れる。たれをからめながら数分煮つめる。

3 器にあつあつのご飯を盛り、キャベツをのせる。その上に、たらをたれごとのせ、生の赤唐辛子を飾る。

丼でもお茶漬けでも楽しめます
鯛茶丼

切り身をしょうゆのたれで味つけする鯛茶です。お茶をかけずに、そのまま丼としても楽しめます。最初の半分を丼として食べ、残り半分をお茶漬けにして食べれば、味わいも2倍に。

材料(2人分)

鯛などの白身魚(刺し身用のさく)	300g
しょうゆ	大さじ4
白ごま	大さじ4
青じそ	4枚
焼きのり(全判)	1½枚
わさび	少量
ご飯(温かいもの)	適量
煎茶	適量

下ごしらえ
白身魚を一口大のそぎ切りにする。白ごまをいり、すり鉢で粗くすりつぶす。青じそをごく細いせん切りにする。焼きのりを軽く手でもんで、大きめのもみのりにする。わさびをすりおろす。

1 小さなボウルにしょうゆと白ごまを合わせ、魚の切り身を入れる。両面にからめてから、2分ほどおいて味をしみ込ませる。

2 器にあつあつのご飯を盛り、切り身の汁気を軽くきって並べる。わさび、もみのり、青じそを上にのせる。

3 お茶漬けにするときは、熱い煎茶をいれて上から適量かける。

ハワイ生まれのハンバーグ丼
ロコモコ

ハワイの日系人が考案したといわれる料理です。ハンバーガーよりも腹もちがよく、味もいいと、人気を得ました。トッピングする野菜はゆでたものでも、生のままでもお好みで。

材料(2人分)
- ハンバーグの生地(作り方→p.96) …… 200g
- キャベツ(せん切り→p.79) …… ふたつかみ
- さやいんげん …… 100g
- ブロッコリー …… ¾個(160g)
- ソース
  - 豚かつソース …… 大さじ2
  - トマトケチャップ …… 大さじ4
  - マスタード …… 少量
- 卵 …… 2個
- サラダ油 …… 適量
- 塩 …… 少量
- ご飯(温かいもの) …… 適量

下ごしらえ
さやいんげんは半分の長さに切り、ブロッコリーは小さな房に切り分ける。ともに柔らかく塩ゆでする。ソースの材料をすべて混ぜ合わせる。

1 p.96を参考にしてハンバーグの生地を作り、2つのハンバーグを焼く。

2 フライパンにサラダ油を熱し、半熟ぎみの目玉焼きを作る。

3 器にあつあつのご飯を盛り、キャベツを全面にかぶせる。まわりにはさやいんげんとブロッコリーを散らす。真ん中にハンバーグをのせて、ソースを適量かける。目玉焼きをのせる。

似た者どうしのまぐろとアヴォカドで
焼きまぐろ丼

アヴォカドにしょうゆをつけて食べるとまぐろの味がするといわれています。そのふたつをいっしょに盛り合わせて、渾然一体となった味を楽しみます。まぐろは中をレアに保ったまま、表面だけをさっとソテーして香ばしさを出します。

材料(2人分)
- まぐろ赤身(刺し身用のさく) …… 240g
- A
  - しょうゆ …… 大さじ3
  - サラダ油 …… 適量
- アヴォカド …… 1個
- B
  - しょうゆ …… 小さじ4
  - わさび …… 少量
- スナップえんどう …… 6本
- 三つ葉 …… 適量
- 塩、サラダ油 …… 各適量
- ご飯(温かいもの) …… 適量

下ごしらえ
まぐろは8枚にスライスする。アヴォカドは縦に包丁を入れ、種のまわりを1周させる。両手に持ってねじって割る。種と皮を取り除き、1〜1.5cm角に切る。スナップえんどうは塩ゆでし、冷水にとってから1cm幅の斜め切りにする。

1 Aを合わせ、まぐろにからめ、3分ほど漬ける。

2 フライパンにサラダ油を熱し、汁気をきった1の両面をさっとソテーする。

3 Bを混ぜ合わせ、アヴォカドにからめる。

4 器にあつあつのご飯を盛り、アヴォカドとスナップえんどうをのせる。中心にまぐろをのせ、三つ葉の葉を散らす。

粟入りご飯にたっぷりの具
おにぎり3種

しっかりしているけれどふんわり。食べていてくずれもせず、かたすぎもせず、というにぎり加減がおにぎりのポイントではないでしょうか。ここではご飯には粟(あわ)を2割ほど混ぜて風味と食感に変化をつけましたが、これはお好みで。

材料(6個分)

粟入りご飯
- 米 ……………………… 2合(360ml)
- 粟 ……………………… 70mℓ

具(分量はお好みで)
- A ┌ 甘塩鮭 ……………………… 適量
　　└ 焼きのり ……………………… 適量
- B ┌ しらす ……………………… 適量
　　└ いり白ごま ……………………… 適量
- C ┌ えぼ鯛の開き ……………………… 適量
　　└ 青じそ(みじん切り) ……………………… 適量
- 塩 ……………………… 適量

Advice

塩鮭のおにぎりなら、おにぎり1個に切り身½枚分。えぼ鯛の開きなら1尾分。最初に片手にのせたご飯が具ですっかり隠れる量です。そのくらい具がたっぷり入っているほうが、ご飯とのバランスがよくておいしいと思います。

下ごしらえ

米と粟を混ぜ合わせてとぎ、2合の米を炊くときの1割増しの水を加えて炊く。

1 塩鮭とえぼ鯛を網で焼き、皮と骨を取り除いて身をほぐす。

2 それぞれの具でおにぎりを三角に作り、塩をまぶす。

A 塩鮭をご飯の中心に詰めてにぎり、焼きのりを2周巻く。

B ご飯にしらすといりごまを混ぜておにぎりにし、表面にもいりごまをまぶす。

C えぼ鯛をご飯の中心に詰めておにぎりにし、表面にはご飯が隠れるまで青じそをまぶす。

下ごしらえ

粟入りご飯は、米と粟を合わせてとぎ、1合の米を炊くときの1割増の水を加えて炊く。

1 油揚げを2つに切り、袋状に開き、湯をかけて油抜きする。**A**の調味料を合わせて火にかけ、油揚げを煮る。

2 れんこんの皮をむき、みじん切りにしてゆで、ざるにとり、水気をきる。**B**を合わせた甘酢に漬ける。

3 ご飯に、2のれんこんの汁気をきって加える。その他の具、ヌクマムドレッシング、れんこんを漬けた甘酢5mlを加え、混ぜ合わせる(写真下)。

4 油揚げの汁気をよくきり、袋に半分くらいまですしめしを詰める。

5 巻きすを広げてオーブンシートをのせ、4のいなりずしを置く。手前の巻きすをかぶせ、手で押さえて軽くしめ、形を整える。いなりずしを重ねて盛り、上にチャイブを飾る。

材料(10個分)

油揚げ		5枚
A	だし	120ml
	しょうゆ	大さじ2
	みりん	大さじ2
	上白糖	大さじ2
粟入りご飯(作り方→p.210)		
	米	1合(180ml)
	粟	30ml
れんこん		1/3節(50g)
B	米酢	50ml
	水	100ml
	上白糖	大さじ1½
	塩	ひとつまみ
しその実(しょうゆ漬け。市販品)		少量
青じそ(みじん切り)		2枚
ルーコラ(みじん切り)		2枚
しょうが(みじん切り)		大さじ½
麻の実		大さじ½
ヌクマムドレッシング(作り方→p.54)		25ml
飾り用		
チャイブ(なくてもよい)		適量

ヌクマムのドレッシングをすし酢にして

ハーブいなり

ここでは少し趣を変えて、すしのルーツである東南アジア風の味つけにしてハーブ入り具だくさんのいなりずしを作りました。いなりずしにはいろいろな具がたくさん入っているほうが絶対においしいと思います。

Advice

油揚げは通常のいなりずしと同様にしょうゆ味に煮て、ご飯はヌクマムと米酢ベースのソースで味つけして、すしめしにします。具はしその実、麻の実、青じそ、ルーコラなどをたっぷりと使って風味豊かにしました。

炊飯器で炊くピラフ
ガーリックたこライス
Pilaf con polpi

イタリアンの米料理といえばリゾットですが、簡単にできるピラフもレパートリーに入れておきましょう。たこライスは、ご飯の中からたこがボコボコと飛び出すくらい大量に入れてこそおいしい。

材料（2～3人分）

米（水洗いしない）	2合（360ml）
にんにく（みじん切り）	大½かけ
チキンブイヨン（→p.81）	360mℓ
ゆでだこ	400g
さやいんげん	10本
イタリアンパセリ（あれば）	少量
ピュアオリーブ油	大さじ½
塩	適量

下ごしらえ

ブイヨンはスープとして飲める濃さか、それより薄めに塩味をつける。さやいんげんはゆでてから塩をふり、冷まし、縦半分に切る。

1 鍋にオリーブ油とにんにくを入れ、うっすらと色づくまで炒める。米を加え、ざっと混ぜ合わせる。

2 米を炊飯器に移し、ブイヨンを注ぐ。ざっと混ぜて表面を平らにし、炊く。

3 たこを一口大に切る。フライパンを強火にかけ、熱くなったところに油をひかずにたこを入れる。香ばしく焼いて塩を少量ふる。

4 ご飯が炊き上がったらほぐし、さやいんげんとたこを加えて混ぜる。味をみて、たりなければ塩で調味する。器に盛り、パセリの葉を散らす。

鶏肉をこんがり焼いて混ぜます
ガーリックチキンライス
Pilaf con pollo

鶏肉をこんがりと焼くのがポイント。ご飯と混ぜると、全体にそのうまみがしみわたります。ご飯とあえるときに鶏肉が冷めてしまったら、電子レンジなどで温めると全体の味がまとまります。

材料（2～3人分）

米（水洗いしない）	2合（360ml）
にんにく（みじん切り）	大½かけ
チキンブイヨン（→p.81）	360mℓ
鶏もも肉（皮つき）	200g
塩	小さじ1
黒こしょう	小さじ¼
イタリアンパセリ、セロリの葉（あれば）	各少量
ピュアオリーブ油	適量

下ごしらえ

ブイヨンはスープとして飲める濃さか、それより薄めの塩味をつける。

1 鍋にオリーブ油とにんにくを入れ、薄く色づくまで炒める。米を加え、ざっと混ぜる程度に炒める。

2 1を炊飯器に移し、ブイヨンを注ぐ。ざっと混ぜて表面を平らにし、炊く。

3 鶏肉の両面に塩とこしょうをふる。フライパンにオリーブ油大さじ½を熱し、鶏肉の皮を下にして入れ、ふたをして中火でじっくり時間をかけて焼く。こんがりと焼き色がついたら裏返し、中に火が通るまで同様に焼く。

4 鶏肉を薄めに切る。炊き上がったご飯をほぐし、鶏肉を加えて混ぜる。器に盛り、パセリやセロリの葉などを添える。

第8章

パンメニュー

❦

朝食、ブランチ、ランチボックス、おつまみ、おやつなど、軽く食べたいときのアリススタイルです。とくにアメリカ流の手で持ってかじりつくおいしさは、パンメニューの醍醐味です。フレンチとイタリアンの定番レシピとともにご紹介します。

バゲットで作る甘いトースト
フレンチトースト
Pain perdu

中はプディングのように柔らかくてリッチな味わい、表面はカリッとして香ばしい、これがフレンチトーストの魅力。本来は、堅くなったパンを再利用したデザートメニューで、フランスではブリオッシュやパン・オ・レ(ミルクパン)、バゲットなどを使います。食卓で、ジャム、はちみつ、メープルシロップをかけてかなり甘めの味に仕上げます。

Advice

フランスでデザートとして誕生しましたが、朝食、ブランチ、おやつなど手軽なパンメニューとして利用できます。朝食やブランチなら甘さはひかえめに、食後のデザートやおやつなら十分甘くして。

材料(2人分)

バゲット(2cm厚さの輪切り)	4枚
A 卵	1個
グラニュー糖	20g
牛乳	200ml
コンデンスミルク	大さじ1
シナモンパウダー	ひとふり
サラダ油	小さじ2
バター(食塩不使用)	5g
粉糖	適量
いちごジャム(作り方→p.224)	適量

1 ボウルにAの材料をすべて入れる。泡立て器でグラニュー糖が溶けるまでしっかりとかき混ぜる。

2 バゲットを浸す。プディングのような味わいを作るため、卵液を中心部までしみ込ませる。手で皮をつまむようにするとよい。

3 フライパンを熱し、サラダ油とバターを溶かす。2のバゲットを並べる。焦がさないように中火の火加減にしてこんがりと焼き色をつける。裏返しにして、同様に焼く。

4 粉糖を茶こしでふるいながらたっぷりかける。器に盛ってジャムを添える。

生野菜のスティックサラダ
クリュディテ
Crudité

氷水にさらしてパリッと歯ごたえよくした野菜スティックは、パンメニューに組み合わせるのに手っ取り早く、栄養バランスをとるためにもありがたい一品です。そのままかじったり、お好みで塩やマヨネーズ、オリーブ油などをつけて。

材料

にんじん、パプリカ(赤、黄)
　セロリ、きゅうり、大根 …… 各適量

1 野菜をそれぞれ細長く切り、氷水にさらす。

2 水気をきってグラスなどに挿す。

サンフランシスコ風ボリュームトーストサンド

チキンサンドイッチ
Chicken sandwich

アメリカ風の厚切りパンと具だくさんなボリューム満点のサンドイッチです。パンはトーストして、できたてのあつあつをいただきます。鶏肉は香ばしくソテーしてからたっぷりの野菜といっしょにはさみます。

材料(1人分)

食パン(6枚切り)	2枚
バター(食塩不使用)	適量
A レタス	2枚
アヴォカド(3mmスライス)	2枚
トマト(5mm厚さの輪切り)	3枚
マッシュルーム	大2個
ブロッコリー(ゆでたもの)	小房2個
鶏もも肉(または胸肉。皮つき)	1/3枚(100g)
サラダ油	適量
塩、黒こしょう	各適量

Advice

フィリング(中の具)との温度差があったほうがおいしいので、トーストしたてのパンを使い、熱いうちに作って食べましょう。バターは風味を加えるだけでなく、パンとフィリングを一体にさせる接着剤の役目をもっています。バターをたっぷり塗ることもおいしさには必要なことです。お好みでマスタードも塗ってください。右の2つのサンドイッチも同様です。

下ごしらえ

鶏肉に塩、こしょうをふり、サラダ油でソテーするかグリルする。厚さ3mmくらいの薄切りにする。
マッシュルームとブロッコリーも厚さ3mmくらいの薄切りにする。

1 食パンをオーブントースターでトーストする。すぐに、2枚とも片面にバターを塗る。

2 Aの材料を材料表の順に1枚のトーストの上に重ねる。途中で適宜、塩とこしょうをふる。

3 もう1枚のトーストを重ね、上から手でぐっと押さえ、好みの形に切る。

なめらかなポテトサラダをサンド
ポテトサンドイッチ
Potato salad sandwich

ポテトサラダにアヴォカドを組み合わせたしっとりとして口あたりのよいサンドイッチ。

材料(1人分)

食パン(6枚切り)	2枚
バター(食塩不使用)	適量
A レタス	2枚
ポテトサラダ(80g使用)	
じゃがいも	1個
マヨネーズ	適量
ロースハム(薄切り)	3枚
アヴォカド(3mmスライス)	2枚
トマト(5mm厚さの輪切り)	4枚
チャイブ(6〜7cm長さ)	20本
塩、黒こしょう	各適量

下ごしらえ

ポテトサラダのじゃがいもは皮つきのまま柔らかくゆで、裏ごしするかつぶしてなめらかにする。適量のマヨネーズであえる。このうち80gを使用する。

1 具をそろえたら食パンをオーブントースターでトーストし、すぐに2枚とも片面にバターを塗る。

2 Aの材料を材料表の順に1枚のトーストに重ねる。途中で適宜、塩とこしょうをふる。ポテトサラダは2等分し、トマトの上にものせる。

3 もう1枚のトーストを重ね、上から手でぐっと押さえ、好みの形に切る。

ツナは油をきってそのままサンド
ツナサンドイッチ
Tuna sandwich

ニース風サラダ(→p.71)をそのままサンドイッチにはさみました。

材料(1人分)

食パン(6枚切り)	2枚
バター(食塩不使用)	適量
A レタス	2枚
玉ねぎ(ごく薄い輪切り)	8枚
アンチョヴィ(→p.278。フィレ)	1枚
トマト(小。5mm厚さの輪切り)	5枚
じゃがいも(ゆでて5mmにスライス)	2枚
ゆで卵(5mmスライス)	6枚
パプリカ(赤、黄。薄い輪切り)	各6枚
ツナ(缶詰)	80g
黒オリーブ(塩水漬け)	1個
塩、黒こしょう	各適量

下ごしらえ

アンチョヴィを粗く刻む。ツナはペーパータオルで油分をきる。黒オリーブを半分に切り、種を取り除く。

1 具が用意できたら、食パンをトーストし、すぐに2枚とも片面にバターを塗る。

2 Aの材料を材料表の順に1枚のトーストの上に重ねる。途中で適宜、塩とこしょうをふる。玉ねぎは2つに分けてツナの上にものせる。

3 もう1枚のトーストを重ね、上から手でぐっと押してなじませる。好みの形に切り分ける。

パンで作る、ひと口メニュー

低温でサクサクに焼く
ラスク
Rusk

ほんのり甘く、サクサクとした歯ごたえが楽しいひと口トースト。バゲットにバターとはちみつを混ぜて塗ります。好みでレモン汁少量を加えても。低温のオーブンで乾燥させるように焼き上げます。

材料(2〜4人分)

バゲット(できれば細いもの)	1/3本
バター(食塩不使用)	50g
はちみつ	60g
ブランデー(子ども用には入れない)	小さじ1/2

1 バターをやわらかくし、はちみつと練り合わせる。ブランデーも混ぜる。オーブンを150℃に予熱する。

2 バゲットを厚さ1cm弱にスライスする。片面に1をたっぷり塗り、天板に並べてオーブンに入れる。サクサクした食感になるまで、10分ほど焼く。少し焼き色がついてもよい。

二度焼きしてカリカリに
ガーリックチーズトースト
Garlic cheese toast

にんにくだけでなく、チーズの風味もきかせるとこくが出てきます。ここではバゲットを使っていますが、どんなパンでもかまいません。パンの種類が変わると、食感や風味にも変化が出て新鮮です。おつまみや前菜などに添えて。

材料(2〜4人分)

バゲット	1/3本
にんにく(すりおろす)	適量
E.V.オリーブ油	適量
チーズ(グリュイエール、パルミジャーノなどをすりおろす)	適量
カイエンヌペッパー	ひとふり

1 バゲットを薄切りにする。写真は、縦に2等分してから、斜めに薄切りにしたもの。オーブントースターで少し乾燥させる。

2 片面ににんにくとオリーブ油を塗り、オーブントースターでカリッとするまで焼く。すりおろしたチーズとカイエンヌペッパーをふり、再度オーブントースターでチーズが溶けるまで焼く。

内側はふわふわ、外はカリッ
ハーブトースト
Herb toast

南仏風のさわやかな香りをつけました。2cm近くの厚みのある食パンを使い、ふわふわした柔らかな内側と、カリッとグリルした表面との対照的な食感を出します。目玉焼きなどの卵メニュー、魚のグリルなどに添えれば素敵なブランチやランチメニューにも。

材料(1人分)

厚切りの食パン	1枚
A { E.V.オリーブ油	大さじ3
にんにく(みじん切り)	ひとつまみ
パセリ(みじん切り)	ひとつまみ
タイムの葉(フレッシュ)	ひとつまみ
塩、黒こしょう	各ひとつまみ
好みの香草(イタリアンパセリ、チャイブなど)	適量

1 Aの材料を混ぜ合わせる。食パンの耳を切り落とし、2cm幅に切る。表面全体にAをまぶしつける。

2 グリル、またはオーブントースターなどですべての面に焼き目をつけながら香ばしく焼く。好みの香草を添える。

リッチなハムチーズトースト
クロックムッシュ
Croque-monsieur

チーズとハムのサンドイッチにすりおろしたグリュイエールチーズをまぶして焼いた、贅沢版クロックムッシュです。チーズは溶けるものであれば何を使ってもOK。

材料(1人分)

食パン(8枚切り)	2枚
バター(食塩不使用)	適量
マスタード	適量
ロースハム	3枚
グリュイエールチーズ(→p.280。薄切り)	2枚
グリュイエールチーズ(すりおろす)	適量
カイエンヌペッパー	ひとふり

1 食パンの耳を切り落とす。2枚とも片面にバターを塗る。

2 1枚のバターを塗った上にロースハムを並べ、マスタードを塗り、薄切りのチーズをのせ、もう1枚の食パンをバターを塗った面を下にして重ねる。

3 食パンの外側も両面ともバターをたっぷり塗り、すりおろしたチーズをふりかける。カイエンヌペッパーをひとふりし、オーブントースターでパンがカリッとするまで焼く。3等分に切る。

※フライパンではくっついてしまうので、オーブントースターで焼く。チーズをつけない場合はフライパンで焼いてもよい。

短時間発酵のサクサク極細パン
グリッシーニ
Grissini

イタリア・トリノ生まれの極細パンです。うねうねとのびたユニークな形とサクサクした口あたり、しっかり焼き込んだ香ばしさが持ち味です。やわらかな生地を短時間で強引に発酵させることでサクッとした軽い食感にしています。太さが不ぞろいで、曲がりくねっていたりするちょっとやぼったい形が手作りならではの楽しいところ。食前酒とともにおつまみとして、また食事の脇役としてもどうぞ。

材料(30本分)

中力粉	250g
水	138ml
塩	5g
生イースト	30g
（予備発酵不要のドライイーストの場合は10g）	
ラード	30g
E.V.オリーブ油	15g
ローズマリーの葉(フレッシュ)	5g
強力粉(打ち粉用)	適量

下ごしらえ
ローズマリーの葉をみじん切りにする。

1 ボウルに中力粉を入れ、中央にくぼみを作って水、塩、イーストを入れて溶く(生イーストの場合は指でつぶして溶かす)。

2 くぼみにラード、オリーブ油、ローズマリーを加えて混ぜる。そこに中力粉を手で少しずつくずしながら混ぜ込む。

3 べとべとしていても、生地がまとまったら打ち粉をした台に取り出す。打ち粉をしながら、べとべとした生地が手から離れるようになるまでこねる。

4 打ち粉をふって生地を置き、打ち粉をつけた麺棒で1cm厚さにのばす。ぬれぶきんをふんわりかぶせ、30℃前後の場所で発酵させる。

5 30分～1時間発酵させて、約2倍の厚さに膨らめばよい。打ち粉をつけた麺棒で7～8mm厚さにのばす。ナイフで端から7～8mm幅に切り分け、たっぷりと打ち粉をふる。オーブンを190℃に予熱する。

6 天板にオーブンシートを敷く。生地の両端を持って2倍近くの長さにひっぱってのばしながら天板に並べていく。

7 予熱したオーブンに入れ、25分前後を目安にサクッとした状態に焼き上げる。

☞ Advice

ふつうのパン作りのように時間をかけて力強くこねる必要はありません。材料がひとつにまとまれば生地作りは終わりです。プロセス5で生地に打ち粉をたっぷりふると、焼き上がったときの表情がワイルドで、おいしそうな風合いになります。ローズマリーをほかの香草に替えたり、プレーンにしたり、お好みの風味を楽しんでください。

イタリアの人気パン

フォカッチャ
Focaccia

ふかっとしたやわらかな生地、オリーブ油の独特の風味、粗塩のガリッとした食感と塩味、これがフォカッチャらしさの3要素です。料理のお供に、おやつに、朝食に、いろいろなシーンで楽しめます。黒オリーブ、ミニトマト、ローズマリーなどをのせて焼くのもよいでしょう。

Advice

発酵させている間はときどき霧吹きで水をかけます。ぬれぶきんの上からかけたり、生地に直接かけたりして生地を乾燥させないようにします。発酵時間は場所によって異なるので、膨らみ具合を見て調整を。

材料(直径約25cm大1枚分)

強力粉		500g
A	ぬるま湯	275㎖
	塩	9g
	グラニュー糖	15g
	ドライイースト(予備発酵が不要のもの)	5g
じゃがいも		小2個
塩		軽くひとつまみ
E.V.オリーブ油		適量
粗塩		ひとつまみ
強力粉(打ち粉用)		適量

※ 霧吹きを用意する。

1 ボウルに強力粉を入れ(写真のように台上で作業してもよい)、中心にくぼみを作ってAを入れ、くぼみの中だけを混ぜ合わせる。次にオリーブ油25gを加え、粉を少しずつくずしながら混ぜる。

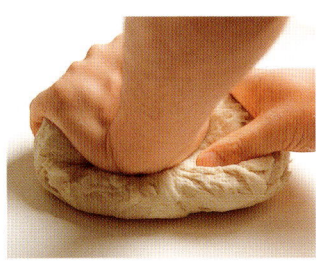

2 生地がまとまったら約10分、強く押しのばしながらこねる。

3 こね始めは肌ざわりがぶつぶつしているが、十分にこねるとなめらかになる。写真のようになるまでこねる。

4 ボウルに生地を入れ、霧吹きで水をかける。ぬれぶきんをかぶせ、30℃くらいの温かい場所で発酵させる。

5 30分～1時間おいて、2倍くらいの大きさに膨らませる。膨らみがたりないときはさらにしばらく発酵させる。

6 オーブンシートの上に生地を移し、麺棒に打ち粉をまぶして、生地を厚さ1cm強の円にのばす。オーブンシートごと生地を天板にのせ、4と同様にして、およそ2倍の厚さまで発酵させる。オーブンを220℃に予熱する。

7 じゃがいもを皮つきのまま3mm厚さの輪切りにする。塩を軽くひとつまみふり、オリーブ油小さじ1でさっとあえる。

8 親指で生地を押して、12か所ぐらいのくぼみを作る。じゃがいもをのせ、オリーブ油大さじ2と粗塩をかける。オーブンで20分前後焼く。焼き上がり直後に、刷毛でたっぷりオリーブ油を塗る。

中はふんわり、表面はカリッと香ばしく。これがフォカッチャのおいしさ。乾燥は大敵です。冷めたらぴったりとラップをして乾燥から守ります。なるべく焼いたその日のうちに食べきるようにしましょう。

パンやデザートにぴったりの
電子レンジで作る ジャム3種

ジャムは電子レンジを使えば驚くほど簡単。フルーツの形を残したジャムが、あっという間に完成です。しかもフルーツの色が鮮やかに残り、美しい仕上がりに。粗熱を取って清潔な容器に入れ、冷蔵庫での賞味期間は1週間。少量ずつ作ってはフレッシュジャムのおいしさを味わいましょう。さらりとした仕上がりでよければ粉寒天はなしでもかまいません。下の写真にあるキウイジャムもブルーベリージャムと同様に作れます。

* *
好きなジャムをかけて
フルーツヨーグルト
* *

ヨーグルトにお好きなジャムを入れて朝食やデザートに。フレッシュ感あふれる自家製のジャムはヨーグルトにもぴったりです。

いちごジャム
Strawberry jam

マーマレード
Marmalade

ブルーベリージャム
Blueberry jam

材料
いちご	160g
グラニュー糖	30g
粉寒天	1g
レモン汁(酸味がたりないとき)	少量

1 いちごはへたを取り、電子レンジ加熱のできる大きめのボウルに入れ、グラニュー糖をかけて混ぜる。

2 ラップをかけ、電子レンジに2～3分かけ、かき混ぜ、さらに2分かける。ふきこぼれ注意。粉寒天を混ぜ、さらに1～2分レンジにかけて溶かす。

材料
柑橘類の皮(オレンジ、レモンなど数種。せん切り)	計125g
オレンジジュース(果汁100％)	ひたひたの量
グラニュー糖	50g
粉寒天	1g

1 熱湯に柑橘類の皮を入れて2分ほどゆでて湯を捨て、新しく水を入れる。再沸騰させ、2分ほどゆでてざるに上げ、流水にさらす。水気をきる。

2 1をレンジ加熱のできる大きめのボウルに入れ、オレンジジュースとグラニュー糖を加えて混ぜる。ラップをかけ、電子レンジに2～3分かける。いったん出して混ぜ、さらに3分かける。

3 粉寒天を混ぜ、さらに1～2分レンジにかけて溶かす。

材料
ブルーベリー(冷凍でもよい)	125g
グラニュー糖	30g
粉寒天	1g
レモン汁(酸味がたりないとき)	少量

1 ブルーベリーを電子レンジ加熱のできるボウルに入れ、グラニュー糖をかける。ラップをかけ、電子レンジに2～3分かける。ふきこぼれ注意。

2 ラップをはずしてかき混ぜ、さらに3分レンジにかける。粉寒天を混ぜ、さらに1～2分レンジにかける。

第9章

デザート

✦

みなさんに喜ばれているアリススタイルをお店のレシピそのままにご紹介します。口あたりのなめらかさ、ほどよい甘さ、こく、自然の風味、さわやかさなど、デザートのもつさまざまなおいしさを食事のしめくくりにご家庭でも。

Advice

レンズ豆は欧米や西アジアなどでよく食べられている豆です。通常は塩味にして、煮込みやスープの具、肉料理などのつけ合わせにします。このデザート用に煮たレンズ豆は3～4日なら冷蔵保存可能です。

材料(4人分)

レンズ豆(→p.283)	85g
タピオカ(→p.281。小粒)	50g
塩	少量

シロップA
- 黒砂糖 … 30g
- 三温糖 … 15g
- 上白糖 … 15g
- 水 … 125ml

シロップB
- グラニュー糖 … 80g
- 水 … 250ml

干しあんず、プルーン(シロップ漬けにしたもの。作り方→右ページ) … 各4個
好みのフレッシュフルーツ(キウイ、パイナップル、オレンジなど。切り方→p.80) … 各4切れ
バニラアイスクリーム … テーブルスプーン山盛り4杯
ミントの葉 … 少量

あずきの代わりにレンズ豆を使った
レンズ豆のぜんざい
Lentilles sucrées au tapioca

今やクイーン・アリスの定番となったいちばん人気のデザートです。煮汁のざらざら感や豆の粒の食感が、あずきととてもよく似ているレンズ豆を使います。レンズ豆をシロップで甘く煮て、タピオカ、フルーツ、アイスクリームを添えてクリームあんみつ風にしてあります。

❀❀❀ 下ごしらえ ❀❀❀

干しあんず、プルーンのシロップ漬けをそれぞれ別々に作っておく。作り方は同じ。鍋に水とグラニュー糖（ともに分量外）を5:1の割合で入れ、火にかけて溶かしてシロップを作る。干しあんずとプルーンを加え、沸騰させてから弱火で2～3分煮る。シロップごと冷ましておく。

シロップBを鍋に合わせ、火にかけて溶かし、冷ましておく。

1 タピオカをざるに入れて軽く水洗いし、水に3分ほど浸す。

2 タピオカの表面が溶け出さないように水の量の2％くらいの塩を加えて火にかける。沸騰したらタピオカの水気をきって入れ、均一に火が通るようにときどきかき混ぜながらゆでる。

3 15～20分ゆでる。小さな芯が残っていても、おおよそ透き通ってきたら、ざるにあけ、表面を引き締めるため水洗いしてべたつきを取る。

4 余分な水分を吸わないように、タピオカの水気をきってすぐにシロップBにつける。このまま冷やし、形を保っておく。

5 小鍋にシロップAの材料を入れ、火にかける。沸騰させて砂糖を溶かす。あくは取り除く。溶けたら火からはずしておく。

6 レンズ豆を水洗いし、水に10分ほど浸す。水気をきって鍋に入れ、500mlくらいの水（分量外）を加えて5～6分ゆでる。ざるに上げ、豆の臭みを取るためにしっかりと水洗いする。

7 鍋に豆を戻し、5のシロップをこして加える。弱火にかけ、少し沸騰させたら火からはずして温かいところに30分ほど置き余熱で火を入れる。もしまだ豆が堅ければ、少量の差し水をしてひと煮立ちさせ、すぐに火からはずし、温かいところに置く。あくを取りながら、柔らかくなるまでこの工程を繰り返す。柔らかくなったら冷やしておく。

❀❀❀ 盛りつけ ❀❀❀

レンズ豆をシロップごと器に入れ、タピオカは水気をきって盛る。フレッシュフルーツ、ドライフルーツのシロップ漬け、アイスクリームを添え、ミントの葉を飾る。

> アイスクリームの
> 美しい盛りつけ方 3 ポイント

1 盛りつけ前に冷凍庫から冷蔵庫に移して、盛りつけ用スプーンが入りやすいかたさにします。アイスクリームがかたすぎると、すくいにくいうえに、食べたときにもなめらかさに欠けます。

2 熱湯を用意し、盛りつけ用のテーブルスプーンを浸して温め、これでアイスクリームをすくいます。熱でアイスクリームが溶けてすくいやすくなり、つやがよくなります。盛りつけるたびにスプーンを湯で温めます。

3 スプーンのエッジを斜めにあて、力強く削り取るように手前に動かすと、削られたアイスクリームがスプーンの上でくるくると回転して丸くなります。これを1～2回繰り返すと美しいラグビーボール状に整います。

227

梅ワインと寒天でさわやかに

梅ゼリー
Gelée aux prunes "Umé"

青梅の出回る6〜7月の限定デザートとして梅ゼリーをお出ししています。梅ワインのゼリーとところてん、梅シャーベットをカクテルのようにグラスに盛り合わせます。じめじめとした蒸し暑い季節、色合い的にも食感的にもさわやかな一品として好評です。

Advice

梅ゼリーだけでもよいですが、ところてんを合わせると味と食感に変化が出ます。梅ワインのアルコール分を完全に抜きたいときは沸騰させてください。アルコール分をやや抑えたいときは、梅ワインの1/5量ほどを水に替え、砂糖を余分に加えるといいでしょう。

材料（4〜6人分）

梅ゼリー
- 梅ワイン（下記参照） …… 720ml
- グラニュー糖 …… 65g
- 板ゼラチン …… 16g

ところてん
- 粉寒天 …… 4g
- 水 …… 500ml

梅シャーベット
- 梅ワイン …… 360ml
- グラニュー糖 …… 40g

梅酒漬けの梅 …… 1個
ミントの葉 …… 適量

※てん突きがあれば用意する。

梅ワイン
梅ワインが手に入らないようなら代わりに梅酒でもよいでしょう。飲みやすい濃さに調整して同様に作ります。

ところてんを突く道具「てん突き」
てん突きがないときは包丁で切ります。多少、太くなってもかまいませんし、さいの目切りでもいいでしょう。それぞれに口あたりが違っておもしろみがあります。

下ごしらえ

梅酒漬けの梅を小片に切っておく。プロセス4のゼリーを作る前に板ゼラチンを冷水に15分ほど浸してふやかす。

1 ところてんを作る。鍋に水を入れて粉寒天をふり入れる。火にかけて、溶け残りがなくなるまで加熱し、こして四角形の容器に移す。粗熱を取ってから冷蔵庫で冷やし固める。

2 梅シャーベットを作る。梅ワインにグラニュー糖を加え、火にかけて溶かす。早く固まるように浅めの容器に入れ、冷凍庫で冷やし固める。

3 2が2時間ほどして固まったら、フォークでくずしてみぞれ状にする。再び冷凍庫に入れ、30分後にもう一度フォークでかき混ぜる。この作業をあと1〜2回繰り返す。

4 梅ゼリーを作る。梅ワインとグラニュー糖を鍋に入れ、火にかける。アルコール分を残すために、沸騰する直前、鍋底から泡が出るくらいで火を止める。ゼラチンの水気をきって加え、すぐにかき混ぜる。

5 4をこしてボウルに移す。底を氷水にあてて、ゆっくりかき混ぜながら冷ます。とろりとしてきたら冷蔵庫で冷やし固める。

6 固めた寒天をてん突きで押し出してところてんにする。器具がなければ包丁で細切りか、小角切りにする。

7 ところてんに、5のゼリー2/3量くらいを混ぜる。

盛りつけ

グラスにところてんとゼリーを混ぜたもの（プロセス7）を入れ、上に残りのゼリーをのせる。梅シャーベットをやわらかくほぐし、スプーンで丸くかたどって（→p.227）のせ、梅酒漬けの梅の小片とミントの葉を飾る。

ゆで栗とホイップクリームの簡単モンブラン
マロン・シャンティイ
Marrons chantilly

ゆでた栗をホイップクリームと合わせるだけ。簡単ながら、味も食感もゆで栗の自然の風味がそっくり残っているおいしいデザートです。ふんわりやわらかなホイップクリームとのマッチングも最高。いっしょに合わせるスポンジは水分を適度に吸収し、味や食感にボリューム感を出しますが、省略してもかまいません。

材料(4〜5人分)

栗(皮つき)	2カップ
粉糖	約50g(好みの量でよい)
ブランデー	40ml(子ども用は量を控える)
生クリーム	300ml
グラニュー糖	30g
スポンジ生地(カステラでもよい。1.5cm角に切る)	1½カップ
ココアパウダー	適量

下ごしらえ

栗は約20分ゆでて、鬼皮と渋皮をむいて身を取り出す。二つ割りにしてスプーンなどで身をすくい出してもよいが、できるだけくずさないようにする。熱いうちにプロセス1へ。

1 味がよくしみ込むように、栗が熱いうちに味をつける。栗の味をみて、粉糖を混ぜ合わせる。さらにブランデーも加えてあえる。

2 風味がとばないようにラップをかけて10分ほどおき、味を含ませる。

3 生クリームにグラニュー糖を加え、ボウルの底を氷水にあてて泡立てる。写真のように、泡立て器を持ち上げたときにクリームがたらりとたれるくらい(七分立て)まで泡立てる。

4 2に3の生クリームの⅗を加え、スポンジ生地も加える。

5 スプーンで全体をざっくりと混ぜる。混ぜすぎると生クリームがかたく泡立ってしまうので半混ぜ程度で器に盛る。残りの生クリームをのせ、ココアパウダーを茶こしでふりかける。

Advice

ゆで栗に甘みがあるようなら砂糖をひかえめに、味が薄いようなら多めに加えます。アルコールに弱い人や子どもがいるならブランデーの量を減らして香りづけ程度にしましょう。おいしさのポイントは生クリームの泡立て方。やわらかさ、なめらかさが命ですから、くれぐれも泡立てすぎ、混ぜすぎにならないように注意してください。

Advice

日向夏は産地によって土佐小夏、ニューサマーと呼ばれています。手に入らないときは、デコポン、清見、グレープフルーツやネーブルオレンジなどを使ってみてください。ただし、これらのわたや薄皮は、きれいに取り除いて果肉だけを使います。

材料(4人分)

日向夏	5個
シロップ(下記の配合で作り、120mlを使う)	
┌ グラニュー糖	250g
└ 水	500ml
板ゼラチン	6g
日向夏のシャーベット(作り方→右ページ)	適量

フレッシュの果肉を果汁ゼリーで固めます
日向夏のゼリー
Gelée à l'orange "Hyuga-natsu"

一口大に切った果肉を、同じフルーツの果汁で作ったゼリーで固めます。日向夏は宮崎県原産で、グレープフルーツとみかんを掛け合わせたような上品な甘さと苦みをもっていて、皮の内側の白いわたや、薄皮も柔らかくておいしく食べられます。

下ごしらえ

板ゼラチンを冷水に15分ほど浸してふやかす。鍋にシロップ用の水とグラニュー糖を加えて火にかけ、溶かす。120mlを容器にとり、熱いうちにふやかしたゼラチンを入れて溶かす。残りのシロップはシャーベットに使う。

1 日向夏4個を、真ん中よりやや頭寄りに切り目を入れて2つにカットする。

2 1の下の部分の果肉を取り出す。皮と果肉の間に大きなスプーンを差し込み、果肉を白いわたや薄皮ごとすくい取る。皮は器として使うので、穴をあけないこと。

3 芯をよけて6カットぐらいの一口大に切り、皮の器に戻す。

4 1でとりおいた日向夏の上部から果汁を搾る。残しておいた日向夏1個を2つに切り、果汁を搾る。皮をふたとして添えるときは、果汁を搾ったあとで内側の薄皮をきれいに取り除く。

5 下ごしらえしたゼラチン入りのシロップに、4の果汁120mlを合わせ、少し火にかける。こしてボウルにとり、氷水にあてながらかき混ぜ、冷やす。

6 果肉の入った皮の器に果汁のゼリー液を注ぎ、冷蔵庫で冷やし固める。ゼリーの上に日向夏シャーベットをスプーンですくって盛る（盛りつけ方→p.227）。シャーベットは別添えにしてもよい。

果汁とシロップで作ります

日向夏のシャーベット
Sorbet à l'orange "Hyuga-natsu"

材料（4人分）

日向夏の果汁 .... 300ml（約4個分）
シロップ（日向夏ゼリーで下ごしらえしたもの）
.... 300ml

1 搾った果汁とシロップを合わせる。

2 早く固まるように浅めの容器に入れ、冷凍庫で冷やし固める。

3 2時間ほどして固まったら、フォークでくずしてみぞれ状にする。再び冷凍庫に入れ、30分後にもう一度フォークでかき混ぜる。同様の工程をあと1～2回繰り返す。

できたての
みずみずしい味
わいを楽しんで。

手軽にできる本格派デザート
チョコレートスフレ
Soufflé au chocolat

スフレはそのやさしい口溶けと優雅な味わい、そして一瞬のうちにしぼんでしまうはかなさが魅力です。失敗なく作るにはベースの生地をとろんとなめらかで、かつこしのある状態にすること。これに作りたてのふわっとしたメレンゲを混ぜ、すぐに焼くこと。そして、焼き上がったらしぼまないうちにいただきます。

材料（約100ml容量の型で4〜5個分）

クーヴェルチュールチョコレート（→p.280。製菓用。カカオ分60%）	50g
バター（食塩不使用）	30g
ココアパウダー	15g
卵黄	2個
卵白	2個分
グラニュー糖（メレンゲ用）	15g
粉糖	適量
バター（食塩不使用。型用）	適量
グラニュー糖（型用）	適量

※型詰めに絞り袋を使うなら、絞り袋と口径1cmの口金を用意して、セットしておく。
※型は耐熱のものを用意する。
※湯せん用の湯（約60℃）を用意する。

下ごしらえ

チョコレートを包丁で細かく刻む。バターも溶けやすいように薄く切っておく。型の内側に型用バターをまんべんなく塗る。そこへグラニュー糖を多めに入れ、くまなくまぶす。残ったグラニュー糖は取り除く。バターが流れないよう、使うまで冷蔵庫に入れておく。オーブンを170℃に予熱する。

型の下ごしらえが終わった状態。型は小さいものがよい。大きいと火が入るのに時間がかかり、外側と中心をバランスよく焼くのがむずかしい。材質は金属がいちばんよく、その次が陶器、そして厚紙。

1 チョコレートをボウルに入れ、底を湯せん用の湯にあてながら泡立器で混ぜるか、電子レンジに20秒ほどかけて溶かす。バター、ココアパウダーを順に加えては混ぜる。

2 卵黄を別のボウルに入れ、底を湯せん用の湯にあてながら泡立てる。全体がふっくらし、泡立器ですくうと、とろとろとたれるぐらいになったら1のボウルに加え、混ぜ合わせる。

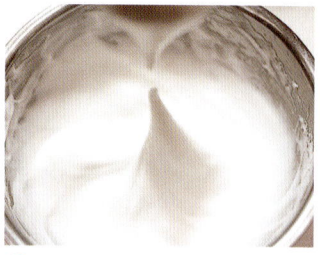

3 卵白を別のきれいなボウルに入れて泡立てる。ふんわりしてきたらグラニュー糖を加えてさらに泡立て、写真の状態（七分〜八分立て）にする。

4 メレンゲの1/3をチョコの生地に加え、ゴムべらでむらなく混ぜる。残りのメレンゲの1/2を加えてざっくりと混ぜ、完全に混ざる前に、残りのメレンゲを加える。そして同様に混ぜきる前に手を止める。生地が弱るので急いで次の工程へ。

5 すぐに4を型の八分目ぐらいまで流し入れる。手早く絞り袋で絞り出してもよい。型を台の上にトントンと2、3回落として生地を落ち着かせる。

6 170℃のオーブンに入れ、約7分焼く。生地がふんわりと膨らみ、中まで火が通ったら取り出す。串を刺して湿った生地がついてこなければ火の通ったしるし。粉糖を茶こしでふる。

アレンジ 中とろとろタイプにも

同じチョコレートスフレでも、周囲がサクサクのクリスピーで、中心がとろりととろけるやわらかさに仕上げる方法もあります。生地を型に詰めていったん冷凍し、250℃の高温で3〜5分焼くという方法です。長く焼けば通常のふわふわ生地になるので、その一歩手前で止めてとろとろ感を出すわけです。チョコレート生地ならではの楽しいスフレになります。

Advice

卵黄と卵白の泡立て加減がポイントです。卵黄はとろとろとゆっくりたれるぐらい、卵白は七分〜八分立てにします。メレンゲの泡をつぶさないようにチョコ生地に混ぜることもポイント。3回に分けて混ぜますが、2回目と3回目は、前回のメレンゲが完全に混ざりきる前に手を止めます。前もって用意する場合はプロセス2まですませておきます。ただし、生地が冷たすぎると焼くのに時間がかかるので、常温にもどして使います。

焼き型もオーブンも使わないXmasケーキ

クリスマスプディング
Christmas pudding

イギリス生まれのクリスマスプディングです。ドライフルーツやナッツ、スパイスなどをたっぷり混ぜて焼いたねっとりした濃厚な味です。今回は型やオーブンを使わず、厚手のふきんと電子レンジで作ります。具が豊富なほどリッチになるお菓子です。フルーツやナッツ、お酒などの配合をお好みで変えて楽しんでください。

Advice

1週間は常温で保存できるので、食べる3〜4日前に作っておいても大丈夫です。少しおいたほうが味も落ち着きます。フレーバーをつけたいときはスパイスやお酒を加えます。スパイスなら、シナモンのほか、黒こしょう、オールスパイス（スパイスのひとつ）なども。レーズンの下ごしらえにラム酒を使っていますが、ブランデーやオレンジリキュールなどを使っても。

材料（8〜10人分）

プディング
- スポンジ生地（市販品）……120g
- クッキー（好みのもの）……230g
- アーモンドダイス……50g
- A
  - バター（食塩不使用）……30g
  - オレンジピール（シロップ漬け。作り方→右記）……大さじ山盛り1
  - レーズン……½カップ弱
  - ラム酒……100ml
  - サワーチェリー（缶詰）……½カップ弱
- **ドライフルーツ、ナッツ**
  - 干しいちじく（ソフトタイプ）……2個
  - 干しあんず……5個
  - プラム……5個
  - くるみ……½カップ弱
  - アーモンドスライス……50ml
- 生クリーム……80ml
- バター（食塩不使用。ふきんに塗る分）……適量
- 薄力粉（ふきんにふる分）……適量

デコレーション用
- 生クリーム……100ml
- グラニュー糖……10g
- いちご……6個
- プラム……16個
- ラム酒……200ml
- レモンピール（シロップ漬け。作り方→右記）……大さじ2
- 金箔、ひいらぎの葉……各適量

※50cm四方の厚手のふきんを用意する。

下ごしらえ 3日前以上

オレンジ＆レモンのピールの作り方

オレンジとレモンの皮をごく薄くむき、極細のせん切りにする。それぞれゆでこぼし（水に入れて沸騰させたら、水を取り替えて再度沸騰させる）を3回ほど繰り返し、水気をよくふき取る。水500mlにグラニュー糖400gの配合で作ったシロップに3日間漬ける。

下ごしらえ 当日

Aのレーズンとデコレーション用プラムはそれぞれ分量のラム酒に半日以上漬ける。くるみとアーモンドスライスをオーブントースターなどでローストする。大きなくるみは粗く刻む。3種類のドライフルーツをサワーチェリー大に刻む。

1 スポンジ生地、クッキー、アーモンドダイスをフードプロセッサーにかけ、粉末にする。

2 ボウルに入れ、**A**をすべて加える。

3 生クリームも入れ、手でよく混ぜ合わせる。材料が平均に散らばり、生地がしっとりしてくるまで混ぜる。

4 ふきんにバターをたっぷり塗り、その上に薄力粉をふるいに通しながらふって、ふきんの目をふさぐ。

5 3の生地を山形に形作って、ふきんの真ん中に置く。

6 ふきんでしっかりと包み、上でひとつに絞る。50cm長さのたこ糸を5〜6巻きして固く縛る。たこ糸の両端を結んで大きな輪を作り、吊るせるようにする。

7 生地をぶら下げ、手でパンパンとたたいて形を整える。皿にのせて電子レンジに約4分かける。一度形を確認し、さらに5分かける。仕上げにもう一度たたいて形を整え、吊るして冷ます。

8 ふきんをはずして皿に盛る。デコレーション用の生クリームにグラニュー糖を加えて八分立てに泡立てて添える。いちご、プラム、レモンピール、金箔、ひいらぎの葉を飾る。

1人分の盛りつけ

切り分けて、お好みでカラメルソースをかけ、ミントを飾る。カラメルソースは鍋に水50mlとグラニュー糖100gを入れてよく混ぜ、中火にかけ、鍋をときどきゆすりながら焦がす。淡いきつね色になったら火からはずし、鍋をゆすって余熱で焦げ茶色まで火を入れる。市販のカラメルソースでもよい。

タピオカとあずき入り冷やしじるこ

ココナッツミルクじるこ
Soupe au lait de coco

ココナッツミルクのおしるこは、東南アジアから東アジアにかけての国々で親しまれているデザート。いっしょに使っているタピオカもあずきもこの地域一帯でとてもポピュラーなものです。ゆであずきもタピオカも、ココナッツミルクも十分に冷やしておくことがポイント。

Advice

ココナッツミルク、タピオカ、あずきの3つは自由に配合して、お好みの味を作ってください。ココナッツミルクの代わりに少量のコンデンスミルクを混ぜるのも、おいしい食べ方です。

材料(4人分)

ゆであずき(缶詰)	250g
タピオカ(→p.281。小粒)	50g
ココナッツミルク	100ml
バニラアイスクリーム	適量
ミントの葉	適量
シロップ	
水	250ml
グラニュー糖	90g

下ごしらえ

シロップ用の水とグラニュー糖を小鍋に入れ、火にかけて溶かす。容器に移して冷ましておく。タピオカをp.227のプロセス1〜4を参照して柔らかくゆで、シロップにつけて冷やしておく。

1 ボウルにゆであずきとタピオカを合わせる。タピオカはシロップの水気をきって入れる。

2 ココナッツミルクを加え、混ぜ合わせる。盛りつけ用の器に盛る。

3 バニラアイスクリームをスプーンですくって盛り(盛りつけ方→p.227)、ミントの葉を添える。

シロップ煮のあんずを冷凍して

あんずのアイスキャンディ
Apricot water ice

ドライフルーツの干しあんずは、シロップで煮ると、おいしさが2倍になります。これをシロップごと冷凍庫で冷やし固めてアイスキャンディにしました。周囲がほどよく溶けたころ、刺した棒をグラスから引き抜いて食べていただきます。

材料(5〜6人分)
干しあんず	200g
シロップ	
水	500mℓ
グラニュー糖	100g
レモン(輪切り。なくてもよい)	適量
ミントの葉(なくてもよい)	適量

※割り箸を5〜6本用意する。

Advice
レモンやオレンジの皮、バニラビーンズを加えると香りがよくなるので、お好みで。棒を入れずに冷やし固め、ざくざくとスプーンでかき出しながら食べるのもよいでしょう。

1 鍋にシロップ用の水とグラニュー糖を入れて火にかけ、溶かす。干しあんずを加え、ひと煮立ちさせ、煮くずれないように弱火で2〜3分煮る。火からはずしてそのまま3時間ほどおく。殺菌のために再度沸騰させる。シロップごとボウルに移し、底を氷水にあてて急冷する。

2 割り箸にあんずを4個ずつ刺す。手で持つスペースを計算して、あんずは先端のほうにまとめて刺す。

3 グラスに立て、煮汁のシロップも注ぐ。冷凍庫に入れ、1日かけて凍らせる。

4 供するときにレモンの輪切りとミントを飾る。食べるときは、グラスのまわりを水でぬらしてシロップを少し溶かし、箸ごと抜いて食べる。

オレンジの皮を加えて香りよく
パンナコッタ
Panna cotta

イタリア北部、ピエモンテ州の伝統的なデザートです。生クリームを牛乳でのばすレシピをおすすめします。さらに、ここではオレンジの皮を混ぜて柑橘のすがすがしい香りを立たせてみました。

材料（100㎖容器で6個分）

A	生クリーム	200g
	牛乳	200g
	グラニュー糖	60g

板ゼラチン……………………6g
オレンジの皮のすりおろし
　　　　　　……大さじ1（約½個分）
グランマニエ
　（またはコワントロー。なくてもよい）…13㎖

ソース
バニラアイスクリーム
　　　　　　……市販の小カップ1個

季節のフルーツ
いちご、キウイ、ブルーベリー、グレープフルーツ、オレンジ、でこぽん、きんかんなど……………………適量

下ごしらえ
バニラアイスクリームは前日に冷蔵室に移し、溶かしてソースとする。レンジで加熱すると分離するので避ける。ゼラチンを冷水に15分以上浸してふやかす。

1 Aを鍋に入れて火にかける。沸騰したら火からはずし、ゼラチンの水気をきって加える。かき混ぜて完全に溶かしたら、こしてボウルに移す。

2 オレンジの皮を加えて混ぜる。時間に余裕があれば、そのまま10分くらいおいて皮の香りを十分に出すとよい。

3 底を氷水にあて、静かに混ぜながら、わずかにとろっとしてくるまで冷やす。粗熱が取れたらグランマニエを加えておく。

4 とろみがついたら、型に流す。冷蔵庫で1時間以上おいて冷やし固める。フルーツは食べやすい大きさに切る（切り方→p.80）。固まったらぬるま湯に型の縁ぎりぎりまで2～3秒浸して抜き、フルーツを飾り、ソースを添える。

極限のやわらかさです
なめらかプリン
Budino

こくがあってとろりとなめらか。生地がやわらかいので、カラメルは食べるときにかけます。ぎりぎりのやわらかさを楽しんで。

材料（4人分）

卵……………………………2個
グラニュー糖………………100g

A	牛乳	250㎖
	生クリーム	250㎖
	バニラのさや	½本

カラメル

	グラニュー糖	80g
	水	100㎖

※湯せん用の湯（約60℃）を用意する。

1 卵とグラニュー糖をボウルに入れてかき混ぜる。オーブンを170℃に予熱する。

2 Aを鍋に入れて火にかける。沸騰する直前に火からはずし、1のボウルに少しずつ加えながら泡立て器で混ぜる。

3 こし器に通しながら耐熱の型に流す。オーブンに入るバットなどに型を並べ、約60℃の湯を型の高さの半分弱まで注ぐ。170℃のオーブンで約15分焼く。焼き上がったら粗熱を取り、冷蔵庫に入れる。

4 カラメルを作る（前日に作ってもよい）。小鍋にグラニュー糖と水20㎖を入れて加熱し、カラメル色になったら火からはずし、水80㎖を加えて溶かす。底を氷水にあてて冷ます。食べる直前にかける。

グラスに盛り重ねて手軽に
シェフ特製ティラミス
Tiramisu

ティラミスでお約束の構成要素は、マスカルポーネチーズのクリームと、エスプレッソコーヒー、ビスキュイ生地。「おいしくて手軽」を求めて、要素を再構成したのがこの特製ティラミスです。グラスを利用して、コーヒーの上にクリーム、その上にビスキュイ代わりのシリアルを飾りました。

Advice

マスカルポーネはかなり濃厚なので、メレンゲの気泡でふっくら持ち上げ、軽さを出すのがおいしく作るコツ。

材料（4～5人分）

マスカルポーネチーズ（→p.283）	150g
卵黄	2個
グラッパ（→p.280。ラム酒、ブランデーなどでもよい）	小さじ1
A 卵白	3個分
グラニュー糖	60g
B エスプレッソコーヒー	150ml
ココアパウダー	15g
グラニュー糖	15g
好みのシリアル	適量

1 ボウルにマスカルポーネと卵黄を合わせ、泡立器でかき混ぜる。グラッパも加える。

2 メレンゲを作る。別のボウルにAの卵白とグラニュー糖の約⅓量を入れて泡立てる。残りの砂糖は2回に分けて加え、つやが出て、泡立器を持ち上げたときにメレンゲが立って先端が少したれるかたさにする。

3 2のメレンゲの⅓量を1のボウルに加え、手早く泡立器で混ぜる。残りのメレンゲを2回に分けて加え、ゴムべらで軽く混ぜる。冷やしておく。

4 Bのコーヒーを鍋に入れて沸かし、ココアパウダーとグラニュー糖を加えて溶かす。火からはずして茶こしでこし、氷水にあてて冷ます。

5 グラスの底に4を大さじ2杯ほど入れ、3を流し入れる。上にシリアルをのせる。

♣ アレンジ

セミフレッド

ティラミス用に作ったマスカルポーネのクリームで、イタリアの簡単ジェラートのセミフレッドが作れます。3の生地にふたかラップをかぶせて冷凍庫で1日以上おいて固めるだけです。そのまま食べてもよいし、エスプレッソのような熱くて濃いコーヒーをかけ、溶けかかったところを食べるのもおすすめです。

5時間かけて焼きます

焼きりんごタタン風
Mela al forno

タルト・タタンのイメージで作る、香ばしくとろっとした焼きりんご。通常の数倍も時間をかけて、まるごとのりんごが厚さたった2cmくらいになるまで焼き続けます。時間をかけられなければ1時間くらいでもかまいません。

材料(2人分)

りんご(紅玉か国光)	2個(400g)
バター(食塩不使用)	20g
シナモンパウダー	少量
グラニュー糖、白ワイン	各適量
バニラアイスクリーム	適量

1 オーブンを160℃に予熱する。りんごはまるのまま芯を抜く。皮の上から竹串で20か所ほど浅く刺して穴をあける。

2 天板にりんごを置き、芯を抜いた穴にバターのかたまりをのせる。そこにシナモンパウダーをふり、グラニュー糖をのせられるだけ山盛りにのせる。オーブンで5時間焼く。

3 途中で2回、グラニュー糖を軽くひとつかみまぶす。また天板に焦げつきそうになったら、そのつど白ワインを約50mlずつ流す。

4 焼き上がったら皿に置き、アイスクリームをのせる。

お手軽でおいしい組み合わせ

いちごリコッタ
Fragole con ricotta

リコッタはイタリア産のさっぱりしたフレッシュチーズ。こんなふうにフルーツと組み合わせるだけで、すてきなデザートになります。リコッタが余ったとき、簡単デザートを一品というときに重宝します。いちご以外の果物でもお試しを。

材料(2人分)

いちご	14個
リコッタチーズ(→p.283)	80g
牛乳	小さじ1
はちみつ	大さじ2
ミントの葉	小8枚

1 いちごをボウルに入れてフォークで軽くつぶす。リコッタに牛乳を加えてのばす。

2 1のいちごを果汁とともに皿に盛る。のばしたリコッタをのせ、はちみつをかけ、ミントの葉をちぎって飾る。

下ごしらえ

洋梨を縦半分に切り、端から5mm幅に切る。½個分を1つの型に入れ、ポワールウィリアムスを少量ふる。オーブンを170℃に予熱する。

1 バニラのさやを縦半分に切って中の種をナイフでこそげ取り、ボウルに入れる。グラニュー糖を加え、種をばらすように泡立て器で混ぜる。

2 卵黄を1個ずつ加えながら混ぜ合わせていく。途中で、バニラのさやも加える。

3 生クリームを加え混ぜ、次にサワークリームを加え混ぜる。こして、別のボウルに移す。

4 洋梨を入れた型に3の生地を流し入れる。オーブンに入るバットなどに型を入れて約90℃の湯を型の高さの半分〜七分目まで注ぐ。170℃のオーブンで約15分焼く。串を刺して、液体がついてこなければよい。焼きがたりなければさらに数分焼く。取り出して粗熱を取る。

なめらかでこくがあるクレーム・ブリュレのよう

洋梨のクラフティ
Clafoutis aux poires

中部フランスに古くから伝わっている家庭菓子ですが、ここでは本来用いる小麦粉を使わず、牛乳の代わりに生クリームとサワークリームを使うリッチタイプを紹介します。クレーム・ブリュレのようなこくとなめらかさを出したレシピです。洋梨のほかにさくらんぼやいちご、ナッツなどでも。

Advice

一度に大きな型で焼いてもよいでしょう。砂糖をかけてカラメル状に焼いたり、ビスケットのクラムをふりかけてアクセントにするのもおすすめ。食べるときは、焼きたての温かい状態でも、冷蔵庫で冷やしたものでも、お好みでどうぞ。

材料（140ml容量の型で4個分）

洋梨（缶詰）	2個
ポワールウィリアムス（洋梨のブランデー。ラム酒でもよい）	小さじ1
生クリーム	250ml
サワークリーム	120g
卵黄（L玉）	5個
グラニュー糖	50g
バニラのさや（約15cm長さ）	1本

※湯せん用の湯（約90℃）を用意する。

果物とワインゼリーを重ねます
旬果カクテルゼリー
Gelatina con frutta

季節のフルーツとワインゼリーの組み合わせ。ゼリーとフルーツを層にして冷やし固めるのは大変手間がかかるので、ゼリーだけを固めて一度くずし、それをフルーツと交互に重ねて盛りつけます。

材料(4人分)

白ポルト酒	180mℓ
白ワイン	60mℓ
グラニュー糖	72g
水	420mℓ
板ゼラチン	9g
季節のフルーツ	適量

（ここではいちご8個、キウイ2個、オレンジ1個、はっさく1個、ブルーベリー50粒）

1 板ゼラチンを冷水に15分以上浸してふやかす。

2 鍋にポルト酒と白ワインを合わせ、強火にかけてアルコール分をとばす。グラニュー糖と水を加え、沸騰したら火からはずす。ゼラチンの水気をきって加え、かき混ぜて溶かす。こしてボウルなどの容器に移し、冷水にあてて粗熱を取る。冷蔵庫で冷やし固める。

3 フルーツを食べやすい大きさに切る（切り方→p.80）。

4 スプーンでゼリーをおおまかにくずす。グラスにゼリーとフルーツが層になるように交互に詰める。

皮ごとオーブンで焼くだけ
焼きバナナ
Banane arrosto

バナナのまるごとロースト。皮が真っ黒になるまでオーブン焼きすると、果肉が蒸し焼きにされてとろっと柔らかくなり、甘みも増します。熱いうちに食べるのがおいしいので、冷めたら電子レンジで温め直してからいただきましょう。

材料(6～10人分)

バナナ	1房(6～10本)
メープルシロップ	200mℓ
ピスタチオ(製菓用)	適量

1 オーブンを150℃に温める。ピスタチオをオーブンに入れて5分ローストし、刻んでおく。

2 バナナを房のまま天板にのせて150℃のオーブンに入れ、15分ほど焼く。その間、色のつき具合を確認し、バナナどうしが重なって黄色が残っている部分があれば、取り出して間隔をあけ、オーブンに戻して再度焼く。全体を均一な黒色に焼く。

3 バナナが熱いうちにナイフで切り目を入れ、果肉をのぞかせる。メープルシロップを適量かけ、ピスタチオを散らす。

※ 第10章 ※

お茶の時間の
スイーツ

⚜

小麦粉、油脂、砂糖、卵のいろいろな配合と混ぜ方で生まれるさまざまなお菓子。自分で手作りすることで、その不思議、楽しさ、おいしさをますます実感することでしょう。おいしさにこだわったリッチなレシピをご紹介します。

Lesson Alice 7
お菓子作りのABC
省略できない おいしさ作りのお約束

1 まずは道具をそろえ、材料を計量する

お菓子作りを成功させるポイントのひとつに「段取りのよさ」があります。一気に工程を進めないと、気泡がつぶれたり、生地がだれたり、分離したりといろいろトラブルがおこります。手際よく進めるためには、あらかじめすべての材料を計量し、道具も手もとに用意してから始めることが大切です。正確な計量はとくに重要。できれば1g単位まで量れるはかりを使って計量してください。そして道具はきれいに洗って乾かしたものを。メレンゲ作りでは、ボウルや泡立て器に油脂分がついていると、しっかりしたメレンゲを作ることができません。

2 焼き型の準備

焼き型が必要なお菓子はその準備も大切。本書でもプラムケーキ、チーズケーキ、ロールケーキなどで使います。生地ができ上がったら、「すぐに型に流し、すぐにオーブンへ」とスピーディさを求めるものもあります。型の準備は生地作りにとりかかる前に行ってください。型の準備とは、生地を流して焼いたあと、きれいに生地が抜けるように紙（オーブンシートなど）を敷いたり、バターを塗って強力粉をまぶしておくこと。どちらを選ぶかは自由です。紙が敷きやすければ紙で、タルト型のように凹凸があって紙を敷けないものはバターと粉をまぶします。

紙の場合は、最初に型にバターか油を塗り、その上に張ります。丸型は底と側面に分けて。パウンド型や天板は、一枚紙の四隅に切り込みを入れてきっちりと角を作ります。紙の高さは自由。型より低くしたときは、焼き上がってから型の縁をナイフでなぞって切り離せばOK。

3 バターの準備

* 常温バター
* クリーム状のバター
* 溶かしバター

お菓子作りではバターをいろいろな状態で使います。本書では「常温のやわらかさ」にもどしてから、あるいはさらにやわらかな「クリーム状」にしてから、また「溶かしバター」にして、他の材料と合わせています。レシピによってはお菓子作りを始める数時間前（室温によって異なります）には冷蔵庫から取り出して、自然にやわらかくしておくことも必要です。

常温バター
指でバターのかたまりを押したときに、ズブッとそれほど抵抗なく入るやわらかさになっているもの。べたべたするのはやわらかすぎ。常温（15〜17℃）で固まっている、ほどよいやわらかさを指します。

サブレなどのクッキーでは、常温バターを指の背でつぶし、薄く広げてから次の工程へ進めます。これをさらに練ると「クリーム状のバター」に。

クリーム状のバター
先の要領で薄く広げた常温バターを、さらに泡立て器で練ってクリーム状にしたもの。電子レンジも利用できますが、常温バターにしたものを練って作ったほうが失敗ありません。しかし実際のプロの調理場では電子レンジが多用されています。バターを2cm角くらいに切ってボウルに入れ、10秒単位で何回かに分けて電子レンジにかけます。そのつどバターのやわらかさを確認し、指で押してやわらかくなったら泡立て器でむらなくかき混ぜればOK。

溶かしバター
バターを液状になるまで溶かしたもの。焦がしバターの風味が欲しい場合を除いて色づかないようにします。ですから小鍋に入れて直接火にかけることはせず、湯せんにかけて溶かします。また、手軽さでは電子レンジを使うのがいちばん。ただし一気には加熱せず、クリーム状のバター同様に10秒単位で何回もチェックしながら時間をかけて溶かしてください。

4 オーブン予熱は、焼き温度より高めに

お菓子を焼いている間は、オーブン内の温度を一定に維持するようにします。しかし実際には、生地を入れるときに扉を開けるので、外気が入って温度が下がります。とくに家庭用オーブンは、庫内の容量に対して扉が大きいため、あっという間に温度が下がります。また、冷たい生地を入れることでも下がります。

そこでオーブンを予熱するときは、焼く30分ほど前から、焼く温度よりも20℃高めに設定して温め始めておきます。そして生地を入れたら設定を20℃下げて焼くとよいでしょう。ただし、一度に焼く生地の量やサイズ、オーブンの機種によって適正温度と時間は異なります。必ず生地の状態をみながら焼いてください。

また、焼きむらが出た場合は、生地が安定してくる所定の焼き時間の半分以上が過ぎた段階で、天板の向きを変えます。

Lesson Alice 7
お菓子作りのABC

5 薄力粉は必ずふるってから使う

薄力粉はさらさらした細かな粒子に分かれていないと、他の素材と混ぜ合わせたときに固まって小さなかたまり（だま）ができやすくなります。そこでふるいにかけてこれを防ぎます。お菓子作りでは絶対に必要な工程です。粉糖やアーモンドパウダーも湿気が気になるときは、一度ふるいにかけたほうが無難です。

薄力粉は使う直前にふるいにかけます。目の細かいふるいのほうがベター。ココアパウダーを使うときは、粉といっしょにふるいにかけると均等に混ざります。

アーモンドパウダーは薄力粉よりも粒子が大きいので、ふるいにかける場合は、目詰まりが起きないよう「目の粗い」ふるいを使います。

6 ナッツはローストしてから

くるみ、アーモンド、ヘーゼルナッツ、マカデミアナッツなど、お菓子に使うナッツはいろいろあります。焼き菓子に使う場合は、生地を焼くときにいっしょに火が入りますが、生のまま生地に混ぜ込んでも香ばしさやうまみは出てきません。必ずあらかじめローストして、おいしい状態にしてから使います。170℃くらいの温度で、焼き色がうっすらとつき、パリッと割れるくらいまで、を目安に焼いてください。

生のナッツが入手できないときは、塩味つきのもので代用しても可。その場合は数分ゆでて塩を抜き、冷水にさらしてから乾かし、同様にローストして使います。

7 生地は一度休ませる

バターや砂糖、卵、小麦粉などを混ぜ合わせたクッキーやタルト生地は、必ず冷蔵庫で2時間以上休ませてからのばします。小麦粉のグルテンの弾力を弱め、やわらかくなったバターを引き締めることで生地の状態を安定させるためです。休ませないときれいにのばせず、型抜きするときも角がシャープにならず、きれいな形に整いません。焼いたときに生地が周囲に流れやすくもなります。食感や風味も損ねます。

休ませるときはなるべく早く冷えるように、生地を薄くするのもポイントです。乾燥とにおいがつくのを防ぐためにラップとビニール袋で二重にしっかり包んでください。使うときには生地がかたくしまっているので、まず無理なくのばせるやわらかさにほぐします。このとき無造作にこねるのではなく、俵形に整えるようにほぐすのがポイントです。

これが休ませるときの形。早く冷えるように厚さ1〜1.5cmくらいに薄くして、ラップをする。そしてさらにビニール袋に入れて冷蔵庫へ。

生地を麺棒で薄くのばすときも、手でころがして棒状にするときも、まずはこの俵形にしてから作業します。これがいちばんスムーズに成形しやすく、生地に負担をかけません。

8 焼き型はレシピの型でなくても大丈夫

ひと言で型といっても種類やサイズがさまざまで、レシピに書いてあるものをすべてそろえていくのは大変。たまにしか使わない型ならば、アイディア勝負で手近なもので代用しましょう。厚紙で手作りしてもよいですし、家にある容器を利用したり、市販品の安価で使い捨ての紙やアルミ製の型を使うのもよいでしょう。

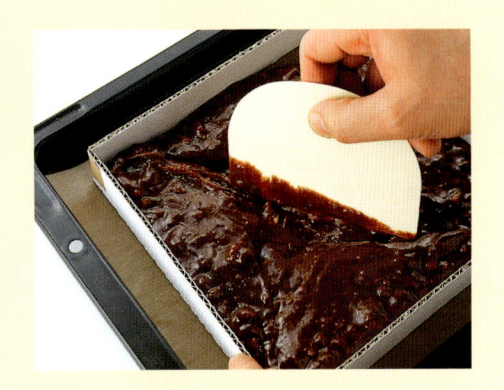

パティスリークイーン・アリスのスペシャリテ
贅沢プラムケーキ
Cake aux pruneaux

しっとり感と甘み、酸味、こくがひときわ濃厚で、芳醇、重厚という言葉がぴったりのパウンドケーキです。この独特な味わいは、カスタードクリームを混ぜ込んだ生地、たっぷりのドライフルーツ、上がけしたフォンダンというリッチな味の多重構造によって生まれています。インパクトの強い味わいですから、小ぶりに作り、薄く切り分けて召し上がってください。

Advice

プラムだけでなく、干しあんずと干しいちじくもたっぷり入った贅沢なケーキです。シロップ煮にしたオレンジやグレープフルーツの皮を入れれば、より香りとおいしさが増します。アーモンドパウダーの比率を増やして、こくを高めるのもよいでしょう。

贅沢プラムケーキの作り方

材料(長さ18cmのパウンド型3台分)

バター(食塩不使用)	100g
上白糖	100g
とき卵(全卵)	100g(約2個分)
レモンの皮(すりおろす)	½個分
レモン汁	½個分
カスタードクリーム(作り方→p.264)	110g
生クリーム	40g
薄力粉	100g
ベーキングパウダー	3g(小さじ¾)
アーモンドパウダー	35g

ドライフルーツのシロップ漬け

プラム	130gと飾り用9個
干しあんず	70gと飾り用9個
いちじく	90gと飾り用9個
くるみ	8個
アーモンドスライス	60g
コニャック(仕上げ用)	40g
アプリコットジャム	100g
フォンダン(→p.281。市販品)	200g

翌日から1週間が食べごろ。密封して冷蔵庫で保存する。プレゼントにする場合は、包装用シート(OPPシートなど)で包んでから箱に詰めましょう。

下ごしらえ 1週間以上前

ドライフルーツのシロップ漬けは多めにまとめて仕込み、そこから必要量を使う。飾り用以外は使う前に水気をきり、プラムは1個を半分に、アプリコットといちじくは¼に切っておく。

〈プラム〉
ひたひたの量のコニャックに1週間以上漬ける。

〈干しあんず〉
砂糖と水各500g(分量外)を火にかけてシロップを作り、オレンジ1個分の果汁と皮(分量外)をまるごと入れる。水洗いした干しあんずを加えて沸かし、冷ましてから1週間以上漬ける。

〈いちじく〉
当日、水1ℓにレモン1個分の果汁と搾ったあとの皮(分量外)を入れ、いちじくを加えて沸騰させ、冷ます。

下ごしらえ 当日

カスタードクリーム(作り方→p.264)を作る。オーブンシートを型の底の大きさに高さの半分の寸法を加えて四角形に切る(3枚)。四隅に切り込みを入れて型の角にぴったり合うようにする。型の内側に油(分量外)を塗って張る。
ボウルにバターを入れ、常温でやわらかくする(→p.247)。
薄力粉とベーキングパウダーをいっしょにしてふるう。
プロセス10の前で、オーブンを185℃に予熱する。

1 やわらかくしたバターを泡立て器でかき混ぜてクリーム状にする。

2 上白糖を加え、全体がやや白っぽくなり、ねっとり感が出るまで泡立て器でさらにかき混ぜる。レモンの皮を加えて混ぜる。

3 卵を3回に分けて加え、そのつどよくかき混ぜる。

4 別のボウルにカスタードクリームを入れ、生クリームを加える。泡立て器でかき混ぜ、2つがなじんでなめらかになったら、レモン汁を加え混ぜる。

5 下ごしらえしたドライフルーツを*4*の生地に加えて混ぜる。

6 3のバターベースの生地に、5の生地を加え、ゴムべらで混ぜてなじませる。

7 ふるっておいた薄力粉とベーキングパウダー、そしてアーモンドパウダーを加える。ゴムべらで切るようにざっくりと混ぜる。表面の粉気が見えなくなればよい。

8 生地を準備した型3つに分けて入れる。焼いたときに流れにくい生地なので、四隅に空洞ができないようにスプーンできっちり詰める。

9 ホールのまま残しておいた、プラム、干しあんず、いちじくを型1つにつき3個ずつ並べる。すき間に、くるみを二つ割りにしながら埋める。全体にアーモンドスライスを散らす。

10 型を天板にのせて予熱したオーブンに入れる。設定を165℃に下げて50分焼く。そのあとさらに余熱で10分火を入れる。出したらコニャックを刷毛で塗る。

11 焼いた生地を自然に冷ましてからこの工程へ。鍋にアプリコットジャムを入れて弱火にかけ、ゴムべらで混ぜながら少々煮つめる。濃度の目安は、ジャムを少量指先でつまみとり、強く押して離した瞬間に細い糸を引くまで（熱いので注意）。

12 冷ましたプラムケーキを型からはずす。表面にアプリコットジャムを刷毛でたっぷり塗る（全量は使わなくてよい）。

13 鍋にフォンダンを入れて火にかけ、コニャック少量（分量外）でのばしてやわらかくし、人肌に温める。フォンダンは、35℃以上に温めるとつやが失われる。唇に少量をあてて、冷たくも熱くも感じない人肌の温度になったら、すぐに火からはずす。刷毛にたっぷりと含ませ、斜線を描くように繰り返したっぷりたらす（全量は使わない）。

フォンダンは飾りだけでなく、このお菓子を構成する大事な「甘み」の要素。口の中に入れたときにまずフォンダンの甘さを感じることで、そのあとに次々に舌を攻めてくるアプリコットジャム、ドライフルーツ、粉生地の中の砂糖やカスタードクリームなどのさまざまな甘さ、おいしさが生きてきます。

253

チョコのねちっとした食感がおいしい
くるみ入りブラウニー
Walnuts browny

ねちっとした羊羹のような食感で、しっかりした甘みがこのケーキのおいしさです。ココアパウダーだけではねっとり感が出ないので、必ずチョコレートを使います。それもおいしいチョコレートが必須。砂糖の甘みもある程度の量は必要です。

Advice

多少のふっくら感、ふくよかさを出すなら、ベーキングパウダーを加えてもよいでしょう。このレシピの場合なら、ベーキングパウダー2gを薄力粉に混ぜ、いっしょにふるいにかけてください。食べごろは焼いてから2～3日以内。密閉容器に入れて乾燥しないように保存してください。

材料（18×22cmの焼き型1台分）

- クーヴェルチュールチョコレート（製菓材料用。ビター） ……… 90g
- バター（食塩不使用） ……… 100g
- とき卵（全卵） ……… 100g（2個分）
- 薄力粉 ……… 50g
- ココアパウダー ……… 15g
- グラニュー糖 ……… 150g
- 塩 ……… ひとつまみ
- くるみ ……… 100g
- バター（食塩不使用）、粉糖（型に塗る分） ……… 各適量

下ごしらえ

オーブンを180℃に温め、くるみを天板に広げて入れ、途中で1～2回かき混ぜて、15分ほどローストする。粗熱が取れたら粗く砕いておく。オーブンはその後プロセス6の前に再び180℃に予熱しておく。

チョコレートを包丁で細かく刻む。バターも溶けやすいように1.5cm角くらいに刻んでおく。

型の内側にバターを塗り、粉糖をまぶす。

1 薄力粉をふるいにかけてボウルに入れる。ベーキングパウダーを入れるときは、ここで加える。

2 ココアパウダーをふるいにかけながら加える。グラニュー糖と塩を加え、泡立て器で混ぜる。

3 バターとチョコレートを、電子レンジにかけられる容器に入れて、20秒ほどかける。途中で1～2回、泡立て器でかき混ぜる。焦げつかせないように、溶け具合をみながら時間を加減する。

4 卵を加え、混ぜ合わせる。

5 4のチョコレートを2の粉に加え、混ぜ合わせる。半分混ざったところでゴムべらに持ち替え、くるみを加えて混ぜる。

6 準備した型に流し入れる。四隅にもきちんと詰め、表面は平らにする。180℃のオーブンに入れて20～30分焼く。串を刺して、生地がついてこなければ取り出し、常温に置いて粗熱を取る。

7 型から出すときは、生地と型の間に包丁を差し入れて1周し、5cm間隔の格子に切り目を入れ、生地を取り出す。

アーモンドパウダーを加えてリッチに
バニラケーキ
Cake à la vanille

メレンゲの気泡を利用して軽さのある食感に仕上げたパウンドケーキ。粉は薄力粉だけでなくアーモンドパウダーをたっぷりと加えてこくを出しています。型はパウンド型でも丸型でも、あるいは耐熱の陶器などを利用してもよいでしょう。

Advice

メレンゲを加えたら、まだ泡が残っているうちに薄力粉を加え、メレンゲと粉を同時に混ぜ終えるような感じで、泡をできるだけつぶさないようにします。でき上がったケーキはラップかビニール袋で包み、冷蔵庫に保存して翌日から1週間が食べごろです。

材料
（直径15cmの丸型1台分／長さ18cmのパウンド型なら1台分で少し余る）

バター（食塩不使用）	100g
粉糖	110g
アーモンドパウダー	110g
卵黄	40g（2～3個）
とき卵（全卵）	25g（約½個分）
卵白	70g（約2個分）
グラニュー糖	25g
薄力粉	75g
バニラのさや	8cm
ラム酒（仕上げ用）	40g

下ごしらえ

オーブンシートを直径15cmの円形と、50×8cmの長方形に切る。型の内側に油（分量外）を塗り、底に円形を、側面に長方形を張りつける。
ボウルにバターを入れてやわらかくする（→p.247）。
オーブンを180℃に予熱する。
薄力粉をふるう。
バニラのさやに縦に切り目を入れ、内側の種をナイフでしごき取っておく。

1 やわらかくしたバターを泡立器でかき混ぜてポマード状にする。粉糖を加え、泡立器でかき混ぜる。粉糖がバターになじんだら、バニラビーンズを加え、全体がやや白っぽくなるまでよく混ぜる。

2 全卵と卵黄を合わせる。これを1に3回に分けて加え、そのつど卵が生地になじむまで十分に混ぜる。なめらかなクリーム状にする。

3 アーモンドパウダーを加え、生地になじむまで泡立器でかき混ぜる。最後に、ゴムべらで混ぜてなめらかな仕上がりにする。

4 きれいなボウルに卵白を入れ、ハンドミキサーで泡立てる。すぐにグラニュー糖を少量加え、そのあと2回に分けて加え、角がピンと立つまで泡立てる。

5 3の生地にメレンゲの⅓量を加え、ゴムべらでよくかき混ぜて完全になじませる。残りのメレンゲを切るようにして軽く混ぜ合わせる。

6　メレンゲのかたまりがまだ残っているうちに、ふるっておいた薄力粉を加え、切るように混ぜる。メレンゲと薄力粉を同時に混ぜ終えるようにする。

7　用意した型に八分目まで生地を詰める。予熱したオーブンに入れ、温度を160℃に下げて1時間焼く。そのあとさらに余熱で10分火を入れる。

8　ケーキが焼き上がったら型ごと取り出し、あつあつのうちに刷毛でラム酒を塗る。そのまま冷ます。粗熱が取れたら、型からケーキを取り出す。

生地もクリームもしっとりおいしい

チョコレートの
ロールケーキ
Biscuit roulé au chocolat

ココア風味のビスキュイ生地とチョコカスタードの組み合わせは、生地もクリームもしっとりとした落ち着きのある食感で、舌の上で素材のおいしさが広がります。昔懐かしく、しかも若い世代にもファンの多いロングセラーのお菓子です。

Advice

天板に敷く紙にシリコン樹脂加工の施されたオーブンシートを使うと、表面がつるんとした仕上がりになってしまいます。ボソッとした肌合いにするために、わらばん紙のような生地に張りつく紙を使ってください。気泡を消さないためには、溶かしバターを加えたら、時間をおかずにすぐ型に流し、すぐに焼くこと。

材料（1本分／28×26cmの天板1枚分）

A	卵黄	100g（約6個）
	グラニュー糖	16g
B	卵白	112g（約3個分）
	グラニュー糖	85g
	コーンスターチ	32g
	ココアパウダー	22g
	バター（食塩不使用）	40g
	チョコレートカスタードクリーム（作り方→p.260）	150g

※薄紙（わらばん紙、薄手の模造紙など）約40cm四方を用意する。

下ごしらえ

チョコレートカスタードを作っておく。
薄紙を天板の寸法に8cmほどをたした大きさに切る。四隅に切り込みを入れる。天板にサラダ油（分量外）を塗り、紙を張りつける。切り込みを入れた四隅は、重ね合わせてしわを作らないようにする（写真下）。
バターをボウルに入れ、溶かしバターにする（→p.247）。
コーンスターチとココアパウダーを合わせてふるう。
プロセス4のあたりでオーブンを190℃に予熱する。

1 ボウルにAの卵黄とグラニュー糖を入れ、泡立て器で泡立てる。全体が白っぽくなり、空気を含んでもったりとしてくるまで十分に泡立てる（ハンドミキサーでもよい）。

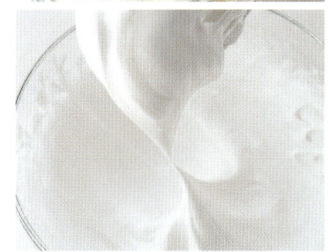

2 きれいなボウルにBの卵白を入れ、泡立て器でほぐす。ほんのわずか泡立ってきたら、Bのグラニュー糖のうちの小さじ1ほどを加え、泡立てる。残りのグラニュー糖も少しずつ（全体で10回くらいに分けて）加え、泡立てていく。角がしっかりピンと立つまで泡立てる。

3 でき上がったメレンゲに、1の卵黄生地を全量加える。ゴムべらで切るように混ぜ合わせる。

4 黄色と白のまだらがなくなったら、合わせておいたコーンスターチとココアパウダーを加える。粉気がなくなるまで切るように混ぜる。

チョコレートのロールケーキの作り方

5 溶かしバターを加える。もし冷えていたら、電子レンジまたは湯せんにかけて人肌まで温めてから加える。バターが生地になじむまで、切るように混ぜ合わせる。気泡が沈みやすいので、混ざったらすぐに焼く工程に移る。

6 準備しておいた天板に、でき上がったチョコレート生地を全量流し入れる。カードでならしながら、四隅にもきちんとゆきわたらせる。

7 予熱したオーブンに入れ、温度を170℃に下げて15分焼く。

8 紙ごと生地を取り出して、平らな台の上で、乾燥しないようラップをふわりとかぶせて完全に冷ます。そのあと、写真のように生地の高さ分の紙をはがす(写真A)。生地を折らないように注意して裏返しにし、紙を折り返すようにめくってはがす(写真B)。はがした紙をもう一度かぶせ、生地と紙をいっしょにひっくり返して台の上に置く(ロール状にしたとき、紙をはがした面が外側になる)。

チョコレート カスタードクリーム

ふわっとしたやわらかさを出すために最後にホイップクリームを混ぜ合わせます。ただ、このクリームがやわらかすぎると、巻いたときにだれるので、ボソボソした分離状態まで思いきって泡立ててください。

材料(仕上がり量約300g。以下の配合で作り、150gを使う)

カスタードクリーム
　(作り方→p.264)············ 200g
カカオマス(無糖)············ 20g
生クリーム················ 100g

1 カカオマスを細かく刻む。p.264を参照してカスタードクリームを作る。作り置いたものは電子レンジにかけるか、少量の牛乳を加えて温める。

2 カスタードクリームがまだ熱いうちに、刻んだカカオマスを加える。泡立て器で混ぜて完全に溶かす。粗熱を取ってから、冷蔵庫に入れて冷やす。

9 生地の長い辺を手前にして置く。用意したチョコカスタードを泡立器でよく混ぜてなめらかにする。全量をパレットナイフで生地に均等にならしつつ塗る。巻き込むときにクリームが押し出されることを計算して手前はやや厚め、奥は薄めにすると、厚みが均一になる。

10 紙の下に麺棒をあてがい、麺棒と紙の端をいっしょに持ち上げる。そのまま、麺棒を押しあてつつ、紙を上にずらしながら生地を巻き込んでいく。最後まで、きつめにしっかりと巻き込む。

11 巻き終えたら、麺棒をはずして紙でくるっと包み込み、軽く手で押さえながら形を整える。ラップまたはフィルムなどで包み、冷蔵庫に入れて冷やす。

3 生クリームをボウルに入れ、ボソッと分離した状態まで泡立てる。

4 2の生地に、ホイップクリームの1/3量を加え、ゴムべらでしっかり混ぜ合わせる。残りのホイップクリームを加え、まだら模様がなくなるまで切るように混ぜる。

ロールにして冷蔵庫でしばらく落ち着かせてから切ります。保存するときはラップかビニール袋で包んで冷蔵庫へ。

タルト生地に詰めてじっくり焼く

チーズケーキ
Baked cheese cake

チーズケーキにはレア、スフレ、ベイクトといろいろなタイプがありますが、オーブンでじっくり焼き込むベイクトタイプはチーズのこくがしっかり感じられて人気です。台にパート・シュクレという生地を使って台のおいしさも味わっていただきます。

Advice

タルト作りでいちばんむずかしいのは、生地の型への敷き込みです。底の縁に生地がだぶついて分厚くなりがちです。ここをぴったり張りつけるには、底面を敷き詰めたら縁のところで側面に立てる生地を一度内側に折り曲げてから、起こしてまっすぐ立てるとうまくいきます。チーズ生地はクリームチーズを常温にもどし、粒々が残らないようになめらかなクリーム状にしてから、他の材料を混ぜ合わせていきます。冷蔵庫で少し冷やしてから2〜3日が食べごろです。

材料(直径18cmのタルト型1台分)

クリームチーズ	150g
サワークリーム	90g
グラニュー糖	35g
レモンの皮	¼個分
レモン汁	5g
とき卵(全卵)	75g(1½個分)
薄力粉	8g

パート・シュクレ(2台分)
(作りやすい分量。余った分は冷凍保存できます)

バター(食塩不使用)	200g
粉糖	200g
とき卵(全卵)	60g(約1個分)
薄力粉	320g
アーモンドパウダー	80g
強力粉(打ち粉用)	適量

※重し(あずきなどの豆で代用可)を用意する。

下ごしらえ

パート・シュクレのバターをボウルに入れ、常温に置いてやわらかくする。
薄力粉をふるい、アーモンドパウダーと合わせる。
クリームチーズを常温にもどす。
薄力粉をふるう。
レモンは皮の黄色い部分だけをすりおろし、汁を絞る。
プロセス6の前にオーブンを190℃に温める。天板は入れておく。オーブンシートを直径25cmの円形に切り、3〜4cm長さの切り込みを周囲に入れる。

1 まず、パート・シュクレを作る。ボウルにやわらかくしたバターを入れ、指の背でつぶして平らにする。

2 粉糖を加え、カードで切ったり押しつけたりしながら、バターに混ぜ合わせる。粉糖の白い色が消えて、バターの中に完全に溶け込めばよい。

3 卵を加え、カードで切ったり押しつけたりしながら、生地になじむまで混ぜる。

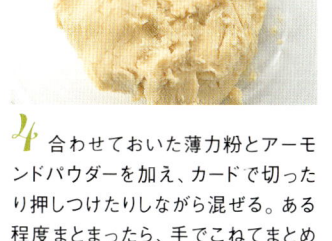

4 合わせておいた薄力粉とアーモンドパウダーを加え、カードで切ったり押しつけたりしながら混ぜる。ある程度まとまったら、手でこねてまとめる。少々粉気が残っている状態で終わりにする。

5 ボウルから取り出し、直方体に平たくまとめ、ラップで包んで厚さ2cmぐらいに整え、冷蔵庫で2時間以上休ませる。

6 台に打ち粉をし、5の半量を置いてその上にも打ち粉をする。手で軽く練って俵形に整える(→p.249)。打ち粉をした麺棒でたたいて、四角形にのばす。生地にときどき打ち粉をし、麺棒で厚さ3mmにする。一辺が型の直径よりひとまわり大きくなればよい。
※余ったタルト生地は冷凍庫で保存可能。もしくはp.265のサブレにして。

チーズケーキの作り方

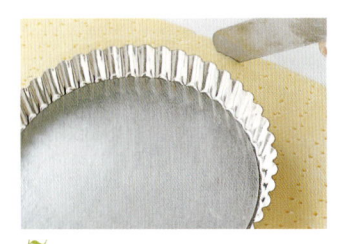

7 ピケローラーまたはフォークで生地に穴をあける。生地に型をのせ、底面よりも約3cm（＝型の高さ分）外側をナイフで丸く切り抜く。

8 麺棒に切り抜いた生地を巻きつけ、型の上に中心を合わせてふわりと広げる。底面にぴったりと生地を張りつける。側面と接する底の縁の部分を、割れ目ができるくらい内側に折り曲げる。それから垂直に立てて側面にぴったりと張りつける。

9 型の上に麺棒をころがして、余分な生地を切り離す。側面の生地を親指で押しながらぴったりと型に張りつける。わずかに飛び出した生地を、パレットナイフかナイフで切り落とす。

10 用意したオーブンシートを型に軽く押しながら、生地にぴったりと張りつける。

11 重しを型いっぱいに詰める（ここではあずきを使用）。予熱したオーブンに入れ、温度を170℃に下げて35分焼く。縁が写真のように色づいたら型ごと取り出して冷ます。

12 粗熱が取れたら重しを取り除き、常温に置いておく（完全に冷めた状態でチーズ生地を詰める）。オーブンを170℃に保っておく。

カスタードクリーム

シュークリームやミルフイユなどさまざまなデザートに利用できる基本のクリームです。本書ではp.250の「プラムケーキ」で使っています。

材料（仕上がり約450g）

牛乳	300g
グラニュー糖	75g
卵黄	50g(約3個)
バニラのさや	5cm
薄力粉	12g
コーンスターチ	15g

1 鍋に牛乳を入れ、バニラのさやに切り目を入れて加える。火にかけ、泡立て器でかき混ぜながら沸騰直前まで温める。

2 ボウルに卵黄とグラニュー糖を入れ、泡立て器でよくかき混ぜる。次にふるった薄力粉とコーンスターチを加えてかき混ぜる。

13 チーズ生地を作る。常温にもどしたクリームチーズをボウルに入れ、泡立て器で混ぜてなめらかなクリーム状にする。

14 13にサワークリームを加え、むらなく混ぜる。

15 グラニュー糖とレモンの皮を加えてよく混ぜる。生地になじんだらレモン汁を加え、さらによく混ぜる。

16 卵を3回に分けて加え、そのつどかき混ぜて生地にむらなくなじませる。

17 最後の卵を加えてなめらかにむらなく混ざったら、薄力粉を加える。ゴムべらで切るように混ぜる。粉が見えなくなるまで混ぜ合わせる。下の写真のような状態になればよい。

18 から焼きしたタルト生地に流し入れる。表面を平らにならす。

19 予熱したオーブンに入れ、温度を150℃に下げて18分、さらに170℃に上げて18分焼く。焼き上がったら型ごと冷ます。粗熱が取れたら型をはずし、冷蔵庫で冷やす。

3 ここに、鍋の牛乳を少しずつ加えながら混ぜ合わせていき、すべて入れ終えたら鍋に戻す。

4 弱火にかけ、泡立て器または木べらで鍋底をなぞるようにしてかき混ぜる。とろみがつき、ふつふつと沸騰したら、火からはずしてバットなどに流し、冷ましておく。

アレンジ

余ったタルト生地はサブレに

このタルトの生地はサブレの生地と同じものです。残った生地をまとめなおし、5mm程度にのばして好きな型で抜いて焼けば、かわいいサブレになります。オーブンの温度は190℃に予熱し、焼くときに170℃に下げて20分でOKです。

バターをたっぷり使ったお店の味

サブレ
Sablés

バターを細かい粒にしながら小麦粉の粒子に混ぜ合わせて作ります。この製法が砂のように「さらさら」したというイメージがあり、またバターの比率が多く、焼き上がった生地の食感が「サクサク」することから、フランス語で「砂をまいた」という意味の名前がつきました。

ヘーゼルナッツのサブレ
Sablés aux noisettes

バターサブレ
Sablés au beurre

もっともベーシックなサブレは、バター、砂糖、牛乳、薄力粉で作るバターサブレ。ここでご紹介している「バターサブレ」は、そこに少量のアーモンドパウダーを加えてうまみをプラスしています。「ヘーゼルナッツのサブレ」はさらにその応用。アーモンドパウダーの代わりにヘーゼルナッツパウダーを使って個性的な風味に仕上げました。

オレンジ風味の木の実のサブレ
Sablés au mistral

基本のサブレ生地に、すりおろしたオレンジとレモンの皮、ナッツ、レーズンとたっぷりの具が入ったさわやかな風味のサブレです。ナッツはお好みのものでどうぞ。

ヘーゼルナッツのサブレの作り方

材料(37個分)

バター(食塩不使用)	110g
粉糖	55g
牛乳	12g
薄力粉	140g
ヘーゼルナッツパウダー(→p.283)	35g
ヘーゼルナッツ(ホール)	37個
強力粉(打ち粉用)	適量

Advice

でき上がった生地をこね終わったときと、細い棒状に成形してからと2回冷蔵庫で休ませます。最初は生地を落ち着かせるためですが、2回目は切り分けやすくするためです。ナイフで切り分けるので、二番生地が全く残らず、すべてベストの状態で焼けます。薄くのばしてタルトの台に利用することもできます。

下ごしらえ

バターを常温にもどす。
薄力粉をふるう。
最初またはプロセス6で生地を休ませている間にヘーゼルナッツ(ホール)をローストする。オーブンを190℃に温め、ヘーゼルナッツを天板に広げ、オーブンに入れて170℃に下げる。15〜18分を目安にローストし、皮がはじけてくればよい。粗熱を取ってから使う。
オーブンはサブレを焼く前に190℃に予熱しておく。
天板にオーブンシートを敷く。

1 市販のヘーゼルナッツパウダーをふるいにかけた薄力粉と合わせる。

2 バターをボウルに入れ、手でつぶしたり、指の背で押してやわらかくする。

ヘーゼルナッツのサブレの作り方

3 粉糖を加え、カードで切ったり押しつけたりしながらバターに混ぜ合わせる。粉糖の白い色が消えてバターになじめばよい。

4 3に牛乳を加えてゆるめ、粉類を混ざりやすくする。水でもよいが、風味の点で牛乳のほうがベター。

5 1を全量一度に加える。カードで切りながら混ぜ合わせる。粉と生地が少しなじんできたら、手でこねてひとつのかたまりにまとめる。

6 ボウルから取り出して直方体に平たくまとめ、ラップで包んで厚さ2cmくらいに整える。冷蔵庫で2時間以上休ませる。この間にナッツをローストする。

7 台に打ち粉をし、ラップをはずした生地を置いて、生地の上にも打ち粉をする。かたい生地を手でほぐしながら俵形に整える。さらにころがしながら細くして、45cm長さにのばす。

8 生地をオーブンシートにのせて手前からくるくると巻く。両端に飛び出ている紙はそのまま伸ばしておく。この状態で冷蔵庫で2時間以上休ませる。

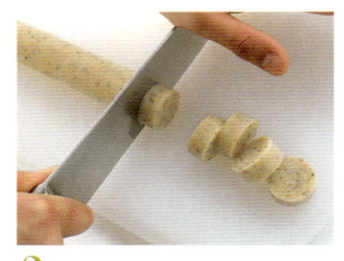

9 生地から紙をはずし、端から1.2cm幅に切る。

10 2cmほど間隔をあけてオーブンシートの上に並べ、ローストしたヘーゼルナッツを中心に1個ずつ埋め込む。

11 予熱したオーブンに入れ、温度を170℃に下げて25分焼く。焼き上がったら天板ごと取り出して冷ます。

バターサブレの作り方

材料(37個分)

バター(食塩不使用)	110g
粉糖	55g
牛乳	12g
薄力粉	140g
アーモンドパウダー	35g
強力粉(打ち粉用)	適量

❋ 作り方はp.267の「ヘーゼルナッツのサブレ」と基本的に同じ。

❋ ヘーゼルナッツパウダーの代わりに、同量のアーモンドパウダーを使う。

❋ ふるいにかけた薄力粉をアーモンドパウダーと合わせる。粉糖を混ぜて、牛乳でゆるめた生地と混ぜる(写真)。

❋ ヘーゼルナッツをのせずに、そのまま焼く。

オレンジ風味の木の実のサブレの作り方

材料(37個分)

バター(食塩不使用)	110g
粉糖	55g
牛乳	12g
薄力粉	140g
アーモンドパウダー	15g
好みのナッツ(ホール。ここではマカデミアナッツ)	25g
レーズン	10g
レモン(皮を使用)	½個
オレンジ(皮を使用)	½個
強力粉(打ち粉用)	適量

❋ 作り方はp.267の「ヘーゼルナッツのサブレ」と基本的に同じ。

❋ ヘーゼルナッツの代わりに、好みのナッツを使う。アーモンド、ピスタチオ、くるみなどでも。

❋ マカデミアナッツはヘーゼルナッツと同様にオーブンでローストする。

❋ ヘーゼルナッツパウダーの代わりに同量のアーモンドパウダーを使う。

❋ レモンとオレンジはそれぞれ皮をすりおろす。

❋ レーズンはナイフで2等分にする。

❋ p.268のプロセス5で薄力粉、アーモンドパウダー、ナッツ、レーズン、レモンとオレンジの皮を加える(写真)。

乾燥剤とともに密閉容器に入れ、常温保存。翌日から約2週間が食べごろです。生地を保存する場合は「ヘーゼルナッツのサブレ」のプロセス8で紙で包んだものを、さらにビニール袋で包んで冷凍します。使うときは冷蔵庫で解凍してから焼きます。

Advice

いちばんむずしいのは焦がしバターの作り方。焦がしすぎは苦みのもとです。写真にあるような焦げ茶色に到達したら、それ以上焦がさないよう、すぐに火からはずし、一瞬鍋底を氷水につけます。こうして状態を安定させてから生地に加えてください。翌日から1週間ぐらいが食べごろです。

専用のポンポネット型の代わりに写真のようなチョコ菓子用、スイートポテト用などの小ぶりなケースが使えます。市販のアルミケースは油を塗らずにそのまま生地を流せるので手間いらずです。

焦がしバター入りのリッチな生地

ポンポネット
Pomponnettes

ひと口サイズのドーム状の型、またその型を使って焼いたお菓子をポンポネットと呼びます。焦がしバターの入った、重めのフィナンシェの生地も、小さく作ることで濃厚ながらも風味がきゅっとひきしまったやさしいおいしさに生まれ変わります。

基本のアーモンド味
Pomponnettes aux amandes

材料（40個分）

卵白	130g（4個分弱）
グラニュー糖	75g
アーモンドパウダー	50g
粉糖	50g
薄力粉	50g
バター（食塩不使用）	130g

※絞り袋を用意する。

下ごしらえ
薄力粉をふるう。
オーブンを210℃に予熱する。

1 ボウルに卵白とグラニュー糖を入れ、泡立器でかき混ぜる。おおよそグラニュー糖が溶ければよい。

2 ビニール袋にアーモンドパウダーと粉糖とたっぷりの空気を入れ、よく振って混ぜ合わせる。1に加え、泡立器で混ぜ合わせる。なじんだら薄力粉を加えて混ぜる。

3 小鍋にバターを入れて弱火にかける。泡立器でかき混ぜながら溶かす。かき混ぜ続け、だんだん茶色に色づいて、焦げ茶色になったら、すぐに火からはずし、鍋底を氷水に一瞬つける。2に焦がしバターを少しずつ加えながら泡立器で混ぜ合わせる。

4 アルミケース（写真では業務用のシリコン製ポンポネット型を使用）を天板に並べる。生地を口金なしの絞り袋に詰め、ケースの八分目くらいまで絞り出す。

5 オーブンに入れ、温度を190℃に下げて20分焼く。焼き上がったら、天板ごと取り出して冷ます。

アレンジ
フレーバーをプラスして

「基本のアーモンド味」の材料にココアや抹茶を加えて、変化をつけることができます。作り方はほぼ同じです。

紅茶味
Pomponnettes au thé

※ 基本のアーモンド味のポンポネットの材料に紅茶の葉（アールグレイまたはアッサム）7gを加える。

※ 紅茶の葉をコーヒーミルなどで、できるだけ細かく挽く。これを薄力粉とともにビニール袋に入れ、よく振って混ぜる。

※ 焦がしバターの代わりに溶かしバターを加える。

抹茶味
Pomponnettes au thé vert

※ アーモンド味のポンポネットの材料に抹茶9gを加える。

※ 抹茶を薄力粉とともにビニール袋に入れ、よく振って均一に混ぜ合わせる。

※ 焦がしバターの代わりに溶かしバターを加える。

チョコレート味
Pomponnettes au chocolat

※ 基本になるアーモンド味の薄力粉50g分を35gに減らし、ココアパウダー15gを加える。

※ 薄力粉とココアパウダーをいっしょにふるう。

※ 焦がしバターを生地に混ぜて焼く。

いりたてのごまが香り高い
ごまサブレ
Sablés au sésame

ごまの香りが口の中ではじけます。ベースの生地はほのかな甘みをきかせたパート・シュクレ。甘みにはグラニュー糖を使っているうえ、生地を薄くのばして焼き上げているので、ザクッとした歯切れのよい食感に仕上がります。

材料（直径4cm前後の型で86個分）

バター（食塩不使用）		200g
グラニュー糖		200g
とき卵（全卵）		60g（1個分強）
薄力粉		320g
A	白ごま	40g
	黒ごま	40g
強力粉（打ち粉用）		適量

Advice

生地が薄いので、大きな型で抜くと、焼き上がってから折れたり欠けたりしやすくなります。直径4～5cmのものがよいでしょう。またプロセス3で生地をのばすときは、かなり大きく広がりますので、スペースがないときは生地を2～3等分してのばします。約3週間常温で保存可能です。

下ごしらえ

バターを常温でやわらかくする。
薄力粉をふるう。
Aをフライパンでいり、数粒がはぜたら、かき混ぜて、冷ましておく。
プロセス4の前でオーブンを190℃に予熱する。
天板にオーブンシートを敷く。

1 バターをボウルに入れ、指の背でつぶし、グラニュー糖を加え、カードで切ったり押しつけたりしながら混ぜ合わせる。卵を加え、同様に混ぜ合わせる。

2 薄力粉とAを加え、カードで混ぜ合わせる。手でこねてまとめ、少々粉気が残っている状態でボウルから取り出す。厚さ約2cmの直方体にまとめ、ラップで包み、冷蔵庫で2時間以上休ませる。

3 台に打ち粉をして生地を置き、生地の上にも打ち粉をする。生地を手でほぐして俵形に整える。打ち粉をまぶした麺棒でたたいて薄くのばす。厚さ5mmの角棒を生地の両端に置き、その上に麺棒をころがして5mm厚さの生地に整える。

4 型に打ち粉をし、生地を抜いて、オーブンシートの上に2cmほど間隔をあけて並べる。オーブンを170℃に下げて20分焼く。天板ごと取り出して冷ます。

下ごしらえ

バターを常温にもどす（→p.247）。
黒糖はだまがあればふるう。
薄力粉をふるう。
プロセス7の前でオーブンを190℃に予熱する。天板にオーブンシートを敷く。

1 ミックススパイスを混ぜ合わせ、6g分を別にしておく。

2 バターをボウルに入れ、指の背でつぶし、**A**をカードで切りながら混ぜ合わせる。半分ほど混ざったらはちみつを加える。カードでこすりつけながら混ぜ、卵と牛乳も混ぜる。

3 薄力粉と1を加え、カードで切ったり押しつけたりしながら混ぜ合わせる。なんとかひとつにまとまってきたら、打ち粉をした台に取り出し、しっとりした肌合いになるまで（写真下）手でこねる。

4 生地を直方体に整えてラップで包み、冷蔵庫で3日間休ませる。

5 台に打ち粉をし、生地を置いて打ち粉をする。手でほぐして俵形に整え、麺棒でたたいて薄くし、四角にのばしていく。厚さ3mmの角棒を生地の両端に置き、その上に麺棒をころがしながら3mm厚さの生地に整える。

6 抜き型に打ち粉をしながら、型で抜く。2cmほど間隔をあけてオーブンシートの上に並べる。

7 オーブンに入れ、温度を170℃に下げて12分焼く。クッキーのサイズによって焼き時間は多少前後する。状態をよくみて焼き上がったら、天板ごと取り出して冷ます。

材料（直径4cm前後のサイズで80枚分）

バター（食塩不使用）	125g
A 黒糖（粉末）	110g
グラニュー糖	35g
塩	ひとつまみ
はちみつ	12g
とき卵（全卵）	25g（½個分）
牛乳	10g
薄力粉	250g
ミックススパイス（以下の配合で合わせて6gを使う）	
ナツメグ（パウダー）	10g
シナモン（パウダー）	10g
ジンジャー（パウダー）	5g
カルダモン（パウダー）	5g
強力粉（打ち粉用）	適量

4種のスパイスと黒糖、はちみつ入り
ジンジャークッキー
Spéculos

スパイシーな味と香りが特徴のベルギー生まれの焼き菓子です。ナツメグ、シナモン、ジンジャー、カルダモンのスパイスに黒糖やはちみつも加わっているため、風味は複雑で濃厚。厚みがあると風味の強さが重く感じられるので、約3mmと一般のクッキーよりも薄くのばします。

Advice

スパイスと黒糖の色と香りを生地になじませるため、混ぜ合わせた生地を3日間休ませることがポイントです。スパイスは、カルダモンは省略できますが、他の3種はぜひそろえましょう。約3週間常温で保存可能です。

薄くカリッと焼きます
アーモンドのテュイル
Tuiles aux amandes

カリッとした食感と香ばしさがお茶請けにぴったりのお菓子です。この上品さは薄く薄く焼いた形から生まれます。生地にはたいていアーモンドを入れますが、応用としてココナッツのファインやパウダーを使ってもおいしいものです。

材料(45枚分)

A	とき卵(全卵)	50g(1個分)
	卵白	30g(1個分弱)
	グラニュー糖	200g
薄力粉		60g
バター(食塩不使用)		30g
アーモンドスライス		200g

Advice

アーモンドスライスに生地をからめたら、焼くまでに3〜4時間は休ませます。この休息タイムの間にグラニュー糖の粒々が溶けて生地によくなじみ、また生地の中に入り込んだ気泡が抜けてしっとり落ち着いてきます。作った翌日から約3週間までが食べごろ。乾燥剤とともに密閉容器に入れ、常温で保存してください。生地を保存するならプロセス2の生地を冷蔵で1〜2日。

下ごしらえ

薄力粉をふるう。
バターをボウルに入れて溶かしバターにする(→p.247)。
オーブンを190℃に予熱する。天板にオーブンシートを敷く。

1 ボウルに **A** を入れ、泡立器で混ぜ合わせる。薄力粉を加え、粉気がなくなるまで混ぜる。温かい溶かしバターを加え、生地に溶け込むまでかき混ぜる。

2 アーモンドスライスを加え、ゴムべらで表面に生地をからませる。生地をまとめ、ボウルにラップをかぶせる。冷蔵庫で3時間以上休ませる。

3 テーブルスプーンを水でぬらしながら、生地をすくって約3cm間隔でオーブンシートに並べる。水でぬらしたフォークで生地を押し広げる。

4 オーブンに入れ、温度を170℃に下げて15〜18分焼く。焼き上がったら天板ごと取り出して冷ます。

下ごしらえ

オーブンを130℃に予熱する。天板にサラダ油を塗り、オーブンシートをぴったりと敷く。

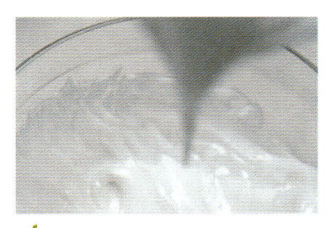

1 ボウルに卵白を入れ、ハンドミキサーなどで泡立てる。しばらくしたらグラニュー糖を全量加える。ゆるく角が立つくらいまで泡立てる。

2 粉糖を3～4回に分けて加えながら泡立てる。最後はしっかりと角が立つまで泡立てる。ポワールウィリアムス、コーンスターチ、2種類のココナッツを加え、ゴムべらで切るように混ぜる。

3 テーブルスプーンで½杯分ずつすくいながらオーブンシートに並べる。2～3cmほど間隔をあける。オーブンに入れ、温度を110℃に下げて1時間ほど焼いて乾燥させる。底面が乾いてくればよい。ケーキクーラーに取り出して冷ます。

材料(約50個分)

卵白	50g(約1½個分)
グラニュー糖	50g
粉糖	50g
ポワールウィリアムス(洋梨のブランデー)	小さじ½
コーンスターチ	5g
ココナッツパウダー	25g
ココナッツロング	38g
サラダ油(天板に塗る分)	少量

卵白を泡立て、オーブンで乾燥焼きに

ムラング・ココ
Meringues á la noix de coco

軽くサクサクとした食感と、そのあとに続くなめらかな口溶けが楽しいひと口菓子です。メレンゲだけでもよいですが、ナッツを加えればこくが増していっそうおいしい仕上がりに。フランスの駄菓子ですから形はいびつでも問題なしです。

Advice

ここではもっともポピュラーなココナッツ風味にしましたが、アーモンドやヘーゼルナッツもおいしいもの。焼くときに、生地をスプーンで丸く広げて焼くと、おせんべい風のメレンゲになります。湿気を吸いやすいので乾燥剤を入れて密閉容器で保存。食べごろは翌日から2～3週間。

りんごピュレを二つ折りパイに詰めます

りんごパイ
Choussons aux pommes

りんごのおいしい時期にぜひ作ってみたいお菓子です。ここでは円形のパイ生地を二つ折りにした「ショソン」という形のりんごパイにしました。りんごのピュレにはお好みでシナモン、バニラエッセンス、りんごブランデーのカルヴァドスなどで風味づけをしてもよいでしょう。

材料(3個分)

紅玉	中5個(1kg)
グラニュー糖	150g
冷凍パイシート	直径約12cmの円形3枚分
卵(つや出し用)	1個
強力粉(打ち粉用)	適量
粉糖	適量

※直径1cmの丸口金、直径12cmの抜き型を用意する。

下ごしらえ

冷凍パイシートを常温にもどす。
プロセス5の前でオーブンを210℃に予熱する。
りんごの皮と芯を取り除き、1個を8等分に切る。
卵は卵白を少し取り除いて、ほぐして卵液にする。

1 鍋を火にかけ、グラニュー糖を入れ、木べらで混ぜつつ溶かす。茶色になって泡が立ち、写真下のように一気に吹き上がってきたらりんごを入れる。

2 木べらでかき混ぜて、りんごにカラメルをからめる。中火にしてりんごが柔らかくなるまで炒め煮にする。

3 りんごが柔らかくなったら、火にかけたまま泡立器でつぶす。だいたいつぶれたらボウルに移し、さらにつぶしてピュレにする。粒が残っていてもよいが、なめらかにするならこし器でこす。

4 解凍したパイシートを台に置き、厚みがあるようなら麺棒で薄くのばして、打ち粉をした円形の型で抜く。

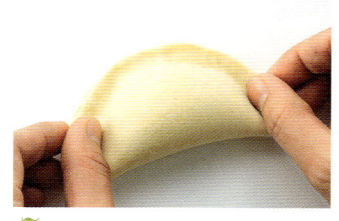

5 絞り袋に丸口金をセットし、りんごのピュレを詰め、生地の中心に直径4cmぐらいの大きさに絞り出す。高さは2cmぐらいにする。ピュレの周囲を半周分のみ刷毛で水を塗り、二つ折りにして縁を1cmほどの幅で、強く指で押しつけて密着させる。

6 ナイフを斜めに倒し、背の部分で生地の縁に斜めに1cm間隔で飾りの切り込みを入れる。切り落としてしまわないように、筋をつけるつもりで切る。

7 天板にオーブンシートを敷いて、パイを並べ、表面に卵液を刷毛で二度塗りする。ナイフの背で適当に模様をつける。中央にナイフの先を刺して、空気穴を作る。

8 予熱したオーブンに入れ、温度を190℃に下げて、20分焼きいったん取り出す。粉糖を茶こしに入れて全体にふりかけてから、オーブンに戻し、10〜15分焼く。

Advice

りんごのピュレにバターを加えると、こくが出てよりおいしくなります。プロセス1で、バター（食塩不使用）20〜30gを溶かしてからグラニュー糖を入れて、火を入れます。甘みを抑えたいときはカラメルを作らず、最初からりんごとグラニュー糖を混ぜて煮るとよいでしょう。簡単に、市販のアップルソースを煮つめてパイ生地に詰めても。

Lesson Alice
食材図鑑

基本の食材から石鍋さんセレクトの特殊食材まで

◎ アーモンドパウダー

皮を取り除いた生アーモンドの粉末。ケーキを作るときに小麦粉に混ぜて焼くと、こくが出て、風味がアップします。ダコワーズやポンポネットには必須の食材ですが、クイーン・アリスではそのこくのある味を生かしてたいていの粉生地に加えています。マジパンやタルトなどにも使います。またクイーン・アリスでは香りのよさで定評のあるスペイン産のものを使用。料理では粉チーズ代わりにグラタンにかけたり、ソースのつなぎに使います。

◎ 青唐辛子

唐辛子の未熟な青い実。熟すにつれて赤色に変わっていきます。青唐辛子として出回っているものには多くの種類がありますが、本書で使用したものは市場名がチリペッパーという5cm前後の長さで南米チリ産。

◎ エジプトミニオクラ

長さ3〜4cmに生長した段階で、早めに収穫したミニサイズのオクラ。柔らかくジューシーで味がよいのが特徴で、冷凍で流通しています。国産でも早摘みしたミニオクラがありますが、主に料亭などで使われています。ふつうのオクラで代用するときは、堅い部分を削り取り、調理時間を長めに。

◎ エシャロット

玉ねぎの変種ですが、大きさはずっと小さく、また玉ねぎのような甘さや臭みもありません。上品で繊細な香りとうまみが特徴で、生のまま、あるいは火を入れてといろいろな利用法ができます。英語名のシャロットで流通していることも。日本でいうエシャレットは生食用に軟白栽培されたらっきょうで、同じユリ科ではあるもののエシャロットとは別種。

◎ アヴォカドオイル

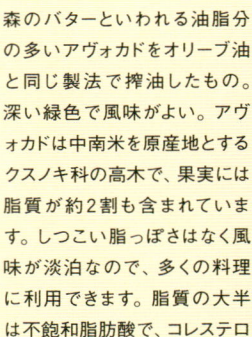

森のバターといわれる油脂分の多いアヴォカドをオリーブ油と同じ製法で搾油したもの。深い緑色で風味がよい。アヴォカドは中南米を原産地とするクスノキ科の高木で、果実には脂質が約2割も含まれています。しつこい脂っぽさはなく風味が淡泊なので、多くの料理に利用できます。脂質の大半は不飽和脂肪酸で、コレステロールの心配がありません。ビタミンE、リノール酸、オレイン酸などを多く含み、健康食として人気が高まっています。サラダのドレッシング、パスタ、炒めもの、肉、魚介類のマリネ、パンやお菓子作り、お豆腐や白身魚のお刺し身にそのままかけてもおいしく食べることができます。また他の植物油と比べて熱に強いので、素材が焦げにくく、炒めものや揚げものもさっぱりおいしく仕上げることができます。

◎ アンチョヴィ（ペースト、フィレ）

かたくちいわしの塩蔵品で、使いやすいようにペースト状のものもあります。魚の姿を生かしてあるのが写真下のフィレ。こちらは、たいていオイル漬けで瓶詰や缶詰にされています。塩分が強く、独特の香り、うまみをもっています。ペーストは液体に溶けやすいので、ドレッシングやソースに溶かして使います。フィレはそのままピザにのせたり、サラダにあしらうなどの使い方をします。

❋ オリーブ油

オリーブの実を搾った油で、エクストラ・ヴァージン（本書ではE.V.と表記）はいっさいの化学処理をほどこしていない搾ったままの油。これに対してピュアオリーブ油は、精製オリーブ油をブレンドした普及品です。イタリア産に限っても産地や品種によって味と香りの特徴はさまざまで、さらにメーカーによる違いも大きいものです。E.V.は香りのよさが命なので、マリネやサラダのように加熱しない料理や、加熱料理でも仕上げにかけてオイルには火を入れないという使い方がベスト。最初の段階で材料を炒めるなど加熱調理をするときには軽めのピュアオリーブ油を使います。

写真は真中さん使用のE.V.オリーブ油。

❋ オリーブの実

本書で用いるオリーブとはオリーブの実を塩水漬けにしたもので、未熟な緑のオリーブと、熟した黒いオリーブがあります。熟し加減が違う分、味や食感にも若干の差があります。サラダ、マリネ、パスタソース、煮込みなどいろいろな料理に利用できます。緑か黒かは好みでよいですが、魚料理のアクア・パッツァ（→p.144）やパスタのプッタネスカには、たいてい黒オリーブを使います。

❋ からすみ

日本ではぼらの卵巣を塩漬け、乾燥して作りますが、イタリアではぼらのほか、まぐろの製品も一般的。アンチョヴィと同じく、塩味と独特のうまみ、香りを併せもったおいしい食材です。ホールのものと、細かくすりおろした粉末が売られています。イタリア語では「ボッタルガ」といいます。からすみの薄切りや粉末を、オリーブ油ベースのパスタにふりかけたりあえたりして食べるのがポピュラー。

❋ カイエンヌペッパー

南米の町カイエンヌ原産の唐辛子の品種。現在では数種類の辛い唐辛子をミックスしたものを粉末にしてあります。隠し味に少量を使うと、料理のぼんやりした味を引き締めたり、魚介などの生臭さを緩和してくれます。通常の赤唐辛子は熱を加えないと効果的に辛みを引き出せませんが、これは粉末で全体に味が広がりやすいので、マリネのような冷製の料理でも使えます。

❋ ガラムマサラ

インドのミックススパイスです。現地の言葉では「辛いスパイスを混ぜたもの」という意味。クミン、カルダモン、コリアンダーなどカレーの基本的なスパイスを組み合わせて作ってありますが、辛みはそれぞれの製品によって異なります。多くの場合はターメリック（うこん）が入っていないので、独特の色をつけることはできません。カレー粉と組み合わせて使うと、香りのよいカレーに仕上がります。

Lesson Alice 食材図鑑

❋ カルダモン

ショウガ科の多年草カルダモンの実。長さ1〜3cmの球形やラグビーボールのような形をしていて、その中に小さな黒い種子が入っています。さわやかな香りがあり、カレーの基本的な香辛料のひとつです。スカンディナビア一帯ではパンやケーキの香りづけに多く利用されています。中近東ではコーヒーにカルダモンの精油や種子の粉末を加えたカルダモンコーヒーが好まれています。簡単な使い方としてはスパイスティーとして紅茶の葉といっしょに煮出すのがおすすめです。

❋ グラッパ

イタリアの蒸留酒のひとつ。ワインを造ったあとに残るぶどうの搾りかすを原料にして発酵、蒸留したもの。フランスのマールも同タイプ。アルコール度が高く、一般には食後酒として飲まれます。本書ではティラミス（→p.241）に使用。チーズクリームの甘ったるさを、グラッパの強くキレのある風味を加えることでさっぱりとした味に仕上がります。

❋ クーヴェルテュール（ビター）

カカオバターの含有量が高い製菓用のチョコレートのこと。国際規格では「総カカオ固形分35％以上、カカオバター31％以上、無脂カカオ固形分2.5％以上、カカオバター以外の代用油脂は使用不可」など細かい規定があります。本書ではカカオバリー社製を使用しています。商品名にビターとついていますが、砂糖入りで、スイートタイプのなかでもカカオ分が多く苦めという意味です。タブレット状なので計量しやすく、また刻む手間もかからず便利です。

❋ クミン（シード）

エジプトなどを原産とするセリ科の一年草。日本では馬芹（ばきん、まきん、うまぜり）と呼ばれ、胃の薬として使われていました。細長いお米のような形をした小さな種子です。カレーの中心的なスパイスのひとつで、クミンだけでもカレーらしい香りが出るほどです。メキシコのチリコンカン、北アフリカ料理のクスクスなどにも用いられます。油で炒めると、香りが出てくるので、カレーを作る際に、にんにくや玉ねぎといっしょに炒めると、風味が高まります。

❋ グリュイエールチーズ

スイス・グリュイエール村原産の硬質チーズ。牛乳から作られ、クリーミーで香ばしい甘みが特徴で、チーズフォンデュに必須です。グラタン料理には欠かせないチーズで、チーズおろしやおろし金ですりおろして、ソースの上にかけて焼くと、素晴らしい香りになります。薄めに切ってそのままかじっておつまみにしても。大きめに切ってほうっておくと表面が白くなり、この時期に味わうのがよいとされます。

❋ サフラン

アヤメ科の植物サフランの花の雌しべを乾燥させたスパイスのひとつ。ブイヤベースやパエリアなど、地中海沿岸諸国の料理によく使われます。独特の甘い香りがあり、料理を鮮やかな黄色に染めます。水に浸すと色が出てくるので、スープに直接加えたり、水に浸してその浸し汁ごと料理に加えて用います。サフランをいっしょに炊き込んだサフランライスはインドの代表的な味です。

❋ コリアンダー(シード)

スパイスのひとつで、レモンとセージを合わせたようなさわやかな香りがあります。本書ではホール(種子のままのもの)をピクルス(→p.62)、たらのグリル(→p.147)の生トマトのソースに、パウダー状になったものを帆立貝と焼きなすのタルタル(→p.39)に使用。葉は中国料理やエスニック料理で使う香菜(シャンツァイ)。

❋ タピオカ

キャッサバという植物の根のでんぷんを加工したもの。主な産地は、ブラジル、タイなど。小粒と大粒がありますが、小粒のほうがもどしやすく、食べやすいでしょう。ゆでてもどすと、もとの大きさの4倍ぐらいに膨らみ、プルプルした独特の食感になります。見た目も半透明になります。エスニックデザートのタピオカ入りココナッツミルクは、タピオカを使った人気メニューのひとつです。

❋ ターメリック

ショウガ科の多年草で、日本名はうこん。カレーの黄色い色を出すスパイスで、粉末で販売されています。強烈な香りや辛みはないので、料理の色づけとして、もやしやじゃがいもの炒めものに加えるなど、自由な使い方が楽しめます。

❋ ドライトマト

トマトを半割りにし、塩をふって天日や機械で乾燥させた加工品。干したままの乾いた製品のほか、柔らかくもどしてオイルに漬けたもの、ペースト状のものなどが売られています。本書で使っているのは、フレッシュ感を残したソフトなドライトマトで、オレガノとにんにくで調味して菜種油に漬けたもの。味はマイルドでそのままでもおいしく食べられます。うまみが凝縮されているので、少量でも薬味的な効果をもたらしてくれます。電子レンジでも似た感じのものが作れます(→p.76)。なお、乾燥品はぬるま湯か酢水でもどす必要がありますが、そのほかのものはそのまま使えます。味が強いものは刻んで使うほうがよいでしょう。

市販の油漬け **市販のドライトマト**

❋ ナツメグ

ハンバーグなどひき肉料理によく使われるスパイス。甘い香りとほろ苦さが特徴です。粉末になったものもありますが、そのつどホールをすりおろしたほうが香りが生きます。ナツメグ専用の細長いおろし金がありますが、ふつうのおろし金でも問題ありません。

❋ 生ハム

生ハムはイタリアのパルマ産、サンダニエーレ産のほか、スペインやフランスからの輸入もあり、おいしいものが豊富にそろう時代になりました。ともに、薄切りにしたものをそのまま前菜として食べるのがポピュラーです。生ハムにメロンやいちじくの組み合わせはよく知られていますが、洋梨、柿、パパイヤ、メキシコマンゴーなどでも。果汁が多く、甘みのあるフルーツは生ハムの塩分の強さをやわらげてくれます。

❋ フォンダン

煮つめたシロップを冷却攪拌して結晶化させた砂糖ごろも。一度温めてやわらかくしてから使いますが、人肌以上に熱しないことがポイント。本書ではプラムケーキの上がけに使用しています。

Lesson Alice 食材図鑑

❋ バルサミコ酢

ぶどう果汁を煮つめ、木樽で長期間熟成させて特有の芳香をつけたイタリア独特の酢です。伝統的なバルサミコ酢は複数の木樽を使って毎年移し替えを行い、トータルで12年以上熟成させます。そのため濃度も風味も非常に濃いのが特徴。一方の普及品はずっと同じ樽で5年以上熟成させたもので、価格も安く手軽に使えます。伝統的なバルサミコ酢は、いちごなどのフルーツやアイスクリームにかけるのがいちばん手軽でおいしい食べ方。料理ではドレッシングに少量のバルサミコ酢を加えてサラダをあえたり、焼いた魚や肉、野菜などにかけると甘酸っぱい風味がさわやかさを与えてくれます。

❋ ヌクマム

ベトナムの魚醤。タイの魚醤ナムプラーとともに、エスニック料理に欠かせない調味料です。魚を塩漬け発酵させた上澄み液なのでうまみが濃厚。他の調味料と合わせてたれやソースとして使います。ナムプラーとは多少風味が異なりますが、同じように使って大丈夫です。

❋ パルミジャーノチーズ

正式名称は「パルミジャーノ・レッジャーノ」。熟成期間が2年前後とチーズのなかでは非常に長く、風味やこくが濃厚なことからチーズの王様ともいわれています。粉末をパスタ料理やスープにふりかけるのがもっともポピュラーですが、薄くスライスしてサラダに混ぜたり、手でくずしながらワインのおつまみとしてかじるのもおつなもの。ブロックで購入し、食べるときに皮むき器でスライスしたり、おろし金ですりおろすのがおいしい食べ方。

❋ パンチェッタ

豚バラ肉のブロックを塩漬けし、自然乾燥させたもの。脂身の多い部位を塩漬けして日をおくことにより、肉のうまみと塩が一体になったおいしさが生まれます。熟成したもののおいしさです。バラ肉を広げたままの平たい形のものと、ロール状に巻いた円柱形のものがあります。非常によく使われる用法が、バトン状（約3mm角、3cm長さの棒切り）に切って炒め、パスタソースやスープのベースにするというもの。カルボナーラ（→p.187）とアマトリチャーナ（→p.186）のパスタには欠かせません。また、パンチェッタの薄切りを魚や肉の切り身に巻きつけて焼く調理法もあります。

❋ ブーケガルニ

数種類の香草や香味野菜を束にまとめたもので、ポワロー、セロリ、パセリの軸、ローリエ、タイムなどが使われます。すべてがそろわなくても身近にあるものを3種くらい合わせるだけでもよく、またポワローの代わりに長ねぎの青い葉でもよいでしょう。束にするときは、香りのとびやすいタイムを芯にして、まわりをローリエやパセリの軸で囲み、外側をポワローやセロリで包んでたこ糸でしばります。煮込み料理などに入れて香りづけにします。

❋ ホースラディッシュ

フランス語ではレフォール（レホール）、和名は西洋わさび。日本のわさびよりもずっと穏やかな辛みと香りで、すりおろしたものをローストビーフの薬味にする使い方がポピュラーです。

❋ ヘーゼルナッツパウダー

ヘーゼルナッツを粉末にしたもの。もともと風味の濃厚なナッツなので、焼き菓子作りで生地に混ぜて用いることで味わいが高まります。入手できないときは、ホールをフードプロセッサーなどで適度に粉砕して使うとよいでしょう。

❋ 緑こしょう

未熟な緑色のこしょうの実を塩水漬けにしたもの。かんだときに一瞬、ピリッとした辛さはありますが、辛みをつけるのではなく、さわやかな青い香りを楽しむために加えます。ソースでは長時間火を入れると香りがとび、色もわるくなるので、仕上がり間際に加えます。サラダやマリネ、またソーセージやテリーヌなどの練りものに入れるのも効果的です。

❋ マスカルポーネチーズ

イタリア・ロンバルディア州平野部の特産チーズ。生クリームに牛乳をプラスして、酸で凝固させ、水分を分離してでき上がる。熟成も発酵もさせないフレッシュチーズ。乳脂肪分が高く、口あたりはねっとりとして、ほんのりと甘みがあり、こくがあります。くせがないのでフルーツと組み合わせるだけで簡単なデザートに。

❋ モッツァレッラチーズ

イタリアのフレッシュチーズ。もちもちっとした弾力のある食感で、細く裂くことができるのが特徴。また加熱するとなめらかに溶けてのびます。水に浸して流通させているのはフレッシュ品で、水牛製（ブファラ）と牛乳製（バッカ）があります。味も香りもくせがなく、そのまま小さく切ってサラダに混ぜるだけでも美味。

❋ リコッタチーズ

イタリアのフレッシュチーズ。チーズを作ったあとに残る液体分のホエーに、牛乳や生クリームなどを補って再度加熱して凝固させたもの。いわばチーズの副産物です。牛乳のリコッタのほかに羊乳、山羊乳、水牛乳製など各種あります。食感は柔らかくほろほろっとしています。チーズケーキに、サラダに、またパンに塗ってと、加熱、非加熱を問わずさまざまな料理に使われます。

❋ レンズ豆

丸くて扁平なレンズ形をしていて、直径4〜9mm。カレーやスープ、煮込み料理などインド料理やイタリア料理、フランス料理でとてもよく使われる食材です。オレンジ色、緑色、薄茶色などがあります。乾物として販売されていますが、日本の豆のように長時間かけてもどす必要がなく、作る直前に軽く水に浸してすぐに煮ることができます。

50音別インデックス

あ
- アーモンドのテュイル … 274
- 赤パプリカのマリネ … 167
- あじの干物と青菜のスパゲッティーニ … 183
- アスパラガスとからすみのサラダ … 66
- アスパラガスのグリル … 168
- あっさりもずく … 66
- あんずのアイスキャンディ … 239

い
- いかとからすみのスパゲッティーニ … 189
- いさきのカプリ風 … 153
- いちごジャム … 224
- いちごリコッタ … 242
- いわしの梅煮 … 149
- いわしのリエット … 58
- インスタントピクルス … 71
- インド風チキンカレー … 198

う
- 梅ゼリー … 228

え
- エスカベーシュ … 62
- えびとグレープフルーツのサラダ … 71
- えびフライ … 142

お
- オクラのトマト煮 … 167
- 押し麦とにんじんのスープ … 86
- オニオングラタンスープ … 84
- おにぎり3種 … 210
- オレンジ風味の木の実のサブレ … 267
- 温野菜サラダ … 50

か
- ガーリックコーン … 167
- ガーリックたこライス … 212
- ガーリックチーズトースト … 218
- ガーリックチキンライス … 212
- かきのベニエ … 59
- かさごのアクア・パッツァ … 144
- かぼちゃのチップス … 59
- かぼちゃのニョッキ … 192
- かぼちゃのバターロースト … 165
- かぼちゃのポタージュ … 89
- 鴨肉のソテー 瞬間スモーク … 123
- カリフラワーのキッシュ … 36
- カリフラワーのババロワ … 44

き
- キーマカレー … 199
- きぬかつぎのグリル … 62
- きのことアスパラガスの青じそ風味 … 67
- きのこの蒸し煮 … 58
- 牛肉のワイン鍋 … 122
- 牛バラ肉と野菜の煮込み … 126
- 牛ひき肉の茶巾包み … 101
- 魚介の贅沢サラダ … 52
- 魚介の冷製カペッリーニ … 185
- 魚介の冷製フジッリ … 181

く
- グリーンピースのポタージュ … 89
- クリスマスプディング … 236
- グリッシーニ … 220
- 栗とさつまいものスープ … 90
- クリュディテ … 215
- くるみ入りブラウニー … 254
- クロックムッシュ … 219
- 黒豚肉と水菜のサラダ … 47

こ
- コーンポタージュ … 88
- ココナッツミルクじるこ … 238
- ごまサブレ … 272

さ
- 鮭のムニエル … 150
- さばのオーブン焼き … 151
- さやいんげんのバターあえ … 166

し
- シーフードカレー … 201
- しいたけと新じゃがのソテー … 165
- シェフ特製ティラミス … 241
- シェフ特製とろとろカプレーゼ … 46
- 塩味のひと口パイ … 56
- しめさば ガスパチョソース … 43
- じゃがいもグラタン … 163
- じゃがいもときゅうりのサラダ … 49
- じゃがいもとりんごのサラダ … 49
- じゃがいものボン・ファム風 … 156
- じゃがいものマヨネーズ焼き … 62
- 旬果カクテルゼリー … 244
- 白いんげん豆と砂肝のサラダ … 67
- 白身魚のスープ仕立て … 152
- ジンジャークッキー … 273
- 新玉ねぎの天ぷら … 166

す
- すずきのトルティーノ … 148
- ズッキーニと玉ねぎのフリット … 63
- スパゲッティ・カルボナーラ … 187
- スパゲッティ・ミートソース … 174
- スペアリブのクリーム煮 … 127
- スモークサーモン … 45

せ
- 贅沢プラムケーキ … 250

そ
- そら豆のシロップ煮 … 71

た
- 鯛茶丼 … 208
- 鯛のヴァポーレ スープ仕立て … 154
- 鯛のブレゼ … 140
- たことセロリのマリネ … 63
- たらのグリル … 147

ち
- チーズケーキ … 262
- チキンサンドイッチ … 246
- チョコレートカスタードクリーム … 260
- チョコレートスフレ … 234
- チョコレートのロールケーキ … 258

つ
- ツナサンドイッチ … 247

て
- 低コレステロール野菜グラタン … 161

と
- 特製ポテトサラダ … 48
- トマト、なす、モッツァレッラのスパゲッティーニ … 178
- トマトサラダ … 67
- トマトのブルスケッタ … 58
- トマトの冷製カペッリーニ … 184
- 鶏肉ときのこのクリームシチュー … 127
- 鶏肉と豆のカレー … 200
- 鶏肉のパン粉焼き … 126
- 鶏肉のホワイトシチュー … 110
- 鶏のから揚げシャリアピン風 … 122
- 鶏もも肉のうま揚げ … 131

な

- なすとトマトの重ね焼き ……… 164
- なすのバルサミコ酢マリネ ……… 63
- 生春巻き ……… 55
- なめらかプリン ……… 240

に

- ニース風サラダ ……… 71
- にんじんのヴィシー風 ……… 166

は

- バーニャカウダ ……… 44
- ハーブいなり ……… 211
- ハーブトースト ……… 219
- パエリア ……… 206
- バジリコのフェデリーニ ……… 188
- バターサブレ ……… 266
- 花野菜とにんじんの白ごま風味 ……… 66
- バニラケーキ ……… 256
- パプリカのオイル漬け ……… 63
- はまぐりのガーリック焼き ……… 40
- はまぐりのスープ ……… 92
- ハヤシライス ……… 204
- パンナコッタ ……… 240
- ハンバーグ ……… 94
- ハンバーグのシシカバブ風 ……… 100

ひ

- ビーフカレー ……… 196
- ビーフシチュー ……… 102
- ビーフステーキ ……… 112
- ピクルス ……… 62
- 日向夏のシャーベット ……… 233
- 日向夏のゼリー ……… 232

ふ

- ブイヤベース ……… 138
- フェデリーニのヴォンゴレ ……… 191
- フォカッチャ ……… 222
- ブカティーニのアマトリチャーナ ……… 186
- 豚肉のビール煮 ……… 111
- 豚バラ肉のスペアリブ風 ……… 120
- 豚バラ肉の煮込み ……… 108
- 豚レバーのソテー ……… 121
- フリッタータ ……… 59
- フルーツヨーグルト ……… 224
- ブルーベリージャム ……… 224
- フレンチトースト ……… 214

へ

- ヘーゼルナッツのサブレ ……… 266
- ベトナム風サラダ ……… 54
- ベトナム風たらのかば焼き丼 ……… 208
- ベトナム風にんじんサラダ ……… 67
- ヘルシードリア ……… 202
- ヘルシーハンバーグ ……… 98
- ペンネ・アッラビアータ ……… 190
- ペンネのゴルゴンゾーラソース ……… 180

ほ

- 帆立貝と焼きなすのタルタル ……… 39
- 帆立貝のグリル ……… 146
- ポテ ……… 130
- ポテトコロッケ ……… 158
- ポテトサンドイッチ ……… 217
- ポテトフライ ……… 97
- ポンポネット ……… 270

ま

- マーマレード ……… 224
- 真鯛のカルパッチョ ……… 38
- マッシュポテト ……… 168
- 豆サラダ ……… 70
- 豆とトマトのサラダ ……… 70
- まるごとロールキャベツ ……… 104
- マロン・シャンティイ ……… 230

み

- ミネストローネ ……… 91

む

- ムラング・ココ ……… 275

め

- メンチカツ ……… 100

も

- モロヘイヤのスープ ……… 87

や

- 焼きバナナ ……… 244
- 焼きまぐろ丼 ……… 209
- 焼きりんご タタン風 ……… 242
- 野菜炒め ……… 162
- 野菜グリルのスパゲッティーニ ……… 182
- 野菜と牛ひき肉の重ね蒸し ……… 101
- 野菜のグラタン ……… 160
- 野菜のリゾット ……… 194
- やりいかのフリット ……… 42

ゆ

- ゆで野菜オイルあえ ……… 97

よ

- 洋梨のクラフティ ……… 243

ら

- ラザニア ……… 176
- ラスク ……… 218
- ラタトゥイユ ……… 34
- ラムのトルティーノ ……… 123

り

- リエット ……… 59
- リコッタとほうれん草のニョッキ ……… 193
- りんごパイ ……… 276

る

- ルーコラのサラダ ……… 70

れ

- レンズ豆のぜんざい ……… 226

ろ

- ローストチキン ……… 117
- ローストビーフ ……… 114
- ロールキャベツ ……… 106
- ロコモコ ……… 209
- ロメインレタスとブルーチーズのサラダ ……… 54

わ

- わかめとつぶ貝のサラダ ……… 53

主要素材別インデックス

肉

※鴨肉
鴨肉のソテー 瞬間スモーク …123

※牛肉
牛肉のワイン鍋 …………………122
牛バラ肉と野菜の煮込み ………126
ハヤシライス ……………………204
ビーフカレー ……………………196
ビーフシチュー …………………102
ビーフステーキ …………………112
ローストビーフ …………………114

※鶏肉
インド風チキンカレー …………198
ガーリックチキンライス ………212
白いんげん豆と砂肝のサラダ …67
チキンサンドイッチ ……………216
鶏肉ときのこのクリームシチュー …127
鶏肉と豆のカレー ………………200
鶏肉のパン粉焼き ………………126
鶏肉のホワイトシチュー ………110
鶏のから揚げシャリアピン風 …122
鶏もも肉のうま揚げ ……………131
パエリア …………………………206
ポテ ………………………………130
野菜のグラタン …………………160
ローストチキン …………………117

※ひき肉（牛／豚／鶏／合いびき）
キーマカレー ……………………199
牛ひき肉の茶巾包み ……………101
スパゲッティ・ミートソース …174
ハンバーグ ………………………94
ハンバーグのシシカバブ風 ……100
ヘルシーハンバーグ ……………98
ポテトコロッケ …………………158
まるごとロールキャベツ ………104
メンチカツ ………………………100
野菜と牛ひき肉の重ね蒸し ……101
ラザニア …………………………176
ロールキャベツ …………………106
ロコモコ …………………………209

※豚肉
黒豚肉と水菜のサラダ …………47
スペアリブのクリーム煮 ………127
豚肉のビール煮 …………………111
豚バラ肉のスペアリブ風 ………120
豚バラ肉の煮込み ………………108
豚レバーのソテー ………………121
リエット …………………………59

※豚肉加工品（パンチェッタ／ベーコン／ソーセージ）
カリフラワーのキッシュ ………36
塩味のひと口パイ ………………56
じゃがいものボン・ファム風 …156
スパゲッティ・カルボナーラ …187
ブカティーニのアマトリチャーナ …186
ポテ ………………………………130

※ラム肉
ラムのトルティーノ ……………123

魚介類

※赤貝
魚介の贅沢サラダ ………………52

※あさり
魚介の冷製フジッリ ……………181
鯛のヴァポーレ スープ仕立て …154
フェデリーニのヴォンゴレ ……191

※いか
いかとからすみの
　スパゲッティーニ ……………189
魚介の贅沢サラダ ………………52
魚介の冷製フジッリ ……………181
シーフードカレー ………………201
パエリア …………………………206
やりいかのフリット ……………42

※いさき
いさきのカプリ風 ………………153

※いわし
いわしの梅煮 ……………………149
いわしのリエット ………………58

※えび
えびとグレープフルーツのサラダ …71
えびフライ ………………………142
魚介の贅沢サラダ ………………52
魚介の冷製カペッリーニ ………185
シーフードカレー ………………201
生春巻き …………………………55
パエリア …………………………206

※かき
かきのベニエ ……………………59

※かさご
かさごのアクア・パッツァ ……144

※鮭
おにぎり3種 ……………………210
鮭のムニエル ……………………150

※さば
さばのオーブン焼き ……………151
しめさば ガスパチョソース …43

※白身魚
白身魚のスープ仕立て …………152
ベトナム風サラダ ………………54

※すずき
すずきのトルティーノ …………148

※鯛
鯛茶丼 ……………………………208
鯛のヴァポーレ スープ仕立て …154
鯛のブレゼ ………………………140
真鯛のカルパッチョ ……………38

※たこ
ガーリックたこライス …………212
魚介の冷製フジッリ ……………181
たことセロリのマリネ …………63

※たら
たらのグリル ……………………147
パエリア …………………………206
ブイヤベース ……………………138
ベトナム風たらのかば焼き丼 …208

※たらこ
魚介の冷製カペッリーニ ………185

※つぶ貝
魚介の冷製カペッリーニ ………185
わかめとつぶ貝のサラダ ………53

※とこぶし
魚介の贅沢サラダ ………………52

※はまぐり
はまぐりのガーリック焼き ……40
はまぐりのスープ ………………92

※帆立貝柱
魚介の贅沢サラダ ………………52
魚介の冷製カペッリーニ ………185
魚介の冷製フジッリ ……………181
シーフードカレー ………………201
パエリア …………………………206
帆立貝と焼きなすのタルタル …39
帆立貝のグリル …………………146

※まぐろ
焼きまぐろ丼 ……………………209

※ムール貝
パエリア …………………………206

※わかさぎ
エスカベーシュ …………………62

海産物加工品

※アンチョヴィ
塩味のひと口パイ ………………56
バーニャカウダ …………………41

※からすみ
アスパラガスとからすみのサラダ …66
いかとからすみの
　スパゲッティーニ ……………189

※スモークサーモン
スモークサーモン ………………45

※しらす
おにぎり3種 ……………………210

※ツナ
ツナサンドイッチ ………………217
ニース風サラダ …………………71

※干物
あじの干物と青菜のスパゲッティーニ …183
おにぎり3種 ……………………210

野菜・いも・豆

※アヴォカド
焼きまぐろ丼 ……………………209

※オクラ
オクラのトマト煮 ………………167

※かぼちゃ
かぼちゃのチップス ……………59
かぼちゃのニョッキ ……………192
かぼちゃのバターロースト ……165
かぼちゃのポタージュ …………89

※カリフラワー
温野菜サラダ ……………………50
カリフラワーのキッシュ ………36
カリフラワーのバヴァロワ ……44
花野菜とにんじんの白ごま風味 …66
ピクルス …………………………62
野菜炒め …………………………162
野菜グリルのスパゲッティーニ …182
野菜のリゾット …………………194
ゆで野菜オイルあえ ……………97

※キャベツ
温野菜サラダ ……………………50
ポテ ………………………………130
まるごとロールキャベツ ………104
野菜炒め …………………………162
ロールキャベツ …………………106

※きゅうり
インスタントピクルス …………71
じゃがいもときゅうりのサラダ …49
ピクルス …………………………62

※グリーンアスパラガス
アスパラガスとからすみのサラダ …66
アスパラガスのグリル …………168
きのことアスパラガスの青じそ風味 …67
ゆで野菜オイルあえ ……………97

※グリーンピース
グリーンピースのポタージュ …89

※子いも
きぬかつぎのグリル ……………62

※小松菜
あじの干物と青菜のスパゲッティーニ …183

※さつまいも
栗とさつまいものスープ ………90

※さやいんげん
さやいんげんのバターあえ ……166
野菜炒め …………………………162
ゆで野菜オイルあえ ……………97

※じゃがいも
牛バラ肉と野菜の煮込み ………126
しいたけと新じゃがのソテー …165
じゃがいもグラタン ……………163
じゃがいもときゅうりのサラダ …49
じゃがいもとりんごのサラダ …49
じゃがいものボン・ファム風 …156
じゃがいものマヨネーズ焼き …62
すずきのトルティーノ …………148
特製ポテトサラダ ………………48
ニース風サラダ …………………71
ポテ ………………………………130
ポテトコロッケ …………………158
ポテトサンドイッチ ……………217
ポテトフライ ……………………97
マッシュポテト …………………168

※ズッキーニ
ズッキーニと玉ねぎのフリット …63
ミネストローネ …………………91
野菜炒め …………………………162
野菜グリルのスパゲッティーニ …182
ラタトゥイユ ……………………34

※スナップえんどう
ゆで野菜オイルあえ ……………97

❋ セロリ
- たことセロリのマリネ ……… 63
- ピクルス ……… 62

❋ そら豆
- そら豆のシロップ煮 ……… 71

❋ 玉ねぎ
- オニオングラタンスープ ……… 84
- キーマカレー ……… 199
- 牛バラ肉と野菜の煮込み ……… 126
- 新玉ねぎの天ぷら ……… 166
- ズッキーニと玉ねぎのフリット ……… 63
- ハヤシライス ……… 204
- ラタトゥイユ ……… 34

❋ とうもろこし
- ガーリックコーン ……… 167
- コーンポタージュ ……… 88

❋ トマト／生・水煮
- いさきのカプリ風 ……… 153
- シェフ特製とろとろカプレーゼ ……… 46
- しめさば ガスパチョソース ……… 43
- トマト、なす、モッツァレラの
  スパゲッティーニ ……… 178
- トマトサラダ ……… 67
- トマトのブルスケッタ ……… 58
- トマトの冷製カペッリーニ ……… 184
- なすとトマトの重ね焼き ……… 164
- 豆とトマトのサラダ ……… 70
- ラタトゥイユ ……… 34

❋ トマト缶詰
- スパゲッティ・ミートソース ……… 174
- ブカティーニのアマトリチャーナ ……… 186
- ペンネ・アッラビアータ ……… 190
- ラザニア ……… 176

❋ 長いも
- 低コレステロール野菜グラタン ……… 161
- ヘルシードリア ……… 202
- 野菜のグラタン ……… 160

❋ なす
- キーマカレー ……… 199
- トマト、なす、モッツァレラの
  スパゲッティーニ ……… 178
- なすとトマトの重ね焼き ……… 164
- なすのバルサミコ酢マリネ ……… 63
- 帆立貝と焼きなすのタルタル ……… 39
- 野菜グリルのスパゲッティーニ ……… 182
- ラタトゥイユ ……… 34

❋ にんじん
- 押し麦とにんじんのスープ ……… 86
- 牛バラ肉と野菜の煮込み ……… 126
- クリュディテ ……… 245
- 生春巻き ……… 55
- にんじんのヴィシー風 ……… 166
- 花野菜とにんじんの白ごま風味 ……… 66
- ピクルス ……… 62
- ベトナム風にんじんサラダ ……… 67
- ミネストローネ ……… 91
- 野菜のリゾット ……… 194

❋ にんにく
- ガーリックたこライス ……… 242
- ガーリックチーズトースト ……… 218

- ガーリックチキンライス ……… 242
- バーニャカウダ ……… 41
- はまぐりのガーリック焼き ……… 40

❋ パプリカ
- 赤パプリカのマリネ ……… 167
- クリュディテ ……… 245
- パプリカのオイル漬け ……… 63
- ピクルス ……… 62
- ミネストローネ ……… 91
- 野菜炒め ……… 162
- 野菜グリルのスパゲッティーニ ……… 182
- ラタトゥイユ ……… 34

❋ ブロッコリー
- 花野菜とにんじんの白ごま風味 ……… 66
- 野菜炒め ……… 162
- 野菜のリゾット ……… 194
- ゆで野菜オイルあえ ……… 97

❋ ほうれん草
- リコッタとほうれん草のニョッキ ……… 193

❋ 豆〔白いんげん豆／赤いんげん豆／レンズ豆／ひよこ豆／とら豆／金時豆〕
- 白いんげん豆と砂肝のサラダ ……… 67
- 鶏肉と豆のカレー ……… 200
- 豆サラダ ……… 70
- 豆とトマトのサラダ ……… 70
- レンズ豆のぜんざい ……… 226

❋ 水菜
- 黒豚肉と水菜のサラダ ……… 47

❋ モロヘイヤ
- モロヘイヤのスープ ……… 87

❋ ヤングコーン
- ゆで野菜オイルあえ ……… 97

❋ ルーコラ
- ルーコラのサラダ ……… 70

❋ レタス
- ロメインレタスとブルーチーズの
  サラダ ……… 51

きのこ（エリンギ／しいたけ／しめじ／マッシュルーム）
- きのことアスパラガスの青じそ風味 ……… 67
- きのこの蒸し煮 ……… 58
- しいたけと新じゃがのソテー ……… 165
- 鶏肉ときのこのクリームシチュー ……… 127

海藻（もずく／わかめ）
- あっさりもずく ……… 66
- わかめとつぶ貝のサラダ ……… 53

卵
- シェフ特製ティラミス ……… 241
- スパゲッティ・カルボナーラ ……… 187
- なめらかプリン ……… 240
- フリッタータ ……… 59
- フレンチココ ……… 214
- ムラング・ココ ……… 275
- 洋梨のクラフティ ……… 243

チーズ
- いさきのカプリ風 ……… 153
- いちごリコッタ ……… 242
- オニオングラタンスープ ……… 84
- ガーリックチーズトースト ……… 218
- カリフラワーのキッシュ ……… 36
- クロックムッシュ ……… 219
- シェフ特製ティラミス ……… 241
- シェフ特製とろとろカプレーゼ ……… 46
- 塩味のひと口パイ ……… 56
- じゃがいもグラタン ……… 163
- スパゲッティ・カルボナーラ ……… 187
- スパゲッティ・ミートソース ……… 174
- チーズケーキ ……… 262
- トマト、なす、モッツァレラの
  スパゲッティーニ ……… 178
- なすとトマトの重ね焼き ……… 164
- ブカティーニのアマトリチャーナ ……… 186
- フリッタータ ……… 59
- ヘルシードリア ……… 202
- ペンネ・アッラビアータ ……… 190
- ペンネのゴルゴンゾーラソース ……… 180
- 野菜のグラタン ……… 160
- 野菜のリゾット ……… 194
- ラザニア ……… 176
- リコッタとほうれん草のニョッキ ……… 193
- ロメインレタスと
  ブルーチーズのサラダ ……… 51

フルーツ

❋ いちご
- いちごジャム ……… 224
- いちごリコッタ ……… 242

❋ オレンジ／グレープフルーツ
- えびとグレープフルーツのサラダ ……… 71
- オレンジ風味の木の実のサブレ ……… 267
- マーマレード ……… 224

❋ バナナ
- 焼きバナナ ……… 244

❋ パパイヤ
- シェフ特製とろとろカプレーゼ ……… 46

❋ 日向夏
- 日向夏のシャーベット ……… 233
- 日向夏のゼリー ……… 232

❋ ブルーベリー
- ブルーベリージャム ……… 224

❋ 洋梨
- 洋梨のクラフティ ……… 243

❋ りんご
- じゃがいもとりんごのサラダ ……… 49
- 焼きりんご タタン風 ……… 242
- りんごパイ ……… 276

❋ ドライフルーツ（あんず／プラム）
- あんずのアイスキャンディ ……… 239
- クリスマスプディング ……… 236
- 贅沢プラムケーキ ……… 250

種実（アーモンド／栗／くるみ／ごま／ヘーゼルナッツ／松の実）
- アーモンドのテュイル ……… 274
- 栗とさつまいものスープ ……… 90
- くるみ入りブラウニー ……… 254
- ごまサブレ ……… 272
- バジリコのフェデリーニ ……… 188
- ヘーゼルナッツのサブレ ……… 266
- マロン・シャンティイ ……… 230
- ムラング・ココ ……… 275

パスタ
- あじの干物と青じその
  スパゲッティーニ ……… 183
- いかとからすみの
  スパゲッティーニ ……… 189
- 魚介の冷製カペッリーニ ……… 185
- 魚介の冷製フジッリ ……… 181
- スパゲッティ・カルボナーラ ……… 187
- スパゲッティ・ミートソース ……… 174
- トマト、なす、モッツァレラの
  スパゲッティーニ ……… 178
- トマトの冷製カペッリーニ ……… 184
- バジリコのフェデリーニ ……… 188
- フェデリーニのヴォンゴレ ……… 191
- ブカティーニの
  アマトリチャーナ ……… 186
- ペンネ・アッラビアータ ……… 190
- ペンネのゴルゴンゾーラソース ……… 180
- ミネストローネ ……… 91
- 野菜グリルの
  スパゲッティーニ ……… 182
- ラザニア ……… 176

パン
- ガーリックチーズトースト ……… 248
- クロックムッシュ ……… 249
- チキンサンドイッチ ……… 216
- ツナサンドイッチ ……… 217
- トマトのブルスケッタ ……… 58
- ハーブトースト ……… 219
- フレンチトースト ……… 214
- ポテトサンドイッチ ……… 217
- ラスク ……… 218

米・ご飯
- インド風チキンカレー ……… 198
- おにぎり3種 ……… 240
- ガーリックたこライス ……… 212
- ガーリックチキンライス ……… 212
- キーマカレー ……… 199
- シーフードカレー ……… 201
- 鯛茶丼 ……… 208
- 鶏肉と豆のカレー ……… 200
- ハーブいなり ……… 211
- パエリア ……… 206
- ハヤシライス ……… 204
- ビーフカレー ……… 196
- ベトナム風たらのかば焼き丼 ……… 208
- ヘルシードリア ……… 202
- 焼きまぐろ丼 ……… 209
- 野菜のリゾット ……… 194
- ロコモコ ……… 209

ルイス・キャロル著『不思議の国のアリス』に登場するアリスが遊びに来たときに、喜んでもらえるようなレストランにしたかったという石鍋さん。そして店名も「クイーン・アリス」に。「日本人が素直においしいと思えるものを、納得できる値段と居心地のよい空間で提供すること」をコンセプトにアリススタイルは創造された。

著者

石鍋 裕
Ishinabe Yutaka

1948年、横浜市生まれ。料理上手だった母親と伯母の影響もあって、子どものころからおいしいものを食べる機会に恵まれた。また、食べものについて一家言を持つ食談議の好きな少年だった。15歳のときに調理場の仕事を手伝ったことがきっかけで料理の道に進む。横浜ほか各地のレストランで働きながら猛烈に勉強をしてフランス料理を吸収する。1971年、本格的なフランス料理を学ぶため、フランスに渡り、当時、フランスに興った新フランス料理"ヌーヴェル・キュイジーヌ"の変革期の真っ只中で5年弱を過ごし、多くの一流レストランで修業する。帰国後、東京・六本木「ビストロ・ロテュース」のシェフを務め、1982年に独立して東京・西麻布に「クイーン・アリス」を開店。"おしゃれで贅沢ななかにある安心感と楽しさ""健康でおいしい"をキーワードに各地に支店を展開した。現在は、支店・関係店にクイーン・アリスの料理とおもてなしのエッセンスを注ぎ、後進を育成。キッチンからは少し距離を置いていることもあり、石鍋さんの著した料理書は今や伝説的レシピ集となって多くのお料理好きに愛されている。

真中陽宙
Manaka Akio

1967年埼玉県北本市生まれ。「クイーン・アリス」にて料理の基礎を、「コートドール」でスタイルの異なるフランス料理を学ぶ。パスタ好きであることからイタリアンに転身し「リストランテ・ヒロ」にて山田宏巳氏からイタリアンの基礎や発想などを学ぶ。一時「リストランテ・ヒロ」でシェフを務めたのち、「リストランテ　アガペ」のシェフに就任。2008年、クイーン・アリスグループより独立。2014年に「オステリア　アガペ」「アガペ　カーサ　マナカ」を恵比寿で開いた。現在は料理家として活躍、他企業の料理監修と経営コンサルタントとしても活動している。

Staff

撮影

◉ 白根正治
表紙カバー、p.7-15、22、24-27、29-31、34、35、36、37、45、48、50、51、52-55、74-82、84-85、86、87-90、94-97、100、102-110、112-122、130、134、138-143、146-151、156-160、162-167、196-199、202-211、214-219、224、226-239、243、250-255、266-269、275-277、8・23・32・66・67・71・99・133・161・168・278・280・281・282・283各一部

◉ 中野博安
p.6、16-21、38-44、46、47、58、59、62、63、91、92、111、123、126、131、144、145、152-154、170-194、212、220-223、240-242、244、279、8・23・32・70・71・99・127・168・278・280-283各一部

◉ 吉澤康夫
p.56、246-249、273、274、264・265・280各一部

◉ 南雲保夫
p.49、98、101、135、136、200、201、66・67・70・99・127・161・133各一部

◉ 坂本正行
p.256、257、258-261、262、263、270、271、272、264・265各一部

表紙・カバーデザイン ◉ mogmog Inc.
本文デザイン ◉ フレーズ
校正 ◉ 佐野春美
欧文校正 ◉ 福永淑子
編集協力 ◉ 志自岐亜都子、河合寛子
編集 ◉ 伊藤尚子

愛蔵版
クイーン・アリスの
永久保存レシピ

発行日　2013年2月1日　　初版第1刷発行
　　　　2020年8月10日　　第7刷発行

著者　石鍋 裕、真中陽宙
発行者　秋山和輝
発行　株式会社世界文化社
〒102-8187
東京都千代田区九段北4-2-29
☎03-3262-5118（編集部 記事内容に関するお問い合わせ）
☎03-3262-5115（販売部 在庫や商品に関するお問い合わせ）
印刷　共同印刷株式会社
製本　株式会社大観社

©Yutaka Ishinabe, Akio Manaka, 2013. Printed in Japan
ISBN 978-4-418-13303-1

無断転載・複写を禁じます。
定価は帯に表示してあります。
落丁・乱丁のある場合はお取り替えいたします。

本書は、2006年小社刊行『別冊家庭画報 クイーン・アリスの永久保存レシピ』の紙面を生かし、中面をオールカラー、表紙を新装した愛蔵版です。内容は、好評既刊『石鍋シェフの新家庭のお料理ノート』『クイーン・アリスのわが家風イタリアン』『クイーン・アリスのクッキーと焼き菓子』『食べて改善コレステロール・中性脂肪』のなかから人気レシピをセレクトし、新たに取材・撮影をしたレシピを加えて再編集しています。店舗情報などは諸事情により変更されることがあります。